suhrkamp taschenbuch 3230

Die Literatur lebt von ihnen ebenso wie das Theater oder das Kino: Große Gefühle wie Liebe und Hass, Trauer und Melancholie, Ekel und Lust oder Angst haben aber nicht nur Künstler oder Schriftsteller inspiriert – sie verändern Menschen und ihr Leben, schreiben Geschichte, bewegen die Welt. Die Macht der Gefühle ist ungebrochen.

Das ZDF-*nachtstudio* will die großen Gefühle in vier Sendungen im November 2000 erforschen. Die Originalbeiträge der diskutierenden Gäste – Maxim Biller, Hartmut Böhme, Irenäus Eibl-Eibesfeldt, Claudia Frank, Karl Grammer, Rolf Haubl, Florian Holzboer, Astrid Jütte, Steffen Kopetzky, Winfried Menninghaus, Thomas Metzinger, Jörn Rüsen, Hannelore Schlaffer, Renate Schlesier, Elke Schmitter und Slavoj Zizek – sind im suhrkamp taschenbuch *Große Gefühle* versammelt.

# Große Gefühle

## Bausteine menschlichen Verhaltens

Herausgegeben vom
ZDF-nachtstudio

Suhrkamp

Die den Zwischentiteln nachgestellten Lexikonauszüge stammen aus: Brockhaus. Die Enzyklopädie in vierundzwanzig Bänden. Zwanzigste, überarbeitete und aktualisierte Auflage 1996-1999. Abdruck mit freundlicher Genehmigung von F. A. Brockhaus, Leipzig und Mannheim.

Umschlaggestaltung: ZDF-Grafik

suhrkamp taschenbuch 3230
Erste Auflage 2000

Satz: Jung Satzcentrum, Lahnau
Druck: Nomos Verlagsgesellschaft, Baden-Baden
Printed in Germany
Umschlag nach Entwürfen von
Willy Fleckhaus und Rolf Staudt

1 2 3 4 5 6 – 05 04 03 02 01 00

# Inhalt

## Angst



## Ekel und Lust

# Vorwort

Nun sind wir also im 21. Jahrhundert angekommen. Und tatsächlich: als habe die große Zahl mit der Tripelnull eine vage Verheißung angekündigt – wie wir im nachtstudio-Buch *Tausend Jahre Abendland* ja schon gemutmaßt haben – sind wir gewissermaßen ins Offene gelangt. Sowohl das viel diskutierte »Jahrtausendproblem« als auch die »Millenniumshysterie« des Jahreswechsels sind längst vergessen und die Datumsanzeige 2000 ist alltagstauglich geworden.

Und dennoch: etwas Neues hat begonnen. Spätestens seit den Erfolgen bei der Entschlüsselung des menschlichen Genoms wissen wir, dass es keine Unmöglichkeit, sondern nur eine Frage der Zeit sein wird, bis wir das Geheimnis der Schöpfung gelüftet haben und den Bauplan des Lebens lesen können. Und wenn wir die Bausteine kennen, können wir Menschentiere uns neue Lebensräume erschaffen, in unsere eigene Evolution eingreifen. Wir werden trotz aller Ängste und juristischen Bedenken das tun, was möglich sein wird: wir werden versuchen, das Leben des Einzelnen zu verlängern, wir werden versuchen, unsere Körper zu verdoppeln, uns also ungeschlechtlich zu vermehren, wir werden versuchen, die Reichweite unserer Sinne und unseres Denken zu erweitern, indem wir uns mit Rechnern und Robotern aller Art »verlinken«, und so weiter und so fort. Natürlich ist das alles noch Zukunftsmusik, aber die Noten sind schon geschrieben, jetzt warten wir auf die Musiker, mit gemischten Gefühlen.

Im vergangenen Jahr hat das nachtstudio mit seiner jährlichen Veröffentlichung eine Art historische Bilanz gezogen: Tausend Jahre Abendland ließen wir an unseren Zuschauern und Leser in drei Szenarien: 1000, 1500, 2000 vorbeidefilieren. Diesmal schauen wir tief in uns selbst hinein und versuchen etwas herauszufinden, was jeder kennt, aber bis heute – so verblüffend es klingen mag, trotz Gen- und Verhaltensforschung kaum wissenschaftlich exakt untersucht wurde: unsere großen Gefühle.

Sie spielen ja im öffentlichen Diskurs auch nur eine kleine Rolle und werden, wenn es um wichtige Entscheidungen geht, als irrational und geradezu destruktiv denunziert. Kein Politiker kann (heute noch) sagen: »Aus Hass rufe ich den Krieg aus.« Kein Chef wird Verständnis dafür aufbringen, wenn jemand »wg. Verliebtheit« nicht zur Arbeit erscheint, und niemand wird es an die große Glocke hängen, mit welcher Lust er in rohe Schweineleber beißt. Andererseits hat es jeder schon erlebt, wie unendlich weit die Normalität des Alltags entfernt ist, wenn wir von der Melancholie niedergeschlagen werden und umgekehrt die Liebe uns zu Luftsprüngen empor trägt. Nicht von der Hand zu weisen ist sogar die Behauptung: alles was der Mensch geschaffen hat, wird von Gefühlen gesteuert: von der Lust, der Angst, der Eifersucht, von Neid- und Glücksgefühlen. Aber was sind Gefühle überhaupt und wie viele gibt es, was ist gefühlsecht, was nicht?

In guter nachtstudio-Tradition nähern wir uns diesem nicht so richtig fassbaren, unendlich scheinenden Wirrwarr durch Auswahl und Zuspitzung. Aus dem Meer aller möglichen Gefühle haben wir drei Gefühlspaare und ein Urgefühl herausgefischt: Liebe und Hass, Trauer und Melancholie, Ekel und Lust und die Angst, weil wir glauben, eben diese großen Gefühlen steuern unser aller Verhalten so extrem, dass sie uns in jeder Sekunde unseres Handelns gewissermaßen in der Hand haben.

Obwohl die Gesellschaft große Gefühle ja nur dann wahrnimmt, wenn sie pathologisch werden – ganze Berufsstände leben von Angstneurosen, Depressionen, Aggressionsanfällen, Borderlineverhalten und ähnlichem – steuern sie unser Verhalten mehr, als uns lieb ist.

Wer verliebt ist, handelt fast so stereotyp, wie es unsere Urahnen taten, wie *Karl Grammer* und *Astrid Jütte* es in der »Psychologie der Liebe« darlegen.

Wer abgrundtief hasst, weiß vielleicht gar nicht, dass er nur die schwarze Seite der Liebe empfindet, wie *Renate Schlesier* in ihrer »Beschreibung eines Kampfes« ausführt. Wer neidisch ist, will gar nicht das haben, was der andere hat, sondern den Feind zerstören, wie der Psychologe *Rolf Haubl* die Gewaltbereitschaft in unseren modernen Individualgesellschaften analysiert.

Welche Kraft in der Fähigkeit zu Trauern steckt, beschreibt *Claudia Frank*; und welche Folgen es hat, wenn diese Fähigkeit verloren geht, beschreibt *Jörn Rüsen*, der eine Kulturgeschichte aus der Trauer über den Verlust anmahnt, während *Thomas Metzinger* den Beweis zu führen sucht, dass Melancholie und Denken als Erkennen auch in Zeiten der weit fortgeschrittenen Hirnforschung »irgendwie« zusammenhängen, was alle Melancholiker seit der Antike rehabilitiert.

Der Psychiater *Florian Holzboer* entwickelt eine Biologie der Angst mit der segensreichen oder Orwell'schen Aussicht, bald auf pharmakologischem Weg die Angst, als ein Urgefühl des Überlebens, ein- und ausknipsen zu können wie das Licht in der Wohnung.

*Hartmut Böhme* entdeckt die Angst als Auslöser aller Kultur, und der Ethologe *Irenäus Eibl-Eibesfeldt* zählt die neuen Ängste auf, die aus der sozialen Kälte kommen.

So wie Angst ist Ekel ein evolutionäres Warngefühl: da ist was faul, sagen uns die Sinne, aber warum müssen dann die ästhetischen Künste immer ekliger werden, fragt *Hannelore Schlaffer;* wie es kommt, dass Lust und Ekel so nah beieinander liegen, erklärt uns *Slavoj Zizek,* und *Winfried Menninghaus* erläutert, warum das nicht Geschlossene, das Aufgebrochene so eklig ist.

Gefühle sind ihrem Wesen nach von Natur- und Geisteswissenschaftlern nur schwer erforschbar, sie sind mehr der Stoff, aus dem Literatur gemacht wird, deshalb haben wir zu jedem Kapitel Schriftstellerinnen und Schriftsteller gebeten, etwas zu den »großen Gefühlen« zu schreiben: *Maxim Biller* zu Liebe und Hass, *Steffen Kopetzky* zu Trauer und Melancholie, und *Elke Schmitter* hat einen Fragebogen entwickelt, nach dessen ehrlicher Beantwortung (mehr als dreimal Ja genügt) Sie eine Selbsthilfegruppe »anonyme Angsthasen« besuchen oder gründen sollten.

So wie unsere Sendungen ist auch dieses Buch wieder eine nachtstudio-Teamarbeit von Christian Allekotte, Stefan Münker, Annette Spohn, Michael Steiner, Andrea Weis und

Volker Panzer, Redaktionsleiter　　　　Berlin, Juli 2000

# Liebe und Hass

Franz von Stuck, Salome, 1906

**Liebe**, die mit der menschl. Existenz gegebene Fähigkeit, eine intensive gefühlsmäßige, vor allem positiv erlebte Beziehung zu einem Menschen zu entwickeln, eine Form affektiver Zuwendung zu anderen, die in unterschiedl. Epochen und Kulturen verschieden erlebt, aufgefasst und durch Verhaltensregeln bestimmt wird. In Analogie kann auch von L. zu Lebewesen der Natur (Tiere, Pflanzen) sowie zu einer Sache (zum Beispiel Geld, Bücher), Tätigkeit (Liebhaberei) oder Idee (›Vaterland‹, ›Freiheit‹, ›Ehre‹) die Rede sein.

**Hass** [ahd. haʒ, eigtl. ›Leid‹], intensives Gefühl der Abneigung (Antipathie) und Feindseligkeit gegen Personen oder soziale Gruppen (Völker, Minderheiten u. a.), im Ggs. zur Liebe. H. kann sich bis zum Vernichtungswillen (tödl. H.) steigern; dabei werden Motive und Eigenheiten des Gehassten nicht mehr wahrgenommen (blinder H.); insofern wird der H. vom ›gerechten‹ Zorn unterschieden. Aus oft unangemessenem Anlass kann sich eine hasserfüllte Gestimmtheit in einen akuten H.-Ausbruch steigern.

Renate Schlesier

# Beschreibung eines Kampfes: Eros, Todestrieb und die Ambivalenz der Gefühle

Liebe und Hass: kein stärkerer Gefühlsgegensatz ist denkbar, vorstellbar, erlebbar, wie es scheint. Wer kann daran zweifeln, dass die Opposition beider Affekte etwas Universales ist, etwas über alle Maßen Wirkungsmächtiges, das an allen Orten und zu allen Zeiten bestanden hat und besteht, solange es Menschen gibt? Es sieht so aus, als handele es sich dabei um eine grundlegende und alle Kulturen übergreifende anthropologische Konstante.

Doch um was für eine Art von Gegensatz handelt es sich? Bei näherer Betrachtung zeigt sich, dass die Opposition zwischen Liebe und Hass zu einer besonderen Kategorie von Gegensätzen gehört, zu derjenigen nämlich, bei der beide Elemente des Gegensatzes durchaus miteinander vereinbar sind. Von einer anderen Art von Gegensätzen wird dies gerade ausgeschlossen: Etwas kann nicht gleichzeitig warm und kalt, roh und gekocht, trocken und feucht, nackt und bekleidet, jung und alt, tot und lebendig sein. Im Unterschied dazu sind Liebe und Hass nicht miteinander unvereinbar wie Tag und Nacht. Die Eigenschaft einer möglichen Simultaneität teilen sie mit weiteren Gegensätzen: Ebenso wie etwas gleichzeitig geliebt und gehasst werden kann, ist es möglich, etwas gleichzeitig lustvoll und schmerzlich, anziehend und abstoßend zu empfinden, etwas zu ersehnen und dennoch zu fürchten, etwas zu wünschen und dennoch abzuwehren.

Es fällt auf, dass die letztgenannten Gegensätze alle aus der Sphäre der menschlichen Affekte stammen. Sie sind, im

Unterschied zu den erstgenannten Gegensätzen, nicht an eine unumkehrbare Abfolge gebunden (wie etwa roh und gekocht, jung und alt), und ihre beiden in Opposition zueinander stehenden Elemente sind auch nicht definitorisch aufeinander angewiesen, so wie etwa Wärme durch die Abwesenheit von Kälte definiert ist, Kälte durch die Abwesenheit von Wärme. Lust, Anziehung, Sehnsucht kann auch erfahren, wer von Schmerz, Abstoßung und Furcht nichts weiß. Während Wärme und Kälte, Trockenheit und Feuchtigkeit definitorisch voneinander abhängen, sind also die Lust vom Schmerz, die Anziehung von der Abstoßung, die Sehnsucht von der Furcht zunächst einmal unabhängig. Gerade dadurch aber wird es möglich, dass beide Elemente sich miteinander amalgamieren können, und so auch die Liebe mit dem Hass.

Eine der frühesten selbstreflexiven Formulierungen einer Mischung zwischen Liebe und Hass findet sich vielleicht innerhalb der europäischen Tradition in Platons *Symposion*, einem der beiden der Liebe gewidmeten Dialoge des Philosophen. Der von Liebe zu Sokrates erfüllte Alkibiades bekennt, sich oft gewünscht zu haben, dass Sokrates nicht lebt, wörtlich: »oft hätte ich es als erfreulich angesehen, dieser wäre nicht unter den Menschen«.[1] Diese Stelle ist es, die Freud zum Beleg nimmt, als er sich 1909 zum ersten Mal anschickt, im Zusammenhang mit der Fallgeschichte eines Patienten das komplexe Verhältnis zwischen Liebe und Hass einer triebtheoretischen Reflexion zu unterziehen. In einer Fußnote zu seiner »Rattenmann«-Analyse[2] zitiert Freud diese Stelle nach der Übersetzung von Rudolf Kassner in folgendem Wortlaut: »ja oft habe ich den Wunsch, ihn nicht mehr unter den Lebenden zu sehen [...]«. Demgegenüber ist festzuhalten, dass Platons Wortwahl die Sache eher in der Schwebe lässt. Freud benötigt jedoch die in Kassners Übersetzung zum Ausdruck kommende zuspitzende Interpretation, um damit eine Verquickung von Liebe und Hass zu belegen, die sich im Todeswunsch gegen den Geliebten verdichtet.

Bereits 1905, in den *Drei Abhandlungen zur Sexualtheorie*, war Freud auf die trieblichen Voraussetzungen für ein solches Verhältnis von Liebe und Hass zu sprechen gekommen. Mit dem Sexualtrieb, der Libido, sei nämlich als Partialtrieb »der aktiv und passiv ausgebildete Trieb zur Grausamkeit« verbunden. Dies gilt wohlgemerkt für alle Menschen, nicht allein für die seelisch Kranken, die Neurotiker. Wenn allerdings dieser Partialtrieb im sozialen Verhalten eines Menschen eine dominierende Rolle übernimmt, komme es zur Neurose: »Vermittels dieser Grausamkeitsverknüpfung der Libido geht auch die Verwandlung von Liebe in Hass, von zärtlichen in feindselige Regungen vor sich, die für eine große Reihe von neurotischen Fällen, ja, wie es scheint, für die Paranoia im ganzen charakteristisch ist.«[3] Nicht die Gleichzeitigkeit von Liebe und Hass ist also demzufolge für diese neurotisch Kranken bezeichnend, sondern gerade ihre Trennung, bei der die Liebe verschwindet und durch den Hass ersetzt wird oder, genauer gesagt, sich in ihn transformiert.

Auch in der »Rattenmann«-Analyse von 1909 rechnet Freud die Amalgamierung von Liebe und Hass durchaus den normalen Vorgängen zu: »Wir wissen, dass beginnende Verliebtheit häufig als Hass wahrgenommen wird, dass Liebe, der die Befriedigung versagt ist, sich leicht zum Teil in Hass umsetzt, und hören von den Dichtern, dass in stürmischen Stadien der Verliebtheit beide gegensätzliche Gefühle eine Zeitlang nebeneinander wie im Wettstreite bestehen können.«[4] Im Normalfall erweist sich die Liebe dem Hass überlegen, überwindet ihn und zehrt ihn auf. Wenn der Hass jedoch nicht vollständig überwunden wird, entsteht eine Zwangsneurose: »Die Liebe hat den Hass nicht auslöschen, sondern nur ins Unbewusste drängen können.«[5] Dies geschieht, wenn die Liebe nicht stark genug ist. Anders als bei der Paranoia verwandelt sie sich jedoch nicht in Hass, sondern leiht sich die ihr fehlende Stärke von ihm aus. Paradoxerweise ist in diesem Fall die bewusste Liebe besonders intensiv, aber diese Intensität wird vom unbewussten Hass gespeist und von der Anstrengung, ihn nicht bewusst werden zu lassen, sondern ihn im Zustand der Verdrängung festzuhalten. Nicht die Gefühlsambivalenz von Liebe und Hass selbst ist also für die Zwangsneurose verantwortlich. Das Weiterbestehen der Gleichzeitigkeit von Liebe und Hass bringt vielmehr diese seelische Erkrankung nur dann hervor, wenn allein die Liebe dem Bewusstsein angehört, der Hass aber unbewusst geworden ist.

An einer originären Gleichzeitigkeit von Liebe und Hass begann Freud einige Jahre später zu zweifeln. Wiederum sind es Überlegungen zur Zwangsneurose, die diesem Zweifel die Wege ebnen. Voraussetzung dafür ist aber vor allem die Ausarbeitung einer streng dualistischen Triebtheorie, die Freud 1910 – in Anlehnung an Schillers Gedanken von dem, dank der Natur, durch »Hunger und Liebe« erhaltenen Weltgetriebe – als Gegensatz zwischen Selbsterhaltungs- bzw. Ichtrieben und Sexualtrieben formulierte.[6] Dass beide Triebgruppen beim Menschenwesen von Geburt an vorhanden sind, gehörte zu den schockierendsten theoretischen Ergebnissen der frühen Psychoanalyse. 1913 sah Freud sich jedoch gezwungen, die Gleichursprünglichkeit der Ichtriebe und der Sexualtriebe mit der Einsicht in die Unterschiedlichkeit und Ungleichzeitigkeit von Ichentwicklung und Sexualentwicklung zu konfrontieren. Bei den zur Zwangsneurose Disponierten hatte er ein auffälliges »zeitliches Voraneilen der Ichentwicklung vor der Libidoentwicklung«[7] konstatieren können. Doch dies sei keineswegs den Zwangsneurotikern vorbehalten, die »eine Übermoral entwickeln müssen, um ihre Objektliebe gegen die hinter ihr lauernde Feindseligkeit zu verteidigen«. Vielmehr sei »ein gewisses Maß von diesem Voraneilen der Ichentwicklung als typisch für die menschliche Natur hinzustellen«. Dann aber, so die Konsequenz, kann von einer Gleichursprünglichkeit von Liebe und Hass nicht gesprochen werden. Der Hass, nicht die Liebe, steht am Anfang, und er, nicht sie, zwingt zur Ausbildung der Moral. Daher muss, so heißt es hier lapidar, »der Hass der Vorläufer der Liebe« sein.

Diesen Gedanken baut Freud wenig später in seiner ersten ganz der Triebtheorie reservierten Schrift, *Triebe und Triebschicksale* von 1915, weiter aus. Kurz zuvor, 1914, hatte Freud in seiner Schrift *Zur Einführung des Narzissmus* anerkennen müssen, dass das »Voraneilen« der Ichentwicklung triebgeschichtlich zu erklären ist: »Die autoerotischen Triebe sind aber uranfänglich«,[8] nicht diejenigen Triebe, die ein anderes Objekt besetzen als das Ich. Vor diesem Hintergrund kann es Freud nun gelingen, das Verhältnis zwischen Hass und Liebe weiter zu spezifizieren: Die Priorität des Hasses vor der Liebe gilt demnach nur für das Verhältnis des Ichs zu den von ihm unterschiedenen Objekten. Doch im Verhältnis des Ichs zu sich selbst ist die Liebe primär, nicht der Hass. Die Selbstliebe, der Narzissmus, geht entwicklungsgeschichtlich der Geschlechtsliebe voraus. Und daraus folgt: die Gleichzeitigkeit von Liebe und Hass kann auch aus dieser Perspektive nichts Ursprüngliches sein. Vielmehr generiert die Liebe zu sich selbst den Hass auf das Fremde und andere. Die Liebe zum anderen wird erst dann möglich, wenn die Selbstliebe und der Hass auf das andere ihre zunächst unangefochtene Energie eingebüßt haben. Dies aber setzt einen auch physischen Entwicklungsfortschritt, die Herausbildung neuer, vorher ungeahnter Energien voraus.

Die psychischen und triebgeschichtlichen Bedingungen und Konsequenzen dieser Vorgänge werden von Freud in der Schrift *Triebe und Triebschicksale* analytisch reflektiert.[9] Mit dem Gegensatz von Liebe und Hass wird die Polarität zwischen Lust und Unlust verbunden. Beide Begriffspaare werden hier jedoch ausdrücklich vom Triebbegriff abgekoppelt und ausschließlich dem Ich und seiner Beziehung zu den Objekten reserviert. Nicht der Trieb liebt oder hasst, empfindet Lust oder Unlust, sondern nur dem Ich kommt dies alles zu. Liebe hat zwar mit Anziehung, Hass mit Abstoßung zu tun, aber Liebe und Anziehung zielen zunächst auf Einverleibung der Objekte durch das Ich, also ebenso auf Vernichtung der Objekte wie der Hass und die Abstoßung, wenn auch auf entgegengesetzte Weise. Die ursprüngliche einverleibende Liebe indessen, die, wie Freud lakonisch bemerkt, »mit der Aufhebung der Sonderexistenz des Objekts vereinbar ist«, muss daher als »ambivalent« bezeichnet werden und ist »in ihrem Verhalten gegen das Objekt vom Hass kaum zu unterscheiden«.

Dieses Amalgam von einer »Vorstufe der Liebe« und Hass hat noch nichts mit der Sexualfunktion zu tun, wohl aber mit dem Ich. Ausschlaggebend dafür sind die ungleichzeitigen Reifungsprozesse von Ich und Sexualität. Die Unterscheidung zwischen Liebe und Hass und der Gegensatz zwischen ihnen könne nämlich, so Freud, erst entstehen, wenn die genitale Entwicklungsstufe der Sexualität erreicht ist. Erst dann kann die Liebe sich selbständig entfalten und sich vom Hass emanzipieren. Aus der zuvor rascheren Entwicklung des Ichs jedoch folgt gegenüber den Objekten der zeitliche Vorrang des Hassens vor dem Lieben: »Der Hass ist als Relation zum Objekt älter als die Liebe.«[10] Denn: »Das Äußere, das Objekt, das Gehasste wären zu allem Anfang identisch.«[11] Damit ist aber von der Gleichursprünglichkeit der Ichtriebe und der Sexualtriebe wenig übrig geblieben. Nicht nur geht dann die Ichentwicklung der Sexualentwicklung voraus, sondern auch die Ichtriebe besitzen eine zeitliche Priorität gegenüber den Sexualtrieben. Die von Freud gezogene Konsequenz daraus ist, dass die Gefühlsambivalenz auf die Entstehung der Liebe aus dem Hass zurückgeführt werden muss. Der auch später »der Liebe beigemengte Hass«[12] signalisiert, dass die Icherhaltungstriebe ihre Dominanzansprüche nicht restlos zugunsten der neu hinzugekommenen, der eben nicht vorrangig destruktiven oder konservativen, sondern kreativen Sexualtriebe aufgegeben haben. Am Anfang der Beziehungen zum Anderen und Fremden aber stand nicht eine Vermengung von Liebe und Hass, sondern nur der Hass, verbunden mit einer Art von Liebe, die ihm noch auffällig ähnlich war.

Im gleichen Jahr, mitten im Ersten Weltkrieg, publizierte Freud eine Schrift mit dem Titel *Zeitgemäßes über Krieg und Tod*. Der Gedanke, dass die Moralvorschriften aus dem ursprünglichen Hass entstanden sind, wird hier erstmals auf das biblische Gebot »Du sollst nicht töten« angewendet. Freud radikalisiert diesen Gedanken nun jedoch dadurch, dass er im Hass die Lust entdeckt. Das lustvolle Töten reicht in die Anfänge des Menschen zurück und gehört zur ältesten anthropologischen Genealogie: »Was keines Menschen Seele begehrt, braucht man nicht zu verbieten, es schließt sich von selbst aus. Gerade die Betonung des Gebotes: Du sollst nicht töten, macht uns sicher, dass wir von einer unendlich langen Generationsreihe von Mördern abstammen, denen die Mordlust, wie vielleicht noch uns selbst, im Blute lag.«[13] Der Mordlust wird nun eine Selbständigkeit zugebilligt, die ihr den Rang eines vorgegebenen Menschheitserbes einräumt, eines Erbes, das noch immer mächtiger sein kann als das dagegen mobilisierte jüngere Menschheitserbe, die Moralvorschriften.

Von Ambivalenz, von einem Konflikt mit gegenteiligen Bestrebungen ist bei der Mordlust nichts zu merken. Daher hätten der Hass und die Mordlust allein niemals ethische Regeln generieren können, die gegen sie gerichtet sind. Das Gebot »Du sollst nicht töten« ist keineswegs entworfen worden, um Fremde und Feinde zu schützen. Dass dieses Gebot aufgestellt werden musste, hänge vielmehr mit dem Gefühlskonflikt zusammen, der beim Tod geliebter Personen unverkennbar zu Tage tritt. Ereignet sich ein solcher Tod, müssen die Menschen anerkennen, dass der Tod auch zu ihnen selbst, zu dem von ihnen Geliebten gehört, und nicht nur zum Anderen, zum Fremden, zum Feind. Wenn aber der Tod auch zur geliebten Person gehört, dann kann die geliebte Person zum Fremden und zum Feind werden, ja es kann sich sogar herausstellen, dass die geliebte Person zugleich eine gehasste ist. Dieser Gefühlskonflikt hat nach Freud »die Forschung der Menschen entbunden«,[14] und zwar zunächst die Psychologie und die aus dem Schuldbewusstsein resultierende Religion. Und nur so ist für Freud zu erklären, dass das Tötungsverbot zuerst allein zum Schutz der nächsten Angehörigen diente und erst »allmählich auf den ungeliebten Fremden und endlich auch auf den Feind ausgedehnt« wurde.[15] Denn das Tötungsverbot sei »als Reaktion gegen die hinter der Trauer versteckte Hassbefriedigung am geliebten Toten« entstanden.

Die Tötungslust und der Hass bleiben zwar auch in diesem Argumentationszusammenhang aufs Engste mit dem Ich amalgamiert, doch dieses Ich ist bis zu einem gewissen Grad kulturell bezähmbar, so dass es in die Lage versetzt wird, sich im Zustand des Bewusstseins durch diese Affekte nicht beherrschen zu lassen. Anders sei es allerdings nach wie vor um das unbewusste Ich bestellt: »unser Unbewusstes mordet selbst für Kleinigkeiten«,[16] »jede Schädigung unseres allmächtigen und selbstherrlichen Ichs ist im Grunde ein *crimen laesae majestatis*«. Die Schlussfolgerung daraus lautet demnach: »So sind wir auch selbst, wenn man uns nach unseren unbewussten Wunschregungen beurteilt, wie die Urmenschen eine Rotte von Mördern.«

Gegen Ende dieser Schrift wird von Freud eine gewaltige Bündnispartnerin aufgeboten, die allein gegen diese archaische Übermacht des hasserfüllten, unbewusst nur sich selbst liebenden Ichs zu sichern scheint: Es ist die Natur und die ihr unterstellte Präferenz für die harmonisierende Liebe und das den Hass neutralisierende Geschlechtsleben: »Unserem Verständnis wie unserer Empfindung liegt es freilich ferne, Liebe und Hass in solcher Weise miteinander zu verkoppeln, aber indem die Natur mit diesem Gegensatzpaar arbeitet, bringt sie es zustande, die Liebe immer wach und frisch zu erhalten, um sie gegen den hinter ihr lauernden Hass zu versichern. Man darf sagen, die schönsten Entfaltungen unseres Liebeslebens danken wir der Reaktion gegen den feindseligen Impuls, den wir in unserer Brust verspüren.«[17]

Doch dies ist hier nicht Freuds letztes Wort. Es ist von mehr als nur damals aktueller Bedeutung, dass Freud zum Schluss auf den Krieg zu sprechen kommt. Dem Krieg gegenüber erweist sich nun die eben beschworene, für die Liebe Partei ergreifende Natur als eine zu schwache Bündnispartnerin. Der Krieg, so konstatiert Freud, gewährt dem unbewussten, mordlüsternen Hass einen freien Zugang zum Bewusstsein, »er streift uns die späteren Kulturauflagerungen ab und lässt den Urmenschen in uns wieder zum Vorschein kommen«.[18] Freuds Antwort darauf ist nicht eine politische, vielleicht nicht einmal eine kritische, sondern eine psychologische und ethische, nicht ein Appell zum Pazifismus, sondern ein Appell zur Anerkennung des Todes, zum Verzicht auf seine Verdrängung, in gewisser Weise also, wie Freud freimütig bekennt, zur »Regression«. In alter moralistischer Tradition schließt die Schrift mit dem Satz: »Wenn du das Leben aushalten willst, richte dich auf den Tod ein.«[19] Vor dem Sieg des Hasses, so scheint es, schützt am Ende doch nicht die Liebe, sondern am ehesten ein anderer, allerdings vom Hass abgelöster Alliierter: niemand anders als der Tod.

Als Freud fünf Jahre später mit seiner Schrift *Jenseits des*

*Lustprinzips* von 1920 einen neuen triebtheoretischen Entwurf vorlegt, ist von einer solchen Opposition des Todes zum Hass nichts mehr übrig geblieben. Der Tod hat triebtheoretisch triumphiert: Freud sieht sich genötigt, der Liebe, nun antikisierend »Eros« genannt, den Todestrieb als ein Synonym des Hasses gegenüberzustellen. Der Dualismus von Selbsterhaltungstrieben und Sexualtrieben ließ sich nicht mehr aufrechterhalten. Ein neuer Dualismus musste an seine Stelle treten, derjenige zwischen Lebenstrieben und Todestrieben. Im Verlauf der Entwicklung seiner Theorie war es Freud immer deutlicher geworden, dass die Ichtriebe nicht allein dem Hass dienen und die Sexualtriebe nicht allein der Liebe. Dass jede dieser beiden Triebgruppen von den gegensätzlichen Impulsen des Hasses und der Liebe bestimmt wird, war für Freud nun nicht mehr von der Hand zu weisen und erforderte eine triebtheoretische Revision.

Zwar hatte Freud schon früh erkannt, dass der »Trieb zur Grausamkeit« sich mit dem Sexualtrieb verbinden kann,[20] doch stellte sich für ihn mehr und mehr heraus, dass dieser Grausamkeitstrieb sich eher vom Ich herleitet als von der Sexualität. Daraus schien sich zunächst die Notwendigkeit zu ergeben, die Ichtriebe als Todestriebe zu bezeichnen und scharf von den Sexualtrieben, die mit den Lebenstrieben gleichzusetzen seien, zu trennen.[21] Bald aber war nicht mehr zu übersehen, dass zumindest ein Teil der Ichtriebe libidinöser Natur ist, dass die Selbsterhaltungstriebe also durchaus sexuelle Komponenten aufweisen. Ja, es erwies sich, dass die Objektliebe im Entwicklungsprozess zunächst Selbstliebe ist, bevor sie sich überhaupt anderen Objekten als dem Ich zuwenden kann, und dass auch die spätere, das Ich zugunsten anderer Objekte verlassende Liebe weiterhin von der Selbstliebe geprägt bleibt und sich zudem nach Bedarf wieder auf die Position der Selbstliebe zurückziehen kann.

Freuds triebtheoretische Revision besteht nun nicht darin, dass er Ichtriebe und Sexualtriebe miteinander amalgamiert und ihnen krass die Todestriebe gegenüberstellt. Revidiert wird keineswegs die Auffassung der Sexualtriebe als Lebenstriebe. Doch dies bedeutet für Freud nun, dass die Sexualtriebe ausschließlich Lebenstriebe sind, dass aber für sie Leben, Selbsterhaltung und Liebe eins sind, radikal getrennt von Tod, Vernichtung und Hass. Was hier jedoch tatsächlich revidiert wird, ist die Auffassung der Ichtriebe als ausschließlicher Selbsterhaltungstriebe. Der neue triebtheoretische Dualismus ist also nicht einfach eine Analogie zum früheren: Die Gegenüberstellung von Lebenstrieben und Todestrieben ist nicht ein neuer Name für den Gegensatz von Sexualtrieben und Ichtrieben. Die Umbenennung der Sexualtriebe in Lebenstriebe impliziert eine Aufspaltung der Ichtriebe. Diejenigen Elemente der Ichtriebe, die der Selbsterhaltung dienen, werden nun den Sexualtrieben zugerechnet. Jene Elemente der Ichtriebe aber, die sowohl der Schädigung des Ichs als auch der Schädigung des Objekts dienen, bleiben nun einer neuen Triebgruppe, den Todestrieben, reserviert. Die Einsicht in die Funktionsprozesse von Sadismus und Masochismus[22] zwang Freud dazu, den Hass von der Liebe aufs Schärfste abzugrenzen. Sein Resultat ist: Todestriebe sind Ichtriebe, die um ihre libidinösen Elemente verkürzt sind; Lebenstriebe sind Sexualtriebe, die um eben diese Elemente erweitert sind. Die Liebe aber gehört nunmehr nur zu den Lebenstrieben, der Hass allein zu den Todestrieben.

Ein Jahr später wandte Freud dieses Ergebnis auf die Verhältnisse zwischen Ich und Masse an, in seiner Schrift *Massenpsychologie und Ich-Analyse* von 1921. Für die ihm »elementar« erscheinende »Hassbereitschaft« und »Aggressivität« der Menschen gegenüber anderen Menschen[23] ist, so unterstreicht er dort, nicht etwa eine strikte Trennung zwischen Hass und Liebe in der menschlichen

Psyche verantwortlich. Triebtheoretisch müssen Hass und Liebe zwar streng voneinander unterschieden und zwei verschiedenen Triebgruppen, einerseits den Todestrieben, andererseits den Lebenstrieben, zugeordnet werden. Entwicklungsgeschichtlich sind beide Triebgruppen jedoch in der menschlichen Psyche aufs Engste miteinander verbunden. Gehasst werden die Fremden nicht, weil sie fremd und fern sind, sondern weil sie an die nächsten Fremden gemahnen, die dem Ich und seiner Selbstliebe dereinst die ersten Schranken gesetzt haben. Daher kann Freud lapidar feststellen, dass die »unverhüllt hervortretenden Abneigungen und Abstoßungen gegen nahe stehende Fremde« nichts anderes als der »Ausdruck einer Selbstliebe, eines Narzissmus« sind, »der seine Selbstbehauptung anstrebt und sich so benimmt, als ob das Vorkommen einer Abweichung von seinen individuellen Ausbildungen eine Kritik derselben und eine Aufforderung, diese umzugestalten, mit sich brächte«.[24] Die besonderen psychologischen Verhältnisse in einer Masse bestehen nun nach Freud darin, dass dort die Konzentration auf das Ich ausgesetzt wird. Generell gilt: »Die Selbstliebe findet nur an der Fremdliebe, Liebe zu Objekten, eine Schranke.« In der Masse werden nun der Narzissmus und der aus ihm resultierende Hass gegen nahestehende Fremde nur dadurch eingeschränkt, dass die Liebestriebe »von ihren ursprünglichen Zielen abgelenkt« sind. Die Triebambivalenz wird dabei anscheinend aufgelöst: Nur geliebt und nicht gehasst werden dann die nahen Fremden, die nicht mehr als fremd empfunden werden; nur gehasst und nicht geliebt werden die fernen Fremden, deren Nähe nunmehr geleugnet werden kann.

Dem Problem der Triebmischung und der Triebentmischung wandte Freud sich wenige Jahre später in seiner Schrift *Das Ich und das Es* von 1923 noch einmal zu. Und erst jetzt, auf der Grundlage der Unterscheidung von Eros und Todestrieb, scheint es ihm zu gelingen, die Gefühlsambivalenz triebtheoretisch aufzuklären. Die im Sadismus zu beobachtende »Triebmischung«, dass nämlich »der Destruktionstrieb regelmäßig zu Zwecken der Abfuhr in den Dienst des Eros gestellt ist«,[25] konfrontiert Freud hier mit der für die Zwangsneurosen kennzeichnenden »Triebentmischung«, bei der der Todestrieb sich gegen den Eros durchsetzt. Nun jedoch muss Freud für eine ursprüngliche Ungemischtheit der Triebe optieren, und diese ist es, für die er jetzt die Bezeichnung »Ambivalenz« reserviert: »Es erhebt sich auch die Frage, ob nicht die reguläre Ambivalenz, die wir in der konstitutionellen Anlage zur Neurose so oft verstärkt finden, als Ergebnis einer Entmischung aufgefasst werden darf; allein diese ist so ursprünglich, dass sie vielmehr als nicht vollzogene Triebmischung gelten muss.«

Damit hat Freuds Reflexion des Verhältnisses von Liebe und Hass ihr vorläufiges Endergebnis erreicht: Liebe und Hass sind – wie analog dazu die beiden Triebarten, die erotischen und die Todestriebe – von Anfang an gleichzeitig, jedoch getrennt voneinander, vorhanden. Nicht ist der Hass älter als die Liebe, und ebenso wenig die Liebe älter als der Hass. Die spezifische Situation dieses Gefühlsgegensatzes und der ihm korrespondierenden gegensätzlichen Triebarten ist aber ursprünglich dadurch gekennzeichnet, dass beide Elemente dieser Gegensätze sich ungemischt nebeneinander befinden. Und nur weil und wenn dies weiterwirkt, kann Ambivalenz entstehen. Ambivalenz ist also weder ein Mischungsverhältnis noch ein Entmischungsprodukt, sondern nichts als eine unverbundene Zweifaltigkeit. Nur unter dieser Voraussetzung kann Liebe sich in Hass, Hass sich in Liebe verwandeln. Die Triebmischung jedoch ist ein Entwicklungsprodukt, und auf ihr basiert die Dynamik weiterer Entwicklungsprozesse.

Vierzehn Jahre später legt Freud sich darüber Rechenschaft ab, dass er mit diesem Ergebnis bei einem Konzept angelangt ist, das bereits im 5. Jahrhundert v. Chr. der sizilianische Philosoph Empedokles von Akragas vorgelegt hatte. In Freuds Schrift *Die endliche und die unendliche Analyse* von 1937 heißt es dazu: »Die beiden Grundprinzipien des Empedokles – *philia* und *neikos* – sind dem Namen wie der Funktion nach das Gleiche wie unsere beiden Urtriebe Eros und Destruktion, der eine bemüht, das Vorhandene zu immer größeren Einheiten zusammenzufassen, der andere, diese Vereinigungen aufzulösen und die durch sie entstandenen Gebilde zu zerstören.«[26] Der Gegensatz von Liebe und Hass (oder genauer gesagt: »Freundschaft« und »Streit«) war bereits für Empedokles[27], trotz seiner anthropomorphistischen Wortwahl, weit mehr als eine anthropologische Konstante: Er gab ihm den Rang eines kosmologischen Prinzips. Auch Freud geht mit seiner Triebtheorie über den Menschen hinaus und nähert sich der Mythologie,[28] von der er den Namen des Gottes Eros (allerdings nicht den Namen des Todesgottes, »Thanatos«) entleiht, so wie Empedokles denjenigen der Aphrodite.

Freuds Trieblehre ist mehr und anderes als ein anthropologisches Konzept, ist anderes und mehr als eine Kulturtheorie oder eine Geschichtstheorie. Sie ist eine Metaphysik mit biologischen Vorzeichen. Das Rätsel des Hasses scheint zwar auf dieser theoretischen Grundlage gelöst. Zu zweifeln ist allerdings, ob dies auch für das Rätsel der Liebe gilt. Die Griechen der Antike jedenfalls haben der Liebesgöttin Aphrodite nicht nur den Kriegsgott Ares als wichtigsten Liebespartner zugeordnet, sondern sie haben sie auch mit den Chariten, den Göttinnen der Milde, der Grazie und des großzügigen Gebens assoziiert. Denn es scheint: Die Liebe liebt den Kampf, und nicht nur die Vereinigung. Zu ihr selbst gehört vielleicht nicht der Hass, wohl aber die leidenschaftliche Gewaltsamkeit, die den Tod dann unvermeidlich macht, wenn sie ungemildert bleibt. Die in Freuds Werk nirgends zitierte, verzweifelte Sphinx-Frage eines seiner Lieblingsautoren, Heinrich Heine, hat auch Freud unbeantwortet lassen müssen: »O Liebe! was soll es bedeuten, / Dass du vermischest mit Todesqual / All deine Seligkeiten?«[29]

## Anmerkungen

1 Platon: Symposion 216c. Vgl. die Übersetzung von Friedrich Schleiermacher, z. B. in folgender Ausgabe: Platon: Werke in acht Bänden. Griechisch und Deutsch. Hg. von Gunther Eigler. Bd. 3: Phaidon, Das Gastmahl, Kratylos. Darmstadt 1974, S. 367: »[...] und wollte oft lieber sehen, er lebte gar nicht.«

2 Sigmund Freud: Bemerkungen über einen Fall von Zwangsneurose (1909). In: GW VII 456; siehe auch Freud: Originalnotizen zu einem Fall von Zwangsneurose (»Rattenmann«). In: Nbd. 522f. – Freuds Werke werden wie folgt zitiert: GW I-XVIII; Nbd. [= Sigmund Freud: Gesammelte Werke. Chronologisch geordnet. Hg. von Anna Freud u. a. Bd. 1-18. London und Frankfurt am Main 1940-1952, 1968; Nachtragsband. Hg. von Angela Richards unter Mitwirkung von Ilse Grubrich-Simitis. Frankfurt am Main 1987].

3 Freud: Drei Abhandlungen zur Sexualtheorie (1905). In: GW V 66.

4 Freud: GW VII 455.

5 Ebd.

6 Vgl. Freud: Die psychogene Sehstörung in psychoanalytischer Auffassung (1910). In: GW VIII 97f., sowie GW X 143; siehe auch, als Vorstufe dazu, GW V 33. – »Hunger und Liebe«: wie in Schillers Gedicht »Die Taten der Philosophen« (späterer Titel: »Die Weltweisen«); Schiller scheint hier zu hoffen, dass »der Bau der Welt« dereinst nicht mehr nur durch Hunger und Liebe, sondern durch die Philosophie zusammengehalten werden könne.

7 Freud: Die Disposition zur Zwangsneurose (1913). In: GW VIII 451. Die folgenden Zitate: ebd.

8 Freud: Zur Einführung des Narzissmus (1914). In: GW X 142.

9 Vgl. zum Folgenden Freud: Triebe und Triebschicksale (1915). In: GW X 231.

10 Ebd.

11 Ebd. 229. Vgl. dazu auch Renate Schlesier: Mythos und Weiblichkeit bei Sigmund Freud. Frankfurt a. M. ²1990, vor allem S. 108-110.

12 Freud: GW X 232.

13 Freud: Zeitgemäßes über Krieg und Tod (1915). In: GW X 350.

14 Ebd. 347.

15 Dieses und das folgende Zitat: ebd. 349.

16 Dieses und die folgenden Zitate: ebd. 351.

17 Ebd. 353f.

18 Ebd. 354.

19 Ebd. 355.

20 Siehe oben, Anm. 3.

21 Vgl. dazu und zum Folgenden Freud: Jenseits des Lustprinzips (1920). In: GW XIII 57.

22 Vgl. ebd. 58f.

23 Freud: Massenpsychologie und Ich-Analyse (1921). In: GW XIII 111.

24 Ebd.; die folgenden Zitate: ebd. 112f.

25 Dieses und die folgenden Zitate in Freud: Das Ich und das Es (1923). In: GW XIII 270.

26 Freud: Die endliche und die unendliche Analyse (1937). In: GW XVI 92; vgl. Freud: Abriss der Psychoanalyse (1938/1940). In: GW XVII 71.

27 Vgl. dazu die kommentierte Ausgabe von Jean Bollack: Empédocle, Bd. 1-3. Paris 1965.

28 Zu Freuds Umgang mit der Mythologie siehe jetzt auch Renate Schlesier: Freud, oder Über eine Sphinx. Frankfurt a. M. 2000.

29 Heinrich Heine: Vorwort von 1839 zur 3. Auflage des Buches der Lieder. In: Heinrich Heine: Sämtliche Schriften. Hg. von Klaus Briegleb. Bd. 1: Schriften 1817-1840. München und Wien 1976, S. 15.

Karl Grammer und Astrid Jütte

# Die evolutionäre Psychologie der Liebe

Die Erfahrung von Liebe hat in unserer Kultur eine Schlüsselbedeutung und ist ein thematischer »Dauerbrenner«, der unsere Gesellschaft in vielen Bereichen durchzieht und an Wichtigkeit anscheinend immer mehr zunimmt. Generell handelt es sich dabei um einen vielschichtigen Komplex, der von der Mutterliebe über Freundschaft bis zu sexueller Anziehung und zur Paarbindung reicht. Dieser Komplex ist aber auch vor dem Hintergrund des biologisch-physiologischen Programms der Reproduktion zu verstehen. Darüber hinaus müssen wir davon ausgehen, dass emotionale Erfahrungen wie Liebe auch physiologische Entsprechungen besitzen, die zu spezifischen Verhaltensänderungen führen können.

Bindung, Hingabe, Leidenschaft, Trauer bei Trennung und Eifersucht sind nur einige wenige der Gefühle und Emotionen, die für die Beschreibung von Liebe benutzt werden. Aus wissenschaftlicher Perspektive ist Liebe zunächst ein hypothetisches Konstrukt mit vielen möglichen Dimensionen und Interpretationen. Die verschiedenen emotionalen Zustände und Verhaltensweisen, die mit Liebe assoziiert sind, waren jedoch selten Ziel empirischer wissenschaftlicher Untersuchungen. Dies liegt auch daran, dass Liebe eine Domäne der Dichter und Schriftsteller ist und dass vermutet wird, dass diese Domäne jenseits wissenschaftlicher Beschreibungsmöglichkeiten liegt.

Wie ist ein empirischer Zugang möglich? Evolutionstheoretisch gesehen steht Bindung im Zusammenhang mit Reproduktion – dies ermöglicht es, empirische Vorhersagen zu machen. Liebe und Gefühle im Allgemeinen sind sehr eng an die Grund-Emotionen gekoppelt. Emotionen sind aber auch *physiologische* Zustände und deshalb für eine direkte wissenschaftliche Annäherung offen. Diese physiologischen Zustände (Änderungen der Neuropeptid- und Hormonkonzentrationen) finden ihren Niederschlag im Verhalten. Soziale Bindung steht bei Tieren nachweislich in engem Zusammenhang mit hormonellen Aktivitäten (Carter, 1998). Eine ethologische Untersuchung des Komplexes Liebe sollte deshalb beide Achsen verbinden.

Das generelle Problem ist die Definition von Liebe selbst. Wodurch zeichnet sich »Liebe« aus und wie unterscheidet sie sich von anderen Beziehungsformen? Huston und Burgess (1979) versuchten zu klären, durch welche charakteristischen Merkmale sich oberflächliche Freundschaften von intimeren Beziehungen unterscheiden.

Es besteht kein Zweifel, dass die meisten engeren Beziehungen von Gleichheit (gleiche Interessen etc.) und Austausch geprägt sind. Das Gefühl der Einigkeit, der Solidarität oder Identifikation mit dem anderen ist somit ein maßgebliches Kriterium für die Definition von Liebe.

Lee (1973, 1974) unterscheidet sechs verschiedene Formen von Liebe:

1. Agape (Anziehungskraft aufgrund von Charaktereigenschaften),
2. Eros (erotische Liebe),
3. Ludus (Liebe als Spiel gesehen, bei dem es gilt, möglichst viele Hindernisse beiseite zu räumen),
4. Mania – (ist die krankhafte Besitz ergreifende Form der Liebe),
5. Pragma – (ist die »sensible« Liebe – deren oberstes Ziel die ausgeglichene Beziehung beinhaltet),
6. Storge – (ist die partnerschaftliche Form der Liebe).[1]

1 Eros, die leidenschaftliche, romantische Liebe, ist durch starke physische Anziehung, durch Intensität und Intimität gekennzeichnet. Ludus,

Cunningham und Antill (1981) dagegen unterscheiden zwei verschiedene Formen von »intimen Freundschaften«: Liebe und »Romantizismus« (romantische Gefühle). Als Romantizismus bezeichnen sie die Idealisierung der Liebe, demnach gilt der Ausdruck: »Liebe macht blind«.

Obwohl alle Begriffsfindungen im Bereich der Liebe sehr heterogen sind, scheinen sich einige Grunddimensionen abzuzeichnen. Allein stehende Männer sehen die Liebe zum Beispiel mehr unter dem romantischen Aspekt als allein stehende Frauen, was sich jedoch im Laufe einer Ehe wendet. Ein Grund hierfür ist die Tatsache, dass die Frau, insbesondere bei bestehendem Kinderwunsch, auf die Zuverlässigkeit und den ökonomischen Status des Mannes angewiesen ist und in diesem Moment der Abhängigkeit ihre Liebe idealisiert.

Fasst man solche Erkenntnisse zusammen, so gelangt man zu der Auffassung, dass Frauen bezüglich ihrer Partnerwahl abwartender, realistischer einschätzend und kritischer sind. Männer verlieben sich schneller. Bereits die Grundeinstellung zum Beginn einer Liebesbeziehung birgt einen deutlichen Geschlechtsunterschied in sich. Dieser Geschlechtsunterschied entspricht der biologischen Forde-

die spielerische, umwerbende Liebe, die mit seltenen Interaktionen einhergeht und die Intimität und Intensität vermeidet. Storge, freundschaftliche Liebe, besticht durch eine geordnete Entwicklung, geteilte Haltungen und Werte und starke Freundschaftskomponenten. Pragma, die praktische Liebe, die Teile von Ludus und Storge enthält und durch eine gezielte Suche für einen passenden Liebespartner auffällt und bei der sich der Suchende darüber klar ist, welche Partnerqualitäten wichtig sind. Mania, die Besitz ergreifende, abhängige Liebe, mit Teilen von Eros und Ludus, ist schließlich durch Intensität und einige Intimität, aber auch durch Eifersucht und Kommunikationsmissverständnisse gekennzeichnet. In Mania finden wir häufig physische und psychische »Symptome«. Agape, die altruistische Liebe, mit Anteilen von Eros und Storge, ist charakterisiert dadurch, dass Liebe häufiger gegeben als dass sie genommen wird, und fällt durch eine Tendenz zur Selbstaufopferung für das Wohlergehen des Partners auf.

rung, dass Frauen kritischer bei der Wahl ihrer Partner sein müssen als Männer.

## Das angepasste Denken

Den meist etwas unsystematischen Annäherungen an das Thema Liebe stehen pragmatische biologische Theorien gegenüber. Der Weg zur Paarfindung zeichnet sich durch asymmetrische Grundbedingungen für beide Geschlechter aus. Diese Grundbedingungen werden wirksam, wenn die elterliche Fürsorge für den Nachwuchs für den Reproduktionserfolg ausschlaggebend ist (Trivers, 1972). Dies ist beim Menschen sicherlich der Fall, da hier bedingt durch Neotenie lange Versorgungszeiten notwendig werden.

### Weiblich: Investment und aktive Wahl

Die Notwendigkeit zur Versorgung des Nachwuchses schafft einen grundlegenden Geschlechtsunterschied. Interne Befruchtung und die folgende neunmonatige Schwangerschaft der Frau sind nicht nur mit physiologischen Belastungen und Risiken verbunden, sondern führen auch dazu, dass Frauen in der gleichen Zeit weniger Nachwuchs produzieren können als Männer. Will die Frau ihr Investment senken, kann sie dies mit Hilfe eines Partners tun. Frauen sollten deshalb versuchen, einen Mann zur gemeinsamen Aufzucht von Nachwuchs und zum Investment in diesen Nachwuchs zu bewegen. Dabei ist jedoch Betrug seitens des Mannes möglich (zum Beispiel Verlassen der Frau). Aus diesem Grund sollte sie in ihrer Wahl sorgfältig und aktiv vorgehen. Die innere Befruchtung führt zu mehreren Möglichkeiten. Die Qualität des Nachwuchses lässt sich durch induzierte Spermienkonkurrenz direkt beeinflussen (Baker und Bellis, 1995). Fremdgehen als weibliche Alternative ergibt die Gelegenheit, durch Selbstbestimmung das Machtstreben der Männer zu umgehen. Frauen sollten Männer bevorzugen, die in der Lage sind, eine feste und dauerhafte Bindung einzugehen und den Nachwuchs optimal zu versorgen. Um Letzteres zu erreichen, sollten Männer mit Durchsetzungsfähigkeit im Wettbewerb um Ressourcen bevorzugt werden.

### Männlich: Wettbewerb und Vaterschaftssicherheit

Weibliche aktive Partnerwahl und asymmetrisches Investment führen direkt zu Wettbewerb unter Männern um Partnerinnen und die nötigen Ressourcen. Durchsetzungsvermögen, das Streben nach Dominanz und Status werden zu »männlichen« Domänen. Für die Männer tritt ein nicht zu übersehendes Problem auf. Falls Männer in Nachwuchs investieren, sollten sie sich der Vaterschaft sicher sein, denn sonst wäre ihr Investment umsonst. In der Tat ist sexuelle Eifersucht ein vorwiegend männliches Phänomen (Daly et al., 1982), das in vielen Kulturen zur Beschränkung der Bewegungsfreiheit von Frauen führt.

Es entstehen auch spezifisch männliche Alternativstrategien. »Philandering« wird auftreten. Ein Mann kann sich dafür entscheiden, nicht in Nachwuchs zu investieren, sondern zu versuchen, möglichst viele Frauen in der Hoffnung zu befruchten, dass ein anderer Mann oder die Frau selbst das ganze Investment trägt.

Männliche Wahlkriterien sollten aufgrund einer möglichen Investmentgefährdung an erster Stelle weibliche Bindungsfähigkeit und Treue enthalten. Männliches Investment wird aber umso wertvoller, je attraktiver der Nachwuchs in der Zukunft für andere Männer ist. Deshalb lässt sich durch weibliche Attraktivität der Wert des männlichen Investments in der Zukunft steigern. Auch weibliche Attraktivität muss demnach ein Wahlkriterium der Männer sein. Aufgrund möglichen männlichen Philanderings und induzierter Spermienkonkurrenz durch Frauen werden Signale weiblicher Erreichbarkeit im Vordergrund männlichen Denkens zu finden sein.

Diese geschlechtsspezifischen Wahlkriterien wurden von Buss (1989) in 37 Kulturen untersucht und nachgewiesen. In allen Kulturen steht an erster Stelle der Partnerwahlkriterien die Fähigkeit, eine konstante Beziehung einzugehen. Zwei der Wahlkriterien sind in all diesen Kulturen geschlechtsspezifisch. Männer bevorzugen weibliche Attraktivität und ein sexy Erscheinungsbild vor weiblichem Status, und Frauen bevorzugen männlichen Status vor deren Attraktivität.

Aus diesen Ausführungen wird klar, dass in Abhängigkeit davon, ob in einer Gesellschaft Ressourcen monopolisierbar sind und inwieweit Vaterschaftssicherheit gewährleistet ist, eine Vielfalt von Strategien auftreten kann. Diese können zusätzliche kulturelle Ausprägungen erfahren. Diese Phänomene sollten sich aber auf Denkprozesse zurückführen lassen, die evolutiven Ursprung besitzen und ihre Spuren in unserem Alltagsverhalten zurücklassen. Der Kampf der Geschlechter besteht im Wesentlichen darin, Betrug zu ermöglichen, Betrug durch andere zu vermeiden und eigenes Investment zu sichern. Diese Grundanforderungen führen dann zu dem, was wir als »typisches« Verhalten des jeweiligen Geschlechts bezeichnen. Die so vorhersagbaren männlich-weiblich spezifischen Denkstrukturen in Bezug auf die Auseinandersetzung zwischen den Geschlechtern wurden in den letzten Jahren auf die empirische Untersuchung gesellschaftlicher Bereiche angewandt. Diese reichen von Partnerwahl (Buss, 1989) über sexuelle Eifersucht (Daly et al.,1982), Fremdgehen (Baker & Bellis, 1995) und von ökonomischen Bedingungen abhängigen Reproduktionsstrategien (Voland, 1984) bis hin zur Ausprägung unseres Schönheitsbegriffs (Grammer und Thornhill, 1994), dem Auftreten von Aggressionen und Dominanz unter Erwachsenen im Straßenverkehr (Atzwanger, 1995) oder Jugendlichen auf dem Sportplatz (Weisfeld et al., 1982).

Welche Rolle spielt nun die Liebe in diesem biologischen System? Wir gehen davon aus, dass für die Art und Weise, wie der Komplex »Liebe« in unserem Gehirn behandelt wird, in der Evolution die Randbedingungen entstanden sind. Dabei wird es natürlich keine direkte Koppelung zwischen der Erfahrung »Liebe« und der Reproduktion geben. Unsere Gehirne denken nicht an Reproduktion, sondern beschäftigen sich mit der Frage: »Wie komme ich wann zum Sex?« Diese Tendenz gewährleistet dann letztlich die Reproduktion. Buss (1988) geht davon aus, dass sich Liebe evolutionär entwickelt hat, um den Aufgaben der Reproduktion zu genügen, ihre Effekte müssen daher auch im Beziehungsverhalten wieder zu finden sein. Diese schließen unter anderem das Darstellen von Ressourcen, relative Beziehungsexklusivität, paarbindendes Verhalten, sexuelle Intimität, Ressourcenteilung und elterliches Investment mit ein. Viele dieser Elemente weisen Geschlechtsunterschiede auf, weil es diese in den Reproduktionsstrategien gibt. Hendrick und Hendrick (1991) fanden solche Geschlechtsunterschiede tatsächlich. Männer spielen häufiger Spiele mit Frauen als Frauen mit Männern, und Frauen sind häufiger pragmatisch als Männer. Die mehr ludische, spielerische Haltung der jungen Männer sollte im Durchschnitt zu mehr sexuellen Verbindungen der Männer führen und dadurch ihren reproduktiven Erfolg erhöhen.

Eine mehr pragmatische Sicht der Liebe durch junge Mädchen sollte im Durchschnitt deren reproduktiven Erfolg erhöhen, weil sie dadurch wählerisch werden und sich den besten Partner aussuchen. D. h., sie sollten die genetische und ökonomische Fitness eines potenziellen Partners in Betracht ziehen. In einer Untersuchung an unverheirateten Studentinnen, die den von Hendrick und Hendrick (1991) entwickelten Fragebogen beantworteten, fand man heraus, dass Frauen tatsächlich eher Nähe und Praktikabilität bevorzugten als Männer. Im Gegensatz zur Vorhersage waren Frauen aber auch häufiger leidenschaftlicher als Männer.

Wenn das Sich-Verlieben der erste bindende »Leim« einer Beziehung ist, dann sollten sich junge Männer häufiger verlieben als junge Mädchen. Das findet man tatsächlich. Nach Hendrick und Hendrick (1991) waren in einer Befragung 19% der Mädchen mehr als zwei- oder dreimal verliebt, aber 30% aller jungen Männer waren in dieser Kategorie. Noch deutlicher: obwohl die Mehrheit der beiden Geschlechter sexuelle Erfahrung besaß (79% aller Frauen, 91% aller Männer), gaben 18% der Männer, aber nur 9% der Frauen an, dass sie vier oder mehr sexuelle Beziehungen gehabt hätten. Junge Männer bewegen sich also in Richtung sexueller Erfahrung und größerer Varianz, und zwar häufiger als das Frauen tun, genauso wie es das differenzielle Investment-Modell vorhersagt.

## Wie Liebe entsteht

Walster (1971) und Berscheid und Walster (1974) entwarfen eine Zwei-Faktoren-Theorie, um die Entwicklung von leidenschaftlicher Liebe oder intensiver sexuell-romantischer Anziehung zu einer anderen Person zu erklären. Sie argumentierten, dass hohe Erregung unabhängig von ihrer Ursache leidenschaftliche Liebe produzieren kann, solange diese Erregung einer Leidenschaft zugeschrieben wird.

In Einklang mit der Zwei-Faktoren-Theorie der Emotionen wird leidenschaftliche Liebe als eine Kombination von

Erregung und einer bestimmten Zuschreibung dieser Erregung gesehen. Wenn situative Merkmale vorhanden sind, die eine Erregung sexueller Leidenschaft zuschreibbar machen, resultiert die Emotion Leidenschaft. Es kann an dieser Stelle unter Umständen auch zu einer falschen Zuschreibung kommen. Dutton und Aron (1974) zeigten in drei Studien, in denen Erregung entweder natürlich oder experimentell induziert wurde (durch die Höhe von Fußgängerbrücken oder den Grad eines erhaltenen elektrischen Schocks), dass Zuschreibungen durch die Anwesenheit oder Abwesenheit einer attraktiven Frau manipuliert werden können. Unspezifisch erregte männliche Versuchspersonen zeigten in Gegenwart einer Frau stärkere sexuelle Vorstellungen und fanden eine ihnen »zufällig« vorgestellte Frau attraktiver als nicht erregte Versuchspersonen.

## Die Chemie der Liebe: Erregung

Dieses Modell muss aber, wie jede emotionale Erfahrung, die wir machen, irgendwie in unserem Gehirn repräsentiert sein. In sehr spekulativen Theorien hat Liebowitz (1983) das Phänomen »Liebe« mit hirnchemischen Vorgängen in Zusammenhang gebracht. Er geht davon aus, dass zunächst eine unspezifische Erregung durch amphetaminähnliche Stoffe erzeugt wird. Im Verdacht, solche Erregungszustände hervorzurufen, steht PEA (Phenyläthylamin, ein dem Adrenalin ähnlicher Stoff). Nach Liebowitz wird unser Körper zunächst mit Dopamin und Norepinephrin überflutet, sobald wir jemanden sehen, der unserem »Ideal« entspricht. Erst später wandelt sich diese unspezifische Erregung in eine dauernde Bindung, in der durch körpereigenen Morphine (Endorphine) Abhängigkeit erzeugt werden soll.

Nun folgt ein komplexes Orchester von Neurotransmittern und Hormonen in unserem Gehirn (nach Carter, 1998). Die erregende Wirkung des Norepinephrins löst Feindschaft, Ängstlichkeit und Irritierbarkeit aus. Dies scheint in dieser Phase besonders wichtig, da, wie eingangs ausgeführt, im reproduktiven Bereich sehr viel auf dem Spiel steht und jetzt natürlich Testphasen über mögliche Hingabe und die Bereitschaft zur Kooperation ablaufen müssen. Feindseligkeit sollte aber auch dazu führen, dass die Beteiligten abtesten, inwieweit der andere eine Tendenz zum Betrug besitzt. Das ebenfalls ausgeschüttete Serotonin stimuliert nervöse Spannungen und Herzfrequenz, reduziert den Harndrang und führt zur Unfähigkeit sich zu konzentrieren. PEA dagegen hebt die Stimmung und verschafft euphorische Gefühle.

Liebe wird aber auch zur Obsession. Es gibt Menschen, die an einem Syndrom leiden, das sie dazu bringt, sich obsessiv mit einem Gegenstand oder einer Idee zu beschäftigen und diese zu idealisieren (obessiv-compulsiv disorder, OCD). Diese Besessenheit ist nach neueren Erkenntnissen mit dem Fehlen eines Serotonintransporters in den Gehirnzellen in Zusammenhang zu bringen (Marazziti et al., 1999). Interessanterweise haben frisch Verliebte ebenfalls sehr niedrige Konzentrationen dieses Serotonintransporters und zeigen demnach sehr ähnliche Verhaltenstendenzen – wir idealisieren unseren Partner, wir sind von ihm besessen, und der Gedanke an Sex beherrscht unser Gehirn.

Damit aber dieses System nicht das ganze Verhalten kontrolliert, moduliert das ebenfalls ausgeschüttete Dopamin die Wirkung der erregenden Amine, indem es Entspannung und mentale Aufmerksamkeit induziert. Unser Gehirn ist also in diesem Stadium darauf ausgerichtet, möglichst viele Reize möglichst genau, wachsam und kritisch aufzunehmen. Dopamin dient also dazu, zu diesem Zeitpunkt die notwendige Wachsamkeit und Erregung zu stabilisieren. Das Verhältnis von erregenden Aminen und inhibitorischem Dopamin kann, wenn es nicht ausgeglichen ist, zu erheblichen Stimmungsschwankungen und Depressionen führen.

Nun folgt ein weiterer Schritt. Wir werden langsam »süchtig« nach diesen vom Orchester der Neurotransmitter ausgelösten emotionalen Erfahrungen – wir brauchen den visuellen Stimulus immer häufiger, und das ganze System beginnt sich in den Bereich der Bindung zu bewegen. Obwohl die Bindung für beide Geschlechter wichtig ist, so erfolgt sie doch aus unterschiedlichen Gründen. Der Mann hat im Werbeverhalten Vorinvestment geleistet, das er nicht mehr verlieren will, andererseits will er unbewusst sicherstellen, in seinen eigenen Nachwuchs zu investieren. Die Frau dagegen will durch einen gebundenen Mann Investment in den Nachwuchs sichern und unbewusst ihre eigenen Reproduktionskosten senken.

## Die Chemie der Liebe: Bindung

Wenn unser Paar so weit gekommen ist, dann wird im Orchester der Neurotransmitter ein neues Instrument laut. Je intimer die Beziehung wird, umso höher wird die Wahrscheinlichkeit der Berührung. Aber auch hier gibt es einen grundlegenden Geschlechtsunterschied. Für Handhalten, Küssen, den Arm-um-die-Schultern-Legen, Oberkörper-Berühren, Unterkörper-Berühren, Geschlechtsteile-Berühren und Geschlechtsverkehr setzen Frauen jeweils höhere notwendige Intimitätsgrade von Beziehungen voraus als Männer. Männer sind in sich entwickelnden Beziehungen früher bereit, die Frau intimer zu berühren (Johnson und Edwards, 1991). Eine neuere Untersuchung von Darling et al. (1992) über den ersten Geschlechtsverkehr unterstreicht diese Problematik. Dabei berichtet mehr als ein Drittel der Frauen, dass sie dazu von ihrem Partner überredet wurden. Über 60% der Frauen in dieser Studie stimmten der Aussage »Kein Geschlechtsverkehr ohne Liebe« zu. Dies tut weniger als ein Drittel der Männer. Männer haben ihre ersten Erfahrungen zudem sehr viel häufiger mit flüchtigen Bekannten oder Frauen, die sie gerade eben erst getroffen haben. Frauen hingegen legen eher Wert auf eine Beziehung, bevor sie sich mit einem Mann einlassen. Wiederum ein Ergebnis »evolutiv angepassten Denkens«. In diesem Modell hat der Mann die Rolle des Initiators, die Frau hingegen die Rolle der Kontrolle. Kendon (1970) zeigte in einer Analyse eines sich auf einer Parkbank küssenden Paares, dass die Aktionen des Mannes in der Tat eigentlich Reaktionen auf die Mimik und die Kopfhaltung der Frau waren.

Im Bereich der sexuellen Intimität zieht Berührung nicht unerhebliche physiologische Konsequenzen nach sich. Murphy et al. (1990) zeigten, dass während des Orgasmus beim Mann Oxytozin ausgeschüttet wird. Oxytozin trägt wesentlich zur Paarbindung bei, indem es prägungsähnliche Vorgänge einleitet und Bindung an andere Individuen ermöglicht. Die Oxytozinausschüttung wird hauptsächlich durch die Stimulation der Geschlechtsorgane erzeugt. Ähnliche Verhältnisse finden wir bei der Frau (Johnson et al., 1990). Auch beim weiblichen Orgasmus wird Oxytozin freigesetzt. Dies wird auch hier durch Stimulation, vor allem der Brüste an den Brustwarzen und im unteren Randbereich der Brust, ausgelöst.

Daneben werden jetzt auch gehirneigene Morphine ausgeschüttet, die die Abhängigkeit vom visuellen Bild des Partners erhöhen. Meerschweinchen, denen narkotische Blocker gegeben werden, wodurch die Möglichkeiten der hirneigenen Morphine, sich an ihre Rezeptoren anzudocken eingeschränkt werden, weinen mehr und zeigen höhere Trennungsangst als Kontrolltiere, die von ihrer Mutter oder ihren Geschwistern getrennt werden. Wir müssen uns also sehen, um keine Entzugserscheinungen zu erfahren. Diese Entzugserscheinungen könnten auch für die emotionale Erfahrung der Eifersucht und des Liebeskummers verantwortlich sein. In der Tat führt Liebeskummer zu Depressionen (Bechinie, 1998).

Wenn Oxytozin für soziale Bindung verantwortlich ist, dann würde Sexualität auch im Dienste der Paar*bindung* stehen. Diese Stärkung der Paarbindung erscheint notwendig, da sie Voraussetzung für eine glückliche Beziehung ist, die langfristiges Investment in den Nachwuchs gewährleistet.

## Das Ende der Liebe?

Sobald aber einmal Nachwuchs da ist, ändert sich die Situation wieder vollständig. Vom evolutiven Standpunkt aus sollte die Tendenz eines Neugeborenen sein, die Mutter zu monopolisieren und an sich zu binden. Genau das tut es, indem es das gleiche neuroendokrinologische System benutzt, das vorher zur Bindung an den männlichen Partner geführt hat. Bei der Geburt und beim Stillen werden ebenfalls Vasopressin und Oxytocin ausgeschüttet. Dies führt dazu, dass die Mutter sich an das Kind bindet (Carter, 1998). Bindungen sollten aber monovalent sein – das heißt, nur eine Person zulassen. Der Grund dafür liegt natürlich in den Interessen der Partner und letztlich auch im Interesse des Kindes. Für alle geht es darum, für den anderen der/die »Einzige« zu sein und den anderen fest an sich zu binden.

In der Tat kommt es in Partnerschaften, in denen ein Kind zur Welt kam, sehr häufig zu Beziehungsproblemen, die auch oft zur Scheidung führen. Die statistischen Jahrbücher der Vereinten Nationen zeigen in 45 Gesellschaften zwischen 1950 und 1989 das gleiche Muster. Obwohl der Hauptteil der Scheidungen mit 39% auf Paare ohne abhängige Kinder entfällt, so liegt der Anteil der Scheidungen bei Paaren mit einem Kind immerhin bei 26% und nimmt mit steigender Kinderzahl ab. Es scheint so, dass die Geburt eines Kindes und damit die Umstellungen im neuroendokrinologischen System der Mutter zum Prüfstein einer Partnerschaft werden können.

## Liebe als »evolutionäres Konstrukt«

Eine solche Annäherung erscheint uns zunächst einmal äußerst reduktionistisch. Auch deshalb, weil ein so romantischer Bereich wie Liebe durch die Reduktion auf biologische Systembedingungen seiner Mystik beraubt wird. Wir können uns aber natürlich auch die Frage stellen, woher diese Mystik kommt? Offenbar hat die kulturelle Evolution von der Grundlage unserer Obsession mit dieser einzigartigen emotionalen Erfahrung aus gearbeitet.

Tatsächlich aber lässt sich »Liebe« auch durch ein Zusammenspiel unterschiedlicher hormoneller Faktoren charakterisieren. Sie sind im Laufe der Evolution entstanden und stehen im Dienste der Paarbindung. Ein möglicher Verhaltenskomplex »Liebe« ist aber auch ein Kommunikationsinstrument, denn Bindung und emotionales Engagement müssen dem Partner mitgeteilt werden, falls eine erfolgreiche Beziehung geführt werden soll. Da in diesem Bereich das Problem der Täuschung herausragend ist, sollte dies so erfolgen, dass die »Ehrlichkeit« der Signale gewährleistet ist. Dieses Problem der Täuschung spielt auch in der kulturellen Ausprägung des Komplexes Liebe eine Hauptrolle. Aus diesem Grund ist anzunehmen, dass die Kommunikation von Liebe auf subliminalem, also unbewusstem Weg ohne direkten kognitiven Zugang erfolgt und so direkt Affekte und Emotionen erzeugt. Dieser Bereich wird von uns in einem neuen Projekt derzeit untersucht.

# Literatur

Atzwanger, K. (1995): Der Steinzeitjäger im Straßenkreuzer – Humanethologische Aspekte aggressiven Auffahrens auf der Autobahn. Dissertation an der Formal- und Naturwissenschaftlichen Fakultät der Universität Wien.

Baker, R. R., Bellis, M. A. (1995): Human Sperm Competition. Copulation, masturbation and infidelity. Chapman and Hall, London.

Bechinie, M. (1998): BHS – The »Broken Heart Syndrome« – ethological aspects of lovesickness by Michael Bechinie. MA Zoology/ Faculty of Natural Sciences/University of Vienna.

Buss, D. M. (1988): From vigilance to violence. Tactics of mate retention in american undergraduates. Ethology and Sociobiology, 9: 291

Buss, D. M. (1989): Sex differences in human mate preferences: Evolutionary hypotheses tested in 37 cultures. Behavior and Brain Sciences, 12: 1-49.

Carter, C. S. (1998): Neuroendocrine perspectives on social attachment and love. Psychoneuroendocrinology, 23, 8: 779-818.

Cunningham, J. D., Antill, J. K.(1981): Love in developing romantic relationships. In: Duck, S., Gillmore, R. (eds.): Personal relationships. London, Academic Press, pp. 27-51.

Daly, M., Wilson, M., Weghorst, S. (1982): Male sexual jealousy. Ethol. Sociobiol., 3: 11-27.

Darling, C. A., Davidson, J. K., Passarello, L. C. (1992): The mystique of first intercourse among college youth – The role of partners, contraceptive practices, and psychological reactions. J. Youth Adolescence, 21:1.

Dutton, D. G., Aron, A. P. (1974): Some evidence for heightened sexual attraction under conditions of high anxiety. Journal of Personality and Social Psychology, 30.4, 510-517.

Grammer, K., Thornhill, R. (1994): Human (Homo sapiens) Facial Attractiveness and Sexual Selection: The Role of Symmetry and Averageness. J. Comp. Psychol., 108/3: 233-242.

Hendrick, C., Hendrick, S. S. (1991): Dimensions of love – A Sociobiological interpretation. Journal of Social and Clinical Psychology, 10: 2, 206-230.

Huston, T. L., Burgess, R. L. (1979): Social exchange in developing relationships: An overview. In: Burgess S., Huston T. L. (eds.): Exchange in developing relationships. New York, Academic Press, 3-27.

Johnson, K., Edwards, R. (1991): »The effects of gender and type of romantic touch on perceptions of relational commitment«, in: *Journal of Nonverbal Behavior*, 15/1991, 43-55.
Johnson, M., Andrews, M., Seckl, J., Lightman, S. (1990): »Effect of naloxone on neurophysiological peptide response to breast feeding and breast stimulation in man«, in: Clinical Endocrinology, 33/1990, 81-86.
Kendon, A. (1975): »Some functions of the face in a kissing round«, in: Semiotica, 15/1975, 299-334.
Lee, J. A. (1973): The colors of love: An exploration of the ways of loving. Don Mills, Ontario, New Press.
Lee, J. A. (1974): The styles of loving. Psychology Today, oct., 44-51.
Liebowitz, M. R. (1983): The chemistry of love. Boston, Little, Brown and Company.
Marazziti, D., Akiskal, H. S., Rossi, A., Cassano, G. B. (1999): Alteration of the platelet serotonin transporter in romantic love. Psychol. Med. 29, 3: 741-745.
Murphy, M., Checkley, S., Seckl, J., Lightman, S. (1990): Naloxone inhibits oxytocin release at orgasm in men«, in: Journal of Endocrinology and Metabolism, 71/1990, 1056-1058.
Trivers, R. L. (1972): Parental investment and sexual selection. In: Campbell B. (ed.): Sexual selection and the descent of man 1871-1971. Chicago, Aldine, 136-179.
Voland, E. (1984): Human sex-ratio manipulation: Historical data from a German parish. J. Human Evolution 13: 99-107
Walster, E. (1971): Passionate love. In: Murstein B. I. (ed.): Theories of attraction and love. New York, Springer.
Weisfeld, C. C., Weisfeld, G. E., Callaghan, J. W. (1982): Female inhibition in mixed-sex competition among young adolescents. Ethol. Sociobiol. 3: 29-42.

Rolf Haubl

# Über Hass, Neid und Gewaltbereitschaft

In seinem Alterswerk hat Sigmund Freud eine mythopoetische Triebtheorie[1] formuliert, die bis auf den heutigen Tag zu denken gibt. Diese Theorie nimmt an, dass die Selbsterhaltung von Menschen, einzelnen Menschen und menschlichen Gesellschaften, von einer universalen Dialektik von Eros und Thanatos beherrscht ist. Während Eros auf den Aufbau immer größerer zwischenmenschlicher Einheiten drängt, indem er Menschen integriert, drängt Thanatos auf den Abbau solcher Einheiten, indem er Menschen differenziert. Jeder der beiden Antagonisten besitzt für sich genommen eine progressive und eine regressive Tendenz: Eros wirkt progressiv, wenn er Menschen individuierte mitmenschliche Bindungen anstreben lässt, und regressiv, wenn er deren Individuierung durch symbiotische Verschmelzungen hintertreibt. Dagegen wirkt Thanatos progressiv, wenn er aus solchen Verschmelzungen befreit, indem er Trennungen vorantreibt, und regressiv, wenn er Bindungen verhindert, indem er Menschen nicht nur individuiert, sondern von- und gegeneinander isoliert.

Alle Prozesse biophysischer, psychischer und sozialer Selbsterhaltung resultieren aus dem dialektischen Zusammenspiel von Eros und Thanatos, die beide aber nicht direkt beobachtbar sind. Beobachtungs- und erlebnisnah treten sie als Sexualität und Aggression in Erscheinung, deren Leitaffekte leidenschaftliche Liebe und leidenschaftlicher Hass sind. Und da beide eine dialektische Verbindung eingehen, wird es keine Liebe ohne untergründigen Hass, aber auch keinen Hass ohne untergründige Liebe geben.

## I.

Was die menschliche Aggression anbelangt, so ist die Geschichte der Psychoanalyse von einer tiefgreifenden Meinungsverschiedenheit durchzogen.[2] Während die einen von einer primären Destruktivität des Menschen ausgehen, die durch Sozialisation und soziale Kontrolle auf ein ungefährliches oder sogar nützliches Niveau eingedämmt werden muss, gehen die anderen davon aus, dass Destruktivität sekundär sei, nämlich die Folge schwer wiegender lebensgeschichtlicher Versagungen. Primär aber sei Aggression eine konstruktive Kraft, die dem Leben und nicht dem Tod diene. Die meisten Psychoanalytiker nehmen heute eine Zwischenposition ein: Sie betrachten Aggression als eine menschliche Disposition, die jederzeit die Möglichkeit der Destruktion beinhaltet. Ob aus dieser Möglichkeit aber Wahrscheinlichkeit oder gar Wirklichkeit wird, ist von den Erfahrungen abhängig, die Menschen machen. Damit bleibt die Aggression zwar weiterhin eine Schicksalsfrage der menschlichen Gattung, der Pessimismus des alternden Freud aber ist zu einem vorsichtigen Optimismus aufgehellt, der an die Vernunft glaubt, auch wenn deren Stimme leise ist.

Aggression zeigt sich in aggressiven Affekten: Ärger, Wut und Hass. Während die klassische Psychoanalyse sich für Triebe interessierte und darüber die Affekte vernachlässigt hat, findet in der modernen Psychoanalyse ein Umdenken statt.[3] Dabei sind drei Positionen im Gespräch: Der klassischen Position am nächsten ist die erste Position, die Affekte in den Vordergrund rückt, diese aber weiterhin als Manifestationen von Trieben begreift. Eine zweite Position verkehrt dieses Ableitungsverhältnis: Angeboren sind Affekte, die in Abhängigkeit von den gespeicherten lebensgeschichtlichen Beziehungserfahrungen einer Person zu Trieben integriert werden. Die dritte Position schließlich geht ebenfalls vom Primat der Affekte aus, lässt das Triebkonzept jedoch ganz fallen.

Für die letzten beiden Positionen ist der Leitaffekt der Aggression nicht Hass, sondern Wut.[4] Denn Wut gilt ihnen als Element eines universalen angeborenen Affektrepertoires, zu dem weiterhin Freude, Trauer, Ekel, Angst und Überraschung, vielleicht auch noch Verachtung gehören. Hass ist dagegen ein komplexerer Affekt, der sich aus der Wut herleitet.

Wut hat verschiedene Funktionen: Neurophysiologisch lässt sich bei einem wütenden Menschen eine Hyperaktivität der subcorticalen Komponenten seines mäsolimbischen dopaminergen Systems feststellen. Diese Aktivität unterbricht normale Verhaltensmuster und versetzt die Person in einen Ausnahmezustand. Gerät sie in Wut, dann deshalb, weil sie bestimmte innere oder äußere Ereignisse als Behinderungen erlebt, die ihr die Befriedigung eines Bedürfnisses oder die Erfüllung eines Wunsches versagen und dadurch schmerzhafte oder kränkende Unlust bereiten. Durch einen entsprechenden mimischen, gestischen und stimmlichen Affektausdruck teilt sie diesen Zustand anderen Personen mit, um ihnen ihre Not und Hilfsbedürftigkeit anzuzeigen oder ihnen zu drohen, sollten sie für die Behinderung verantwortlich sein.

In gemäßigter Form erscheint die Versagung, die wütend macht, als eine Herausforderung, die alle kreativen Kräfte mobilisiert, um Bedürfnisse besser befriedigen und Wünsche besser erfüllen zu können. Insofern treibt Wut die Entwicklung voran. Sind die erlittenen Schmerzen oder Kränkungen jedoch unerträglich, weil das Ausmaß der Versagung die Bewältigungskapazität übersteigt und dadurch traumatisch wirkt, wird aus der Herausforderung eine Lebensbedrohung, die es mit einem Angriff auf die vermeintliche Ursache für die Versagung zu beseitigen gilt. Bleibt dieser Versuch erfolglos, geht »rasende« Wut, wie sie einen Wut»anfall« kennzeichnet, in »ohnmächtige« Wut über, in der sich die Person »verzehrt«.

Hat ein Angriff dagegen Erfolg, dann »verraucht« die Wut, die zuvor »ausgebrochen« ist. Das metaphorische Feld, in dem wir die zyklische Dynamik der Wut beschreiben, verweist zum einen auf eine Feuersbrunst, in der wir wut»entbrannt« sind. Zum anderen bewahrt es die Erinnerung an ein überliefertes Symbol für Wut: den Vulkan, dessen Massiv das Feuer solange zurückhält, bis der innere Druck zu groß wird und es zu einem Ausbruch kommt. Diesen Verlauf bezeichnen auch Ausdrücke wie vor Wut »explodieren« oder »platzen«.

Zivilisationsgeschichtlich unterliegt die Wut einer mehr oder weniger stark ausgeprägten Tabuisierung. Alle Kulturen kennen Emotionsnormen. Diese Normen halten die Erwartungen der Gesellschaftsmitglieder gegeneinander fest, wer was in welcher Situation fühlen und von seinen Gefühlen zeigen soll oder umgekehrt: nicht fühlen und zeigen darf. So ist es in unserem soziokulturellen Kontext nach wie vor eher einem Mann gestattet, offen wütend zu sein, als einer Frau, zu deren tradierten Geschlechtsrollenmerkmalen, wie ideologisch auch immer, Friedfertigkeit gehört. Da Normen soziale Regeln und keine Naturgesetze sind, unterliegen sie historischen Veränderungen. Für Wut haben sich die Zivilisationsstandards generell ein Stück weit gelockert, was mit der Annahme zusammenhängt, dass unterdrückte Wut psychosomatisch krank mache. Freilich zeigen ernsthafte Überprüfungen dieser Annahme, dass der Sachverhalt nicht so einfach ist. Auf jeden Fall trifft es nicht zu, dass wir psychosomatisch gesünder wären, würden wir unsere Wut »herauslassen«. Wenn etwas belastet, dann sind es übergroße Angst oder Scham, wütend zu sein, was dazu führen kann, die eigene Wut zu verdrängen, weil sie mit den aggressiven Handlungen gleichgesetzt wird, die sie zu motivieren vermag. Indessen ist der Kurzschluss zwischen Affekt und Handlung nicht zwangsläufig, da Affekte keine Reflexe sind. Reflexartig werden sie erst infolge ihrer Verdrängung. Kann man dagegen die eigene Wut zu Bewusstsein kommen lassen, schafft dies den Reflexionsabstand, der erforderlich ist, um aggressive Handlungen zu bedenken, was die Chance erhöht, sie zu unterlassen oder zumindest zu dosieren. Die Lockerung der Zivilisationsstandards der Wut betrifft dann auch nur die Affekttoleranz, nicht aber die Gewaltbereitschaft.

Zwar lässt sich nicht alle Gewalt auf Wut zurückführen, Wut ist aber geeignet, die Gewaltbereitschaft zu erhöhen. Vor allem »blinde« Wut. Deren Metaphorik bezieht sich darauf, dass starke Wut die Realitätsprüfung ausschaltet. Der Wütende verweigert einem Menschen, den er für erlittene Schmerzen oder Kränkungen verantwortlich macht, die Empathie. Seine Wahrnehmung reduziert diesen Menschen auf ein einziges Merkmal: Ursache der Versagung zu sein. Infolge dieser Weigerung, sich in ihn hineinzuversetzen, braucht der Wütende kein Mitleid zu fühlen, denn Mitleid würde es ihm schwerer machen, gewalttätig zu werden. Insofern dient Empathieverweigerung der Enthemmung von Gewaltbereitschaft. Aber nicht nur die Realität des anderen Menschen wird ausgeblendet, sondern ebenso die eigene. Wer wütend ist, denkt nicht an die Folgen, die sein gewalttätiges Handeln auch für ihn selbst hat.

Wut kann nach außen gegen andere Menschen oder Sachen, aber auch gegen die eigene Person gerichtet sein. Dabei gibt es eine allgemeine Tendenz, sich seiner Wut zu entäußern, um Selbstschädigungen zu vermeiden. Tatsächlich lässt sich aber oftmals nicht eindeutig feststellen, wo der Ursprung der schmerzlichen oder kränkenden Versagung liegt, die einen wütend macht. Behindere ich mich selbst oder werde ich behindert? Diese Unentschiedenheit zeigt sich im Wutanfall, wenn, wie Freud treffend beobachtet, eine Person sich »die Haare rauft, mit den Fäusten ihr Gesicht bearbeitet, wobei sie offenbar diese Behandlung lieber einem anderen zugedacht hätte«[5]. Deshalb drängt es uns, einen anderen zu finden, gegen den wir unsere Wut richten können, damit wir sie uns selbst vom Leibe halten. Ob wir dabei den Richtigen treffen, kümmert uns erst einmal nicht. Und wer kennt das nicht: als Kind und vielleicht auch noch als Erwachsener wütend gegen den Tisch zu treten, an dem man sich gerade gestoßen hat, wobei einem aber die schmerzenden Zehen spüren lassen, wie schnell sich die entäußerte Wut wieder gegen einen selbst kehrt.

## II.

Hass geht aus Wut hervor. Ihm kommt die größte Affektstärke zu. Aber er unterscheidet sich nicht nur durch die Intensitätsdimension. Im Unterschied zu Wut hat Hass keine anfallartige Struktur mehr. Er ist dauerhafter, wobei diese Dauerhaftigkeit aus seiner Integration in die Charakterstruktur einer Person resultiert.[6]

Hass kommt in verschiedenen Graden vor. Bei mildem Hass hat der Hassende den Wunsch, seinen Widersacher zu kontrollieren. Er begnügt sich mit einer Demonstration seiner Überlegenheit: Der Hassende ist bereit, seine Angriffe zu begrenzen, wenn sein Widersacher sich seinem Herrschaftsanspruch unterwirft und dadurch die angestrebte Beziehung von *Herr und Knecht* bestätigt.

Mittelschwerer Hass nimmt die Form des Sadismus an. Der Hassende hat den Wunsch, seinem Widersacher Leiden zuzufügen, wobei dieses Leiden genossen wird: in der Phantasie, in der sich der Hassende lustvoll vorstellt, wie er seinen Widersacher leiden lässt, aber auch in der Wirklichkeit. Dabei wird das Zufügen von Leid ritualisiert, was dazu dient, den Widersacher vor Vernichtung zu schützen.

Denn der sadistisch Hassende strebt eine Beziehung von *Täter und Opfer* an.

Bei extremem Hass wünscht der Hassende die Vernichtung seines Widersachers. Diese Vernichtung kann in einer radikalen Entwertung bestehen, die seinen Widersacher zwar physisch am Leben lässt, ihm aber den »sozialen Tod« zufügt oder »Seelenmord« an ihm begeht. In letzter Konsequenz gibt der Hassende erst Ruhe, wenn sein Widersacher auch physisch vernichtet ist. Dass er ihn vernichten kann, bestätigt seine Macht über Leben und Tod. Die angestrebte Beziehung ist die von *Schöpfer und Geschöpf*.

Extremer Hass ist eine extreme Form der Selbstbehauptung. Die bekannte cartesianische Cogito-Formel, der zufolge sich das Subjekt seiner selbst vergewissert, indem es sich als ein Selbst denkt, wird zu einem »Ich hasse, also bin ich«. Zielt der Hass auf die phantasierte oder verwirklichte Vernichtung eines anderen, so konstituiert das Subjekt sein Selbst im Hass dadurch, dass es sich dessen Todes vergewissert, oder weniger passiv formuliert: sich seiner selbst dadurch vergewissert, fähig zu sein, dem anderen das Leben zu nehmen: »Er ist nicht (mehr), also bin ich (übrig)«. Diese Vergewisserung wird als Triumph genossen, den ein Gefühl der Erhabenheit begleitet. Dadurch wohnt dem Hass eine starke narzisstische Belohnung inne: Er vitalisiert wie kaum ein anderes leidenschaftliches Gefühl: Wer hasst, fühlt sich lebendig! Vielleicht aber auch treffender: nicht länger tot!

Wenn sich der Hassende durch die Vernichtung eines anderen seiner selbst vergewissert, dann spricht das für einen Kampf auf Leben und Tod: »Solange er (noch) ist, bin ich nicht!« Insofern fühlt sich der Hassende nicht als ein sicher abgegrenztes Selbst, sondern als ein Nichts. Erst sein Hass grenzt ihn ab. Dass im Extrem diese Abgrenzung nur gelingt, wenn er seinen Widersacher vernichtet, lässt eine kaschierte Ohnmacht erkennen. Der Hassende fühlt sich ohnmächtig, sich selbst zu behaupten bzw. ein Selbst zu behaupten, solange sein Widersacher exisitiert. Denn so lange fürchtet er, von ihm völlig vereinnahmt zu werden, so dass er infolgedessen selbst nicht existieren kann. Aber gleichermaßen fürchtet er seine eigene Neigung, sich vereinnahmen zu lassen. Denn von dem gehassten anderen geht eine unbewusste Faszination aus: Der Hassende ist an denjenigen, den er vernichten möchte, zugleich auch sehnsüchtig gebunden.

So entdecken psychoanalytische Rekonstruktionen schwerer Psychopathologien, in denen Hass vorherrscht, dass es sich dabei oft um die Reinszenierung der lebensgeschichtlichen Traumata und Konflikte handelt, die ein Mensch während seines Individuierungsprozesses erlitten hat: als er (noch) nicht gewesen ist, was er hätte werden können: ein sicher abgegrenztes Selbst.

## III.

Nicht jeder Hass ist pathologisch. Keineswegs. Wird das eigene Leben bedroht oder das Leben derjenigen, die wir lieben und bewundern, dann ist es durchaus normal, wenn Wut in Hass übergeht, um die Lebensgefahr mit allen Mitteln abzuwenden. Gleiches gilt für die Bedrohung von Wertsystemen, denn Werte sind virtuelle Gemeinschaften, die unserem Leben einen Wert geben. Wer sie bedroht, droht uns mit Wertverlust. Und dafür verdienen sie es, gehasst zu werden.

Vor allem aber verdienen diejenigen Hass, die uns hassen. Zur Abwehr dieses Hasses wird Hass zu einer moralischen Pflicht. So jedenfalls will Günther Anders verstanden werden: »Denn wer das Infame nicht hasst, der beweist damit nicht nur Feigheit, der bringt sich auch in den Verdacht, mit dem Infamen unter einer Decke zu stecken. Und der stellt eines Morgens ungläubig fest, dass er mit dem Infamen tatsächlich unter einer Decke steckt, als dessen Freund gilt und nicht mehr zurück kann; und der macht sich selbst verhasst und wird dann sogar mit Recht gehasst. Nämlich von denjenigen, auf die es ankommt: die, obwohl sie es hassen, zu hassen, *doch* hassen.«[7] Schlimmer als zu hassen ist nämlich die Gleichgültigkeit, die sich als Toleranz ausgibt und derart verkleidet auch den Hass auf Gutes gutheißt.

Wer aber stattdessen den Hass auf Böses gutheißt, nimmt nicht nur für sich in Anspruch, Gutes und Böses hinreichend sicher unterscheiden zu können, er muss auch damit rechnen, dass sein eigener Hass nicht spurlos an ihm vorbeigeht. Deshalb trifft Bert Brecht in seinem Gedicht »An die Nachgeborenen« den Punkt, wenn er schreibt: »Auch der Hass gegen die Niedrigkeit verzerrt die Züge.« Das ist eines der moralischen Dilemmata aller Versuche, die Welt gewaltsam zu verbessern. »Ach, wir, die wir den Boden bereiten wollten für Freundlichkeit, konnten selber nicht freundlich sein.«[8] Insofern gibt es gute Gründe, den Hass zu fürchten. Aber nicht nur den Hass der anderen, sondern auch den eigenen.

## IV.

Die größte Angst bereitet kollektiver Hass, weil er das gesamte soziale Leben mit Feindseligkeit und Gewalt zersetzt. Aber auch deshalb, weil es in einer Atmosphäre des Hasses jedem einzelnen Menschen schwer fällt, seinen eigenen Hass zu beherrschen. Wenn alle hassen, ist die Verführung groß, sein persönliches Gewissen zu suspendieren. Auch wenn man eigentlich nicht hasst, was alle hassen, so findet sich doch in jedem Leben ein privater Anlass für Hass, der durch die Verschiebung des Hassobjektes kollektiv instrumentalisiert werden kann.

Eine nach wie vor eindrucksvolle Illustration dieses Prozesses bietet das erste Kapitel von George Orwells negativer Utopie »1984«, in dem beschrieben wird, wie Winston Smith die »Zwei-Minuten-Hass-Sendung« erlebt, an der er allmorgendlich vor dem Televisor in seiner Dienststelle im »Wahrheitsministerium« teilnimmt[9]. Zentrales Element jeder dieser unzähligen Propagandasendungen, mit denen der »Große Bruder« die Bevölkerung von Ozeanien hinter sich zu bringen sucht, ist »das Gesicht Emmanuel Goldsteins, des Volksfeinds«. Über ihn geht die Legende, dass er ein einstiger Parteigänger des Großen Bruders gewesen sei, der sich aber »konterrevolutionärer Machenschaften« schuldig gemacht habe. Der Vollstreckung des gegen ihn verhängten Todesurteils habe er sich jedoch durch die Flucht in den Untergrund entzogen, von wo aus er seitdem gegen Ozeanien aufrüste.

Etymologisch verweist Hässlichkeit auf Hass. Nicht dass damit die Hässlichkeit des Hasses gemeint ist. Vielmehr bewahrt die Sprachgeschichte eine spezifische Erfahrung: Hass geht mit einer ästhetischen Entwertung einher. Wer gehasst wird, ist hässlich. Aber nicht von sich aus. Vielmehr macht der Hass ihn hässlich. Die dazu passende propagandistische Strategie schürt Hass, indem das Hassobjekt hässlich dargestellt wird. Und so zeigt die Hass-Sendung Goldsteins Gesicht in Großaufnahme – ein jüdisches Gesicht, das »eine Art seniler Blödheit auszustrahlen schien. Es ähnelte einem Schafsgesicht und auch die Stimme hatte etwas Schafsmäßiges.« Mit dieser lächerlichen Stimme tritt er »für Rede–, Presse–, Versammlungs- und Gedankenfreiheit ein«. Und während er dies tut, wird sein Gesicht von endlosen Reihen vorbeimarschierender feindlicher Soldaten überblendet, die seine Rede Lügen strafen und die Menschenmenge vor dem Televisor in Angst und Schrecken versetzen, durch den ihr Hass von Minute zu Minute anschwillt:

Deutschland, Zweiter Weltkrieg

USA 1942

Russland 1907

»In der zweiten Minute steigerte sich die Hassovation zur Raserei. Die Menschen sprangen von ihren Sitzen auf und schrieen mit vollem Stimmaufwand, um die zum Wahnsinn treibende Blöckstimme, die aus dem Televisor kam, zu übertönen. [...] Das dunkelhaarige Mädchen hinter Winston hatte angefangen ›Schwein! Schwein! Schwein!‹ hinauszuschreien [...]. In einem lichten Augenblick ertappte sich Winston, wie er mit den anderen schrie und trampelte. Das Schreckliche an der Zwei-Minuten-Hass-Sendung war nicht, dass man gezwungen wurde, mitzumachen, sondern im Gegenteil, dass es unmöglich war, sich ihrer Wirkung zu entziehen. Eine schreckliche Ekstase der Angst und der Rachsucht, das Verlangen zu töten, zu foltern, Gesichter mit einem Vorschlaghammer zu zertrümmern, schien die ganze Versammlung wie ein elektrischer Strom zu durchfluten, so dass man gegen seinen Willen in einen Grimassen schneidenden, schreienden Verrückten verwandelt wurde.«

Der Versuch, den kollektiven Hass auf ein gemeinsames Objekt auszurichten, das nicht von jedem genuin gehasst wird, unterliegt Schwankungen. Deshalb erlebt Winston seinen eigenen Hass als »eine abstrakte, ziellose Regung, die wie der Schein einer Blendlaterne von einem Gegenstand auf den anderen gerichtet werden kann«. Während dieser Suchbewegung erscheint ihm Goldstein einen Augenblick lang als der einzig Aufrechte. In dieser kurzen Zeit hasst Winston den Großen Bruder dafür, dass der den Hass auf Goldschein schürt. Damit löst er sich aber aus der Menschenmenge um ihn herum, weshalb er sogleich wieder die Seiten wechselt. »Und doch fühlte er sich im nächsten Augenblick wieder eins mit den ihn umgebenden Menschen, und alle Behauptungen über Goldstein schienen ihm wahr.« Infolgedessen hasst er dann Goldberg und empfindet eine tiefe Verehrung für den Großen Bruder, weil der sich dem Feind furchtlos entgegenstellt und dadurch sie alle vor dem Untergang bewahrt. Schließlich nutzt Winston die Welle des Hasses, die ihn durchflutet, um sich frauenfeindlichen Gewaltphantasien hinzugeben, mit denen er seine ganz persönlichen Kränkungen zu heilen sucht.

»So gelang es Winston plötzlich, [...] seinen Hass von

dem Sehschirm auf das hinter ihm sitzende dunkelhaarige Mädchen zu übertragen. Lebhafte, berückende Vorstellungen huschten ihm durch den Sinn. Er würde sie mit einem Gummiknüppel zu Tode prügeln, sie nackt an einen Pfahl binden und sie mit Pfeilen durchlöchern, gleich dem heiligen Sebastian. Er würde sie vergewaltigen und ihr im Augenblick der höchsten Lust die Kehle durchschneiden. Deutlicher als zuvor war er sich auch bewusst, *warum* er sie hasste. Er hasste sie, weil sie jung, hübsch und geschlechtslos war, weil er mit ihr ins Bett gehen wollte und daraus nie etwas werden würde, denn um ihre reizende, biegsame Taille, die einen zur Umarmung aufzufordern schien, wand sich nur die verhexte, scharlachrote Schärpe, das aufreizende Symbol der Keuschheit.«

Eine solche Sexualisierung ist für den Hass besonders günstig. Denn sexualisierter Hass bietet dem Hassenden unerhörte Befriedigungsmöglichkeiten, die ihn für die Stimme seines Gewissens taub werden lassen.

## V.

Hass macht aus Gegnern Feinde. Und Feindbilder verschaffen dem Hass eine Rechtfertigung. Deshalb erfolgt die kollektive Ausrichtung des Hasses auf ein gemeinsames Objekt über die Erfindung und Verbreitung von Feindbildern.[10]

Feindbilder sind so konstruiert, dass sie den anderen als Fremden darstellen, in den man sich nicht einfühlen kann. Und da man sich in Nicht-Menschen am wenigsten einfühlen kann, gehört die Dehumanisierung des Feindes zu den häufigsten Strategien verweigerter Empathie. »Ungeziefer« zu vernichten, bereitet nicht nur keine Schuldgefühle, sondern kann sogar als lebensdienliche »Säuberung« gutgeheißen werden, zumal wenn es um die »Reinhaltung« des eigenen Blutes geht.

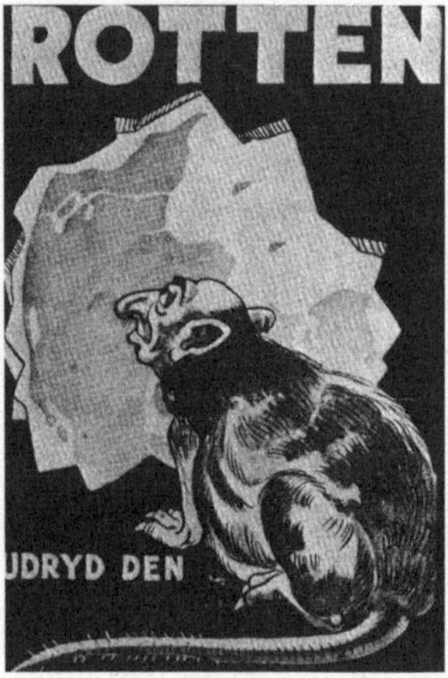


Jude als Ratte
Deutschland, Zweiter Weltkrieg

Hitler als Ratte
UdSSR, Zweiter Weltkrieg

Als Feind erfüllt der andere eine Container-Funktion: In ihm werden alle Gefühle, Vorstellungen und Handlungsimpulse deponiert, die man sich selbst nicht eingesteht, weil man gelernt hat, sie als ›böse‹ zu erleben, von denen man gleichzeitig aber auch nicht lassen kann. Im Feind begegnen wir unserer eigenen Ambivalenz, die wir durch eine psychische Spaltung zu beseitigen suchen. Wir hassen ihn, damit wir uns nicht selbst hassen müssen; wir entwerten, bekämpfen und vernichten ihn, damit wir uns nicht selbst entwerten, bekämpfen und vernichten müssen. Zu diesem Zweck wollen wir, dass er auch wirklich dem Bild entspricht, das wir uns von ihm machen. Wo wir nur können, versuchen wir deshalb, ihn in eine Situation zu drängen, in der er sich so ›böse‹ zeigt, wie wir das von ihm erwarten.

Feinden gegenüber sind wir ständig wachsam. Man darf sie nicht aus den Augen lassen – und behält somit indirekt die eigenen ›bösen‹ Anteile bei sich. Insofern gibt es ein Bedürfnis, Feinde zu haben. ›Gut‹ ist, wer das ›Böse‹ hasst:

Wir brauchen unseren Hass auf die Feinde sowie ihren Hass auf uns, um uns selbst als ›gut‹ wähnen zu können: Deshalb bindet Hass auch oftmals Menschen enger aneinander, als es Liebesbeziehungen vermögen.

Feindbilder begünstigen Hass und Gewalt. Aber Hass führt nicht zwangsläufig zu gewalttätigem Handeln. Gewalttätiges Handeln gibt es auch ohne Hass, seltener jedoch ohne Feindbilder. In puncto Kriege ist Hass in der Moderne sogar zu einer antiquierten Leidenschaft geworden. Für einen modernen Krieg braucht man keine Soldaten, die den Feind hassen. Der Hass, der den Kämpfern Todesmut verleiht, indem er sie ohne Rücksicht auf Leib und Leben, fremdes wie eigenes, vorwärts peitscht, gehört technisch einer vormodernen Stufe der Kriegsführung an. Der moderne Soldat muss nur eines: funktionieren. Und da ist Hass eher hinderlich. Als integraler Bestandteil einer von Computern gesteuerten Maschine würden ihn leidenschaftliche Gefühle daran hindern, gute Arbeit zu leisten. Hass hilft, sich dem Feind zu nähern. Modernes Töten aber findet aus der Ferne statt. Und diejenigen, die den Tod bringen, haben ausschließlich technische Probleme:

So beschreibt Frederick L. Anderson, Brigadier der 8. US-Luftflotte, den Fliegerangriff auf Halberstadt, den er während des Zweiten Weltkrieges mit geleitet hat, gegenüber einem Halberstädter Reporter völlig emotionslos als logische Abfolge von Sachentscheidungen: »Von da aus müssen sich die Bombenschützen zunächst auf die Eckhäuser konzentrieren. Damit machen wir zu. Optimal gesprochen: Schuttkegel am Eingang jeder Straße und am Ausgang. Die Falle ist zu, wenn wir die Häuser zu beiden Seiten der Straße sprengmäßig aufmachen. Da hinein Brandkanister, Stäbchenbrandbomben usf. [...] Sehen Sie, intakte Gebäude sind schwer zum Brennen zu bringen. Erst müssen die Dächer abgedeckt sein, und es müssen Öffnungen eingesprengt werden, die ins zweite oder möglichst erste

Stockwerk hinabreichen, wo das Brennbare sitzt. Sonst haben wir keine Flächenbrände, keinen Feuersturm usf.« Die Versuche des Reporters, seinem Gesprächspartner irgendwelche Gefühlsregungen abzuringen, schlagen alle fehl. Die Spaltung von Affekt und Handlung wirkt auch nach Kriegsende noch perfekt. Schließlich kommentiert Alexander Kluge[11], der dieses Interview über die Bombardierung seiner Heimatstadt zitiert: »Aber auch richtiger Hass war [...] nicht machbar.« Die Formulierung lässt offen, ob er damit nicht auch den Reporter meint. Inzwischen will die propagierte Vorstellung einer »chirurgischen« Bombardierung mit Lenkwaffen, die aus großer Distanz abgefeuert werden und mit elektronischen Augen selbständig ihr Ziel suchen, auch noch den letzten Skeptiker von einer menschenfreundlichen Kriegsführung überzeugen.

Hass wird allenfalls noch benötigt, um im Falle schwacher Legitimationen für kriegerische Gewalthandlungen die Bevölkerung hinter die Fahne zu bringen, wie dies etwa im Golf-Krieg der Fall gewesen ist: Als die US-amerikanische Bevölkerung zögerte, die Kriegspläne von George Bush zu unterstützen, startete die kuwaitische Exilregierung eine perfide PR-Kampagne. Sie spielte der amerikanischen Presse Bildberichte zu, die augenscheinlich bewiesen, dass die in der Hauptstadt von Kuwait eingedrungenen irakischen Soldaten in Krankenhäusern absichtlich Brutkästen abgeschaltet hatten, so dass die Frühgeborenen elend starben. Diese Berichte waren jedoch Falschmeldungen, die zuvor von einer PR-Agentur auf ihre emotionalisierende Wirkung hin getestet worden waren. Da sie das dämonische Feindbild Saddam Husseins bestätigten, wurden sie leicht geglaubt. In der US-amerikanischen Bevölkerung schürten sie den Hass, der nötig war, um letzte Zweifel an der Legitimität des Krieges zu beseitigen[12].

## VI.

Ein altes Sprichwort besagt: »Neid und Hass wohnen im selben Fass.« Tatsächlich gehört Neid zu den häufigsten Ursachen individuellen oder kollektiven Hasses. Beide sind bereits etymologisch verbunden. So geht »Neid« auf das mittelhochdeutsche Wort »nid« und das althochdeutsche Wort »nit« zurück, die eine feindselige Gesinnung bezeichnen. Insofern gehört auch Neid zu den aggressiven menschlichen Gefühlen, Motiven und Persönlichkeitseigenschaften.[13] Man kann also sagen, dass Neid dann vorliegt, wenn jemand feindselig darauf reagiert, dass ein anderer ein Gut besitzt, das er selbst begehrt. Diese dem Neid inhärente Feindseligkeit ist über Ärger, Wut und Hass vermittelt. Im neidbedingten Hass der »Gehässigkeit« kommt dieser Zusammenhang treffend zum Ausdruck.

Wenn wir einem anderen ein Gut neiden, dann ärgern wir uns darüber, dass dieser es statt unsereinem besitzt: Wir sind wütend oder sogar hasserfüllt. Es sind diese Gefühle, die uns die bestehende Ungleichheit als eine unerträgliche Versagung unserer Bedürfnisse und Wünsche erleben lassen. Ärger, Wut und Hass drängen uns, die Situation nicht hinzunehmen, sondern etwas gegen diese Versagung zu unternehmen, die uns der andere bereitet, schlicht dadurch, dass er das Gut besitzt, das wir begehren. Zu diesem Zweck müssen wir unsere aggressiven Gefühle in aggressive Handlungen umsetzen. Deren Repertoire reicht von Probehandlungen, in denen wir das begehrte Gut und seinen Besitzer in der Phantasie angreifen, bis hin zu tätlichen Angriffen mit zerstörerischen Absichten. Wie groß der Sprung zwischen aggressiven Phantasien und aggressiven Taten ist, hängt von verschiedenen Faktoren ab: von der Intensität der Feindseligkeit, von sozialen Tabus im Ausdruck offener Aggression und nicht zuletzt von günstigen Gelegenheiten.

Neid ist universal. Völkerkundliche Studien belegen

das. Dennoch gibt es Bedingungen, die Neid verstärken, und solche, die ihn abschwächen. Zum einen kollektive Bedingungen, die sich daraus ergeben, wie Gesellschaften und soziale Gruppen ihr Zusammenleben organisieren: welche Bedeutung welche Güter haben und wie diese Güter verteilt sind. In diesem Sinne haben soziale Gruppen, vielleicht sogar ganze Gesellschaften ein bestimmtes Neidklima, das sich im Laufe ihrer Geschichte entwickelt und aus der jeweils bestehenden Spannung zwischen sozialen Mechanismen der Neiderregung und der Neiddämpfung hervorgeht. Zum anderen gibt es aber auch individuelle Bedingungen, die nicht in den kollektiven Bedingungen aufgehen, weil sie in der besonderen Lebensgeschichte eines einzelnen Menschen zu suchen sind.

Nichts, was nicht beneidet wird. Tatsächlich aber sind nicht für alle Menschen dieselben Güter beneidenswert. Was jemand beneidet, lässt seine individuellen Werte erkennen. So beneiden wir andere nicht um alle ihre Güter, sondern nur um diejenigen, die wir selbst nicht haben, obwohl sie uns so wichtig sind, dass wir nicht auf sie verzichten zu können glauben. Aber da Neid nicht nur individuell, sondern auch kollektiv bedingt ist, gibt es in einer Gesellschaft oder sozialen Gruppe immer auch Güter, die für alle ihre Mitglieder annähernd gleich beneidenswert sind. Diese Güter zeigen kollektive Werte an. Wer aber wertvolle Güter besitzt, ist selbst etwas wert: in den Augen der anderen wie in seinen eigenen.

Beneidet werden knappe Güter, also Güter, die nicht alle oder sogar nur wenige besitzen. Folglich wird ein einstmals knappes Gut, das inzwischen die Mehrheit besitzt, nur selten Gegenstand des Neids sein. Dafür steigen neue Güter zu Objekten neidischen Begehrens auf. Obwohl Neid von objektiven Lebensbedingungen beeinflusst wird, ist er doch grundsätzlich subjektiv. Den Neider kümmert nicht, ob ein Gut objektiv knapp ist. Wenn er es als knapp wahrnimmt, dann verhält er sich, als sei es knapp. Ihn kümmert auch nicht, wie viel mehr der Beneidete von einem Gut tatsächlich besitzt. In seiner Wahrnehmung ist jede Ungleichheit zu groß. Und besonders irritierend: Er neidet einem anderen sogar Güter, die nicht austauschbar oder nicht erwerbbar sind.

Und er neidet sie ihm auch dann, wenn der das Gut rechtmäßig besitzt. Zwar wird von uns erwartet, dass wir den Güterbesitz eines anderen »neidlos anerkennen«, wenn der ihn verdient hat und zudem nicht damit prahlt, so dass wir uns auch nicht von ihm beschämt zu fühlen brauchen. Denn das haben wir ebenso wenig verdient, wie er unsere Feindseligkeit verdient hat. Jedoch schert sich unser Neid meist nur wenig um die Rechtmäßigkeit einer Güterverteilung. Gebrauchen wir unseren Verstand, dann besitzt der andere das Gut, das wir begehren, zu Recht. Gerät aber unser Verstand in den Dienst unseres Neides, wird unser Neid darauf drängen, dass es zu dieser Vereinnahmung kommt, und wir finden dann Gründe genug, an der Rechtmäßigkeit zu zweifeln.

Wenn jemand aus Ärger, Wut und Hass feindselig darauf reagiert, dass ein anderer das Gut besitzt, das er selbst begehrt, dann liegt *feindselig-schädigender* Neid vor. Ist der Besitz rechtmäßig, so verstößt dieser Neid gegen geltende soziale Normen, die verlangen, ihn neidlos anzuerkennen, und wird deshalb moralisch missbilligt.

## VII.

Dass feindselig-schädigender Neid nicht gerechtfertigt werden kann, gilt freilich nur aus der Außenperspektive. Jean Paul Sartre hat in seiner Untersuchung der »Welt des Neides« im Leben und Werk von Gustave Flaubert gezeigt, mit welcher spezifischen Psycho-Logik der Neider sich rechtfertigt[14]:

Der Neider begegnet jemandem, den er beneidet, mit einem »Ja, ich weiß…, aber trotzdem«. Er weiß, dass der andere, der das begehrte Gut besitzt, es zu Recht besitzt. Obgleich er keinen Grund hat, an der Rechtmäßigkeit dieses Besitzes zu zweifeln, ist er gleichzeitig davon überzeugt, der andere habe das Gut dennoch nicht verdient. Und dafür hat er einen Beweis. Als Beweis dient ihm gerade die Tatsache, dass der andere das Gut zu Recht besitzt. Denn dies beweist dem Neider, dass der andere in Übereinstimmung mit der Welt lebt und sie anerkennt – mit einer Welt, die ihn, den Neider, tief enttäuscht. Aus dieser Enttäuschung nun leitet der Neider ab, dass eigentlich er es ist, der ein Recht auf das begehrte Gut hat.

Das Recht, auf das er sich beruft, folgt freilich einem völlig anderen Verdienstprinzip: Der Neider ist davon überzeugt, dass er das begehrte Gut (oder ein Äquivalent) nie bekommt, wie sehr er sich auch darum bemühen wird, weil er nie bekommt, was er begehrt. Deshalb sagt Sartre treffend: »Beneiden heißt wissen, dass man im Voraus verloren hat.« Weil der Neider nie bekommt, was er begehrt, hat er nun aber mehr Recht auf das begehrte Gut, das der andere besitzt. Dass dieser es besitzt, privilegiert ihn, wobei allerdings das konkrete Gut zweitrangig ist. Denn es fungiert für den Neider lediglich als sichtbarer Beweis dafür, dass die beneidete Person ein Gut, das sie begehrt, auch besitzt. Oder genauer: dass es zumindest einen Fall gibt, in dem das Begehren des anderen gestillt worden ist. Und das ist genau ein Fall mehr, als der Neider für sich bilanziert. Denn der hält seine Enttäuschung dagegen, dass sein Begehren noch niemals gestillt worden ist.

Wenn der Neider nun das begehrte Gut für sich beansprucht, obgleich es dem anderen rechtmäßig zusteht, dann gründet er diesen Anspruch auf ein Recht, das er aus der Größe seines enttäuschten Begehrens ableitet. Je mehr er es begehrt, desto mehr steht es ihm zu, weil er aufgrund der Enttäuschung all seines Begehrens viel mehr gelitten hat. Deshalb darf er dann auch keine Spur von Leid an der beneideten Person wahrnehmen. »Um begehren zu können, muss man [...] begehrt worden sein.« Der Neider aber leidet an der lebensgeschichtlichen Enttäuschung, nie begehrt worden zu sein. Deshalb vermag er auch selbst nicht zu begehren. Oder treffender: Sein Begehren gleicht dem Versuch, Durst mit Salzwasser zu löschen. Trinkend wird der Durstige durstiger.

Der Neider hat keine Bestätigung seiner selbst durch die Liebe seiner Bezugspersonen, allen voran seiner Mutter, erfahren; er fühlt sich als »Geschöpf des Zufalls« und als solches »hat er nicht das Recht zu leben, und folglich enthalten seine Begierden nicht das positive Recht, befriedigt zu werden. [...] Er verlangt im Grunde gar keinen Gegenstand, sondern das Recht, Besitzer zu sein, den *Wert*, der sich durch Aneignen und Besitzen in jedem von ihnen [den Gegenständen] bestätigt, kurz, ein instituiertes In-der-Welt-Sein, von dem er sich von Geburt an ausgeschlossen fühlt.«

Da diese primäre Enttäuschung unstillbar ist, hilft es dem Neider auch nichts, wenn er in Einzelfällen das Gut bekommt, das er begehrt, kann er doch auch dann nicht das Gefühl entwickeln, es rechtmäßig zu besitzen. Mehr noch: er kann erst dann ein Gut begehren, wenn es im Besitz eines anderen ist. Deshalb muss es auch im Besitz des anderen bleiben (so wie die Liebe der Mutter für ihr Kind, die dessen Existenzrecht bestätigt, dem Kind vorenthalten worden ist). Dort begehrt er es als eigene Möglichkeit eines gestillten Begehrens, die er aber nicht zu realisieren vermag. Fähig ist er allenfalls, das Gut zu schädigen. Denn die Schädigung ist das Negativ einer Inbesitznahme oder die Inbesitznahme eines geschädigten (und damit wertlosen) Gutes. Sie befriedigt nicht wirklich, weil sie dem Neider gleichzeitig seine Unfähigkeit bestätigt, einen Wert zu besitzen – mithin selbst (der mütterlichen Liebe) wert zu sein.

## VIII.

Feindselig-schädigender Neid ist aber nicht die einzige Form, die Enttäuschung zu bewältigen, dass ein anderer das begehrte Gut besitzt. Je nach den Umständen, gibt es noch andere Bewältigungsformen.

So können wir auf eine wahrgenommene Ungleichheit niedergeschlagen reagieren. Niedergeschlagenheit ist alles andere als Gelassenheit. Erwarten wir von uns, das begehrte Gut zu besitzen, das wir im Besitz eines anderen wahrnehmen, dann erleben wir die Versagung unseres Bedürfnisses und Wunsches als unser eigenes Versagen, für das wir uns schämen. Gibt uns der andere zudem keinen Grund, ihm vorzuwerfen, uns durch Prahlerei beschämen zu wollen, dann fällt es uns schwer, Ärger, Wut und Hass auf ihn zu richten. Stattdessen wenden wir sie gegen uns selbst. Wo dies geschieht, liegt *depressiv-lähmender* Neid vor: Der Neider erkennt an, dass die beneidete Person das begehrte Gut rechtmäßig besitzt, glaubt nicht, dass er selbst fähig ist, es sich anzueignen, kann aber dennoch nicht darauf verzichten. Da er gleichzeitig die soziale Norm anerkennt, die ihm unter diesen Umständen verbietet, gegen den anderen feindselig zu sein, wagt er nicht, Ärger, Wut und Hass zu äußern.

Darauf, dass ein anderer das Gut besitzt, das wir begehren, können wir auch mit *ehrgeizig-stimulierendem* Neid reagieren. Wir nehmen uns dann einen anderen zu einem aufrichtig bewunderten Vorbild, dem wir nacheifern. Unter diesen Umständen werden Ärger, Wut und Hass zwar auch gegen die beneidete Person gerichtet, aber in sublimierter Form. Diese milde Feindseligkeit verletzt keine soziale Norm. Dass die beneidete Person das begehrte Gut rechtmäßig besitzt, wird anerkannt und als Herausforderung genommen, sich selbst zu verbessern. Dies schließt die Möglichkeit ein, sich mit dem anderen zu messen, mit

Otto Dix, Die sieben Todsünden, 1933
Staatlicher Kunstverein Karlsruhe

ihm zu wetteifern und besser zu werden als er. Damit ist die Feindseligkeit gegen ihn zu einer konstruktiven Aggression ermäßigt, die der eigenen Entwicklung dient. Diese Form des Neides setzt voraus, dass wir glauben, mindestens ebenso fähig zu sein, uns das begehrte Gut selbst anzueignen, sowie in Übereinstimmung mit sozialen Normen zu sein. Ärger, Wut und Hass verwandeln sich dann in Anstrengung. Nicht selten merkt man solchen ehrgeizigen Anstrengungen freilich die sublimierte Feindseligkeit noch an, wenn der Neider bis an seine Grenzen geht, weniger um sich das begehrte Gut anzueignen, als um den anderen um jeden Preis zu übertreffen. Kapitalistische Gesellschaften favorisieren diese Form des Neides, weil sie für ständige Aufwärtsmobilität sorgt.

Schließlich gehört in diesen Katalog der Neid-Formen auch die Feindseligkeit gegen einen anderen, dessen Güterbesitz soziale Normen verletzt, weil er ihn sich mit illegalen oder illegitimen Mitteln angeeignet hat. Unter diesen Umständen sind Ärger, Wut und Hass gerechtfertigt. Solche Personen trifft *empört-rechtender* Neid. Wir glauben dann aus guten Gründen, dass die beneidete Person das begehrte Gut unrechtmäßig besitzt. Unter Berufung auf anerkannte Gerechtigkeitsvorstellungen verwandeln wir Ärger, Wut und Hass in Streitbarkeit für eine gerechte(re) Güterverteilung, wobei allerdings von uns erwartet wird, dass wir dabei nicht selbst zu illegalen oder illegitimen Mitteln greifen.

## IX.

Das enorme Hass- und Aggressionspotential, das feindselig-zerstörerischem Neid innewohnt, hat Friedrich Nietzsche in einem Aphorismus mit dem Titel »Der Weltvernichter« zum Ausdruck gebracht: »Diesem [dem neidischen Menschen] gelingt etwas nicht; schließlich ruft er empört aus: ›So möge doch die ganze Welt zugrunde gehen!‹ Dieses abscheuliche Gefühl ist der Gipfel des Neides, welcher folgert: weil ich etwas nicht haben kann, soll alle Welt nichts haben! soll alle Welt nichts sein!«[15]

Diese Haltung verrät einen grandiosen Egozentrismus. Der Neider erwartet, dass die ganze Welt der Befriedigung seiner Bedürfnisse und Erfüllung seiner Wünsche dienen soll. Wird seine Erwartung enttäuscht, vermag er sich mit dieser Enttäuschung nicht abzufinden. Die Anerkennung der Realität schmerzt oder kränkt ihn so sehr, dass er Ärger, Wut und Hass hinausschreit: Die Welt soll untergehen. Lieber die Welt in Flammen, als noch einmal eine solche Enttäuschung erleben zu müssen. Und wenn sie niedergebrannt ist, dann lässt sich eine neue, bessere, vollkommene Welt errichten, in der es keine Enttäuschungen mehr gibt.

Züge solcher Größenphantasien tragen alle totalitären Gesellschaftsutopien, da sie das »Paradies auf Erden« versprechen, aber stattdessen sowohl die Außenwelt der Menschen als auch ihre Innenwelt verwüsten: »Die Wüste wächst, weh dem, der Wüsten birgt«, warnt Nietzsche in »Also sprach Zarathustra«. Und dieser Satz findet sich auf dem Gemälde »Die sieben Todsünden« wieder, das Otto Dix 1933 gemalt hat.[16]

Er steht kaum sichtbar an die Seitenmauer einer Ruine geschrieben, vor der sich eine Meute wilder Gestalten zusammengerottet hat. Es sind die Personifikationen der Todsünden. Ganz im Hintergrund die Völlerei, links davor, in unmittelbarer Nähe zu dem Menetekel an der Wand, der Hochmut. Rechts von ihm die Wollust. Links neben ihr der Zorn, davor die Trägheit. Angeführt wird dieser Mummenschanz von einem Gnom, der sich auf dem Rücken einer Hexe festkrallt: Es ist der Neid, der auf dem Geiz der Meute voranreitet.

Mit seinem Gemälde kritisiert Dix die politischen Zustände in Deutschland nach der Machtergreifung durch den Nationalsozialismus. 1945, als der Spuk des »Tausendjährigen Reiches« verflogen ist, gestaltet er die Aussage des Bildes noch ausdrücklicher. Er versieht die Personifikation des Neides mit dem Hitlerbärtchen, das sie bis heute trägt. Somit erscheint der Nationalsozialismus als eine Sammelbewegung von Neidern, in deren Schlepptau alle Laster entfesselt werden.

Zweifellos hat Dix in das Bild auch seine persönlichen Erfahrungen eingearbeitet. Denn das Gemälde ist nicht zuletzt als Stellungnahme zu seiner Amtsenthebung entstanden: Dix verlor seine Professur an der Dresdener Akademie. Und zwar auf Initiative einiger Kollegen, die sich eilfertig zur nationalsozialistischen Weltanschauung bekannten. Diese Kollegen ließen sich die Gelegenheit nicht entgehen, den beneideten Konkurrenten mit dem Vorwand zu beseitigen, es mangele ihm an der ›richtigen‹ Gesinnung.

Da dies damals kein Einzelfall war, ist die Verallgemeinerung, die Dix vornimmt, berechtigt. Die nationalsozialistische Weltanschauung hat tatsächlich reichlich ideologische Begründungen geboten, um feindselig-schädigenden Neid zu maskieren. Und mit Hitler führte ein Mann die Sammelbewegung an, der bereit gewesen ist, die Welt in Brand zu setzen, um seinen quälenden Mangel an gesellschaftlicher Wertschätzung nicht mehr spüren zu müssen.

Keine Frage: die Mobilisierung feindselig-schädigenden Neides gegen alle, die es vermeintlich besser haben als man selbst, schürt Hass und Gewaltbereitschaft. Wem es gelingt, diesen neidbedingten Hass zu instrumentalisieren, verfügt über eine mörderische Waffe, um die bestehende soziale Ordnung zu bekämpfen. Die psychoanalytische Sozialpsychologie kann zeigen, dass Antisemitismus und Fremdenfeindlichkeit, wo immer sie auftreten, eine Neidkomponente haben. Anlass ist eine Kränkung des Selbstwertgefühls, die als unerträgliche Beschämung durch jene erlebt wird, denen es vermeintlich besser geht, wobei man wähnt, es würde ihnen aufgrund einer ungerechten Bevorzugung besser gehen. Die anderen besitzen nicht nur die begehrten Güter, sondern sind auch schuld daran, dass man selbst sie entbehrt. Folglich erscheint es gerechtfertigt, solche Widersacher zu hassen und sie und ihre vermeintliche Privilegierung zu bekämpfen.

## X.

Aufgrund der Gefahr, die von einem kollektiven feindselig-schädigenden Neid für den sozialen Frieden ausgeht, hat es die Menschen zu allen Zeiten beschäftigt, wie er sich am besten besänftigen lässt. Eine moderne Lösung besteht darin, dass die Gesellschaft alle Schranken abbaut, die ihre Mitglieder daran hindern, begehrte Güter rechtmäßig zu erlangen. Feindselig-schädigender Neid soll in ehrgeizig-stimulierenden Neid überführt werden.

Allerdings hat bereits Alexis de Tocqueville[17] vermutet, dass es gerade den Mitgliedern einer egalitären Gesellschaft schwer fällt, zu akzeptieren, dass die angestrebte Gleichheit der Chancen, an alle begehrten Güter zu gelangen, nicht auch die Gleichheit der erlangten Güter nach sich zieht. In seiner Untersuchung dieses Gesellschaftstypus kommt er Anfang des 19. Jahrhunderts zu dem Schluss, dass die Gleichheitsidee, so wünschenswert sie auch sei, doch leicht dazu führen könne, jegliche Überlegenheit als empörend zu empfinden. Folgt man Tocqueville, dann ist damit zu rechnen, dass der Neid, der sich an der ungleichen Güterausstattung zwischen Menschen entzündet, durch eine Angleichung der Güterausstattung nicht schwächer, sondern stärker wird!

Dieses Problem hat in seiner menschheitsgeschichtlichen Tiefendimension mit dem Bewusstsein zu tun, dass wir trotz der ungeheuren Zunahme an Möglichkeiten, unsere Lebensbedingungen selbst zu gestalten, doch nie in einer perfekten Welt leben werden. Und dazu gehört auch das Bewusstsein von der Unmöglichkeit, die Ungleichheit zwischen Menschen aus der Welt zu schaffen. Damit aber wird es immer auch Benachteiligte geben, solche, die es faktisch sind, und vielleicht mehr noch solche, die sich benachteiligt fühlen. Manche Benachteiligung widerspricht unseren begründeten Gerechtigkeitsvorstellungen. Wir halten sie für ungerecht. Deshalb verdienen sie es, abgeschafft zu werden. Indessen ist uns allen bewusst, dass die Welt ungerecht bleiben wird, selbst wenn es gelingt, unsere Gerechtigkeitsvorstellungen immer besser umzusetzen. Die Kluft zwischen Anspruch und Wirklichkeit lässt sich nicht schließen.

Damit wäre jeder von uns auch in der besten aller möglichen Welten vor die Aufgabe gestellt, mit der schmerzlichen oder kränkenden Erfahrung leben zu lernen, dass andere ein Gut besitzen, um das wir sie beneiden, mag das nun ungerecht sein oder auch nicht. Insofern herrscht an neidträchtigen Situationen kein Mangel. Und insofern trifft die überlieferte Spruchweisheit auch den Punkt, wenn sie lapidar feststellt: »Die Neider werden sterben, aber der Neid wird sich vererben.«

Neid drängt darauf, uns mit der Realität auseinander zu setzen, dass wir nicht alle Güter besitzen können, die wir begehren. Was aber fällt uns schwerer, als zu verzichten? Solange wir aber nicht verzichten können, besteht die Gefahr, dass wir die hassen und bekämpfen, die wir beneiden, weil wir nicht darunter leiden wollen, nicht verzichten zu können.

## Anmerkungen

1 Vgl. S. Freud ([1933] 1960). Warum Krieg? In: ders., Gesammelte Werke, Bd. XVI (S. 11-27). Frankfurt am Main: Fischer.

2 Vgl. U. Rauchfleisch (1992). Allgegenwart von Gewalt. Göttingen: Vandenhoeck & Ruprecht, S. 11-37.

3 Vgl. R. Krause (2000). Affekt, Emotion, Gefühl. In: W. Mertens u. B. Waldvogel (Hg.), Handbuch psychoanalytischer Grundbegriffe (S. 30-37). Stuttgart: Kohlhammer.

4 Vgl. C. Tavris (1992). Wut – das missverstandene Gefühl. Hamburg: Hoffman und Campe.

5 S. Freud ([1940] 1960). Abriss der Psychoanalyse. In: ders., Gesammelte Werke, Bd. XVII (S. 63-138). Frankfurt am Main: Fischer, S. 72.

6 Vgl. O. F. Kernberg (1992] 1997). Wut und Hass. Über die Bedeutung von Aggression bei Persönlichkeitsstörungen und sexuellen Perversionen. Stuttgart: Klett-Cotta.

7 Vgl. G. Anders (1985). Die Antiquiertheit des Hassens. In: R. Kahle, H. Menzner u. G. Vinnai (Hg.), Hass. Die Macht eines unerwünschten Gefühls (S. 11-32). Reinbek: Rowohlt, S. 11.

8 B. Brecht ([1933-1938] 1976). An die Nachgeborenen. In: ders., Gesammelte Gedichte, Bd. 2 (S. 722-725). Frankfurt am Main: Suhrkamp, S. 725.

9 G. Orwell (1950). 1984. Baden-Baden: Bürger, S. 8ff.

10 Vgl. S. Keen (1987). Bilder des Bösen. Wie man sich Feinde macht. Weinheim, Basel: Beltz.

11 A. Kluge (1977). Neue Geschichten. Hefte 1-18, »Unheimlichkeit der Zeit«. Frankfurt am Main: Suhrkamp, S. 75ff.

12 Vgl. J. R. MacArthur (1993). Die Schlacht der Lügen. Wie die USA den Golfkrieg verkauften. München: dtv, Kapitel 2.

13 Vgl. R. Haubl (in Vorbereitung). Neidisch sind immer nur die anderen. Über die Unfähigkeit, zufrieden und glücklich zu sein. München: Beck.

14 J.-P. Sartre ([1971] 1977). Der Idiot der Familie. Gustave Flaubert 1821-1857. I. Die Konstitution. Reinbek: Rowohlt, S. 427-458.

15 F. Nietzsche ([1880] 1964). Morgenröte. Gedanken über moralische Vorurteile. Stuttgart: Kröner, S. 218f. (Aph. 304).

16 Vgl. E. Karcher (1986). Otto Dix. München: Südwest, S. 62f.

17 Vgl. den Auswahlband A. de Tocqueville (1967). Das Zeitalter der Gleichheit, hg. von S. Landshut. Köln u. Opladen: Westdeutscher Verlag.

Maxim Biller

# Dunkle Wolken über Schwabing

Der alte schwarze Plastikeimer, den Motti irgendwann einmal nach dem Saubermachen auf den Balkon gestellt und dort vergessen hatte, war seit den Gewittern der letzten Tage bis zum Rand mit Regenwasser gefüllt. Jeden Morgen, wenn er in die Küche kam, um für Nurit Frühstück zu machen, ging Motti zuerst zur Balkontür, er rüttelte, obwohl die matte Aluminiumklinke wie immer nach oben eingerastet war, kurz an der Tür, denn er wollte ganz sicher sein, dass sie nicht aufgehen konnte. Dann blieb er noch eine Weile, die Stirn gegen das morgendlich kühle Glas gedrückt, dort stehen und betrachtete den Eimer. Es war ihm nichts Besonderes anzusehen, jedenfalls nichts, was einem Angst machen musste. Der Griff war leicht angerostet, das Plastik an einigen Stellen grau und verwittert, und in dem trüben Wasser schwammen ein paar harmlose Zweige und Blätter. Trotzdem hatte Motti beschlossen, zunächst alles so zu lassen, wie es war. Er war zwar einige Male bereits kurz davor gewesen, die Tür zu öffnen, den Eimer zu nehmen und das Wasser einfach in den Balkonausfluss zu kippen, aber dann ließ er es doch besser sein. Er hatte in den vergangenen Wochen so viel gehört und gelesen, dass er nicht mehr wusste, was stimmte und was nicht, darum wollte er noch warten, bis sich die Situation aufgeklärt hatte, und so lange war es nur wichtig, dass Nurit nicht in die Nähe des Eimers kam. Sofie hatte er von der Sache gar nicht erst erzählt, es ging ihr, seit sie zum ersten Mal von dem Reaktorunfall gehört hatte, ohnehin nicht gut, und er wollte gar nicht daran denken, was passiert wäre, wenn sie erfahren hätte, dass sich auf dem Balkon ihrer Wohnung seit über einer Woche dreißig Liter verseuchtes ukrainisches Regenwasser befanden.

Die ersten Tage nach dem Gau waren für Sofie besonders schlimm gewesen. Aus dem Verlag, in dem sie jetzt arbeitete, kam sie in dieser Zeit meistens früher als sonst nach Hause. Statt selbst die Tür aufzuschließen, klingelte sie so lange, bis Motti ihr aufmachte, dann erst löste sie den Finger vom Klingelknopf und warf sich ihm, ohne ein Wort zu sagen, mit dem Gewicht ihres ganzen Körpers entgegen, sie nahm ihn mit ihren schweren Armen wie eine Ringerin in den Griff und bohrte das Kinn in seine Schulter. So verbrachten sie stumm ein paar endlose Augenblicke in der offenen Wohnungstür, und oft ließ sie ihn nur los, wenn irgendwo im Treppenhaus laut eine Tür aufging oder sich die Schritte eines Nachbarn näherten. Nachdem sie ihre Schuhe wegen der Verstrahlung bereits im Hausflur ausgezogen und dort neben Mottis und Nurits Schuhen stehen gelassen hatte, verschwand sie in der Kleiderkammer, sie streifte sicherheitshalber auch noch ihre Hose und ihr T-Shirt ab und hängte sie in großem Abstand von allen anderen Kleidern auf einem Extrabügel auf. Dann schlüpfte sie in ihren Bademantel und ging, statt sich wie üblich bis zum Abendbrot im Arbeitszimmer einzuschließen, direkt ins Wohnzimmer, wo sie sich mit durchgedrücktem Kreuz an den äußersten Rand des Sofas setzte und den Fernseher anmachte. Ab jetzt rührte sie sich bis zum Schlafengehen nicht mehr von der Stelle, sie sah sich von der ersten bis zur letzten Minute alle Nachrichtensendungen an, sie verfolgte – mit dem immergleichen starren, ungläubigen Blick und diesen ewig hochgezogenen, davonfliegenden Augenbrauen – Heute und die Tagesschau, das Heutejournal und die Tagesthemen. Dabei pickte sie mit einer Pita unentschlossen in dem Houmus und Auberginensalat herum, die Motti ihr wie immer abends im Sommer hinstellte, und fragte ständig, ob die Sachen wirklich noch aus ihren alten Vorräten stammten. Früher oder später rief sie dann ihre Mutter an, um sie zu fragen, ob sie das alles auch so traurig und wütend mache – sie sagte immer »das alles« und »traurig und wütend« –, und wenn Motti sie bat, sie möge noch zu Nurit gehen und ihr einen Gutenachtkuss geben, sagte sie, sie werde es nach dem nächsten Bericht sofort tun, vergaß es aber meistens.

Motti wollte sich von ihr auf keinen Fall anstecken lassen, doch das war gar nicht so leicht. Vor allem die jeden Abend wiederkehrenden blassen, unruhigen Fernsehbilder von den Männern in den weißen Schutzanzügen, die für wenige Minuten aus einem Hubschrauber auf das Dach des Kernkraftwerks sprangen und sich in rasendem Tempo an den dort herumliegenden Trümmern zu schaffen machten, versetzten ihn jedesmal wieder in Unruhe. Ein wenig sah es so aus, als seien sie die Mitglieder einer Expedition, die auf einem gefährlichen fremden Planeten gelandet war, dann wieder erschien Motti das Ganze wie eine Direktübertragung aus einem fernen apokalyptischen Jahrhundert. Sie rannten um ihr Leben, das sah man ihnen an, doch in Wahrheit hätten sie dort auch völlig ruhig herumschlendern können, denn sie waren ohnehin schon tot, die Strahlung hatte längst ihre Körper erfasst, sie hatte, noch als sie in ihrem Hubschrauber an den Reaktor herangeschwebt waren, bereits begonnen, ihre Zellen zu zersetzen, sie war, noch als sie in einer nahe gelegenen Kaserne oder Schule ihre Instruktionen bekamen, in ihr Blut eingedrungen, sie hatte, noch als sie Hunderte von Kilometern entfernt zu Hause das Telefon abhoben und das Kommando zum Einsatz erhielten, ihre Organe erfaßt, sie war Tage und Wochen vorher in ihren Betten und Kleidern gewesen, in ihrem Essen und in dem Wasser, mit dem sie sich wuschen – sie war überall, in dem Staub, den der Wind vor die Sonne wehte, wenn sie morgens aus dem Fenster sahen, sie war in den Pfützen, in die sie auf dem Weg zur Arbeit traten, sie war in den Blättern und Zweigen, die sie streiften. Wir sind, dachte Motti, während er ihnen dabei zusah, wie sie auf dem Dach des Reaktors ausschwärmten, wahrscheinlich längst genauso tot wie sie, und uns sagt man es auch nicht. Darum machen wir auf unsere Art ebenfalls weiter, immer weiter und weiter, wir essen und trinken, wir arbeiten und schlafen, wir küssen unsere Kinder, wir gehen ins Kino, wir machen Spaziergänge – wir rennen also auch um unser Leben, obwohl es überhaupt keinen Zweck mehr hat. Bei diesem Gedanken musste er plötzlich Sofie ansehen, die arme entgeisterte Sofie, die – den Oberkörper vorgeschoben, die Hände im Schoß verschränkt – neben ihm auf der Sofakante saß und auf den Fernsehschirm starrte, wo gerade ein Arzt aus Stuttgart erklärte, wie das Cäsium in die deutsche Nahrungsmittelkette gelangte. Motti stellte sich vor, wie die radioaktiven Strahlen – sie sahen in seiner Phantasie so aus wie das Hitzeflimmern über einer Herdplatte – nun auch Sofies Körper erfassten, sie umspielten ihren weißen Hals, ihre weißen Knöchel, ihr weißes Gesicht, sie drangen in ihre Haut ein und in ihr Haar, in ihre Augen und unter ihre Fingernägel, und das war ein so schreckliches Bild, dass er sich zu ihr vorbeugte, zart ihr Kinn berührte und, als sie ihm endlich das Gesicht zuwandte, liebevoll sagte: »Es wird alles gut, Bübchen, du wirst schon sehen.« Aber sie blickte ihn nur verächtlich an, so als hätte er etwas unglaublich Dummes und Beleidigendes gesagt, sie schüttelte den Kopf und drehte ihn wieder dem Fernseher zu. Dann sagte sie, ohne Motti anzuschauen, kalt: »Was redest du? Es ist alles vergiftet, das ganze Essen, das ganze Wasser. Es ist vorbei, und du bist der Einzige, der es noch nicht gemerkt hat ...«

Aber natürlich hatte er es gemerkt! Warum sonst kochte er für Nurit nur noch Essen aus Gläsern und Konserven, warum stapelte sich in der Küche ein halbes Dutzend Mineralwasserkisten neben mehreren Paletten mit alter

H-Milch, warum hatte er seine Buba seit dem Reaktorunfall kein einziges Mal mehr gebadet? Irgendwann würden alle Vorräte aufgebraucht sein, das wusste er, irgendwann würde er sie auch wieder waschen müssen, und fragte er sich jetzt, was er dann tun sollte, wurde ihm genauso heiß und übel wie früher vor einer Reise oder einer Klassenarbeit. Er ging mit ihr inzwischen – es konnte ja jederzeit anfangen zu regnen – kaum noch nach draußen, wobei ihr das nicht viel auszumachen schien, denn sie war sowieso nie wirklich gern auf dem Spielplatz gewesen. Sie war lieber allein oder mit ihm, aber nicht mit anderen Kindern, und wenn sie früher, in den normalen Zeiten, ausnahmsweise doch zum Alten Friedhof gegangen waren, hatte sie, ruhig wie eine Erwachsene, neben ihm und den Müttern auf der Bank gesessen oder am Zaun gestanden und stumm und geduldig zu den Büschen und Gräbern auf der anderen Seite des Spielplatzes herübergestarrt. Einmal, es war an einem grellen, verregneten Tag gewesen, sie hatte ein leuchtend helles Laura-Ashley-Kleidchen angehabt und ihre beiden blonden Zöpfe lagen wie Perlenketten auf ihrem Rücken, war plötzlich ein größerer Junge mit seinem Fahrrad hinter ihr aufgetaucht. Er stand eine Weile schweigend da und sah sie an, und als sie sich nach ihm umdrehte, schob er ihr das Fahrrad hin, er hielt es so, dass sie bloß noch aufzusteigen brauchte, aber sie rührte sich nicht von der Stelle, sie fixierte ihn so stumpf und freudlos, wie nur sie das konnte, und nach einer Weile machte er, der in Wahrheit fast genauso ängstlich war wie sie, zwei, drei kleine Schritte auf sie zu, legte das Fahrrad vor ihre Füße und lief davon. Doch sie hob es nicht auf, sie wurde nur rot im Gesicht, sie riss vor Schreck die Augen auf und sah ihm erstaunt hinterher, dann rutschte das Blut wieder aus ihren Wangen, ihr Blick verflüchtigte sich irgendwo weit weg, ganz hinten in ihren Gedanken, und sie wandte sich erneut ihrem Zaun und ihren Gräbern zu. So war sie immer mit anderen Kindern, so war sie auf der Purimfeier in der Prinzregentenstraße gewesen, wohin er sie, ohne Sofie davon zu erzählen, letztes Jahr mitgenommen hatte, und so war sie auch gewesen, als er mit ihr zur Probe einen Vormittag in der Kindergruppe von Dani Josipovicis Mädchen am Olympiapark verbracht hatte, wo sie alle paar Minuten neben ihm gestanden und ihn stumm und verzweifelt angeblickt hatte, weil sie weg wollte. Darum war er sich jetzt auch so sicher, dass es ihr nichts ausmachte, dass sie nun schon seit Wochen nicht rausgingen, höchstens einmal zum Einkaufen, sonst aber meistens allein zu Hause waren. Sie sahen viel fern und lagen nach dem Frühstück den halben Tag im Bett, und oft standen sie erst auf, kurz bevor Sofie nach Hause kam. Um Nurit und sich selbst die Zeit zu vertreiben, hatte Motti – nachdem sie zum Spielen ohnehin fast nie die Kraft hatte – wieder einmal damit angefangen, ihr die Geschichten zu erzählen, die er sich einst in den Monaten vor ihrer Geburt für sie ausgedacht hatte. Er erzählte ihr von dem Papagei, der zum Mond flog, von dem kleinen Kran, der nicht immer nur auf einer Stelle herumstehen wollte, von den zwei Zwillingsmädchen, die nicht zusammen aufwachsen durften, aber trotzdem wussten, dass es die andere gab und was sie gerade machte. Er erzählte ganz langsam und geduldig und mit viel Herz, doch es hatte wie immer keinen Sinn. Sie hörte ihm zwar zu, aber wenn er sie hinterher fragte, woran sie sich noch erinnern könne, wenn er sie aufforderte, ihm seine Geschichten in ein paar Sätzen nachzuerzählen, brachte sie keinen Ton heraus, sie drehte den Kopf müde auf die Seite und machte, solange er auf sie einredete, einfach die Augen zu. Er selbst wusste bis heute alles über Bubtschik und seine Abenteuer, über die schwarzhäutigen Rieseneskimos, die bucklige Prinzessin und das Paradies der Plüschtiere, er konnte sich nach Jahren noch bis in jede Einzelheit an Abas Geschichten erinnern – aber sie hatte schon ein paar

Minuten später ein gähnendes schwarzes Loch in ihrem kleinen süßen Kopf. Ab und zu wurde er darum furchtbar wütend auf sie, so wütend, dass er aus dem Bett aufspringen, ins Badezimmer laufen und sein Gesicht mit kaltem Wasser vollspritzen musste, um sich zu beruhigen – nur einmal hatte er nicht rechtzeitig gemerkt, dass es gleich losgehen würde, und da war es bereits zu spät gewesen. Sie hatte sich nicht gewehrt, sie hatte tapfer seine Schläge erduldet, und als er hinterher weinen musste, war sie, obwohl sie Schmerzen hatte, im Bett zu ihm gekrochen, sie hatte sich an seine Seite geschmiegt, sie hatte sich wie eine Frau über ihn gebeugt, sie hatte versucht, mit ihren kleinen, warmen, ungeschickten Fingern seine Tränen wegzuwischen, und dabei hatte sie ihn mit ihrer brüchigen, kranken Stimme fast unhörbar getröstet, so schön und so lange, bis er ihrem Werben einfach nicht mehr widerstehen konnte. Ein anderes Mal – er hatte zuerst vergeblich versucht, mit ihr Memory und Temposchnecke zu spielen und sich danach den halben Nachmittag lang damit abgequält, mit ihr Lesen zu üben – war seine Hand auch schon nach oben geschnellt, aber dann kam ihm die Hand so schwer und fremd und gefährlich vor wie eine Axt oder ein Knüppel, und so senkte er sie langsam wieder, erschrocken über sich selbst. Sie konnte doch gar nichts dafür, dachte er plötzlich, dass sie in dem Alter, in dem er selbst als Kind ganze Bücher gelesen hatte, für jede Silbe und jedes Wort eine halbe Ewigkeit brauchte, es war nicht ihre Schuld, dass sie unfähig war, sich seine Geschichten zu merken, es lag nicht an ihr, dass sie auf jede Aufgabe, die er ihr stellte, mit noch größerer Scheu und Verunsicherung reagierte. In Wahrheit war sie gar nicht so stumm und lustlos und langsam, wie es schien – sie wuchs bloß nicht dort auf, wo sie aufwachsen sollte, und sie sprach eine Sprache, die nicht die ihre war. Er hatte sich das alles schon sehr oft überlegt. Das heißt, eigentlich hatte er den Gedanken daran, dass es zwischen diesen Dingen einen Zusammenhang geben musste, sonst sofort wieder unterdrückt und vergessen, aber jetzt wollte er ihn einmal zu Ende denken. Was, überlegte er, wäre denn zum Beispiel aus Sofie geworden, wenn sie, warum auch immer, statt bei ihren strengen und stillen Eltern bei seinen zügellosen und lauten Eltern groß geworden wäre, in seinem zügellosen und lauten Land? Kein vollkommen anderer Mensch vielleicht, aber zumindest eine andere, eine selbstbewusstere, eine wachere Sofie, die wissen würde, dass es manchmal einfacher war, die Frechheiten und Forderungen der Leute mit eigenen Frechheiten und Forderungen zu beantworten, statt wochenlang stumm unter ihnen zu leiden – und dass für die Liebe am Ende genau dasselbe galt. Sie tat ihm schon lange leid, weil sie das nicht konnte, sie, die er früher eben wegen ihrer stillen, zurückhaltenden Art so bewundert hatte. Sie tat ihm nun genauso leid wie die Mütter auf dem Spielplatz in der Tengstraße, denen er manchmal dabei zuhörte, wenn sie sich, gerade aus dem Urlaub irgendwo im Süden zurückgekehrt, die kantigen Gesichter so braungebrannt wie afrikanische Kriegerinnen, in diesem nüchternen, leidenschaftslosen Ton von Wissenschaftlerinnen darüber unterhielten, wie gut sie es in Italien oder Spanien oder Griechenland gehabt hatten und wie sehr sie darunter litten, wieder zu Hause zu sein, hier, in dieser schrecklichen Kälte, wo sich ständig alle nur gegenseitig das Leben schwer machten und wo man darum nie zu etwas Lust hatte. Im nächsten Moment sah eine von ihnen zum Sandkasten oder zum Klettergerüst hinüber und rief »Nun ist aber genug, mein Fräulein!« oder »Lass man besser!«, worauf eines der Kinder so ängstlich-wütend aufschaute wie ein Hund in seinem Zwinger und Motti für einen Moment das Blut in den Adern gefror. Einmal wollte er sich schon in ihr Gespräch einmischen, einmal hätte er sie fast gefragt, warum sie die Wärme immer nur im Süden suchten und wieso sie sich dann nicht zumindest für ihre Kinder einen italienischen, spanischen oder griechischen Vater ausgesucht hatten, doch er ließ es sein – es wäre eine dumme Frage gewesen, außerdem taten sie, obwohl er hier schon häufiger neben ihnen gesessen hatte, bis heute so, als hätten sie ihn noch nie zuvor gesehen. Aber was, dachte Motti plötzlich wieder, hatte das alles überhaupt damit zu tun, dass seine Prinzessin die meiste Zeit vor sich hindämmerte, dass sie ständig schwach und abwesend war, dass sie beim Memoryspielen, wenn er sie denn einmal dazu überreden konnte, wirklich nie die richtige Karte umdrehte, dass sie jede Schachfigur für einen Bauern hielt und jedesmal wie eine Tote neben ihm niedersank, wenn er von ihr eine Geschichte hören wollte? Er wusste es nicht, er hatte in Wahrheit absolut keine Ahnung, er wusste nur, dass sie seine Tochter war, die Tochter eines echten Südländers also, und das musste doch eigentlich reichen, um etwas mehr Interesse am Leben zu haben, das musste genügen, um nicht so zu werden wie alle anderen hier. Aber es genügte eben nicht – denn das, was er ihr geben wollte, nahm sie nicht an, und das, was er ihr hätte geben können, verhinderte Sofie. Warum ließ sie ihn eigentlich nicht mit seiner Buba im Sommer für ein paar Monate, für ein paar Wochen zu seinen Eltern fahren? Warum machte sie, wann immer er das Thema aufbringen wollte, ein solches Gesicht, dass er sofort wieder verstummte? Und wieso durfte er nicht zumindest Hebräisch mit Nurit sprechen? Er wusste, wie es war, wenn zu Hause in einer Sprache geredet wurde, die man nicht verstand, er kannte das von seinen Eltern, die sich früher wegen ihm ab und zu miteinander auf Deutsch gestritten hatten, und eben weil er sich dabei so dumm und ausgeschlossen vorgekommen war, hatte er ihnen immer ganz genau zugehört, bis die fremden Worte für ihn keine fremden Worte mehr waren. Eines Tages dann, es ging mal wieder um eine von Abas Schauspielerinnen, platzte er plötzlich selbst in seinem aufgeschnappten Kinderdeutsch heraus, er sei zu jung, um solche Gespräche mit anzuhören, worauf sie sehr stolz waren auf ihn und zugleich erleichtert, weil sie endlich die verhasste Muttersprache für alle Zeiten abhaken konnten. Aber wovor, dachte Motti, hatte Sofie überhaupt Angst? Welche Geheimnisse konnte er mit einem kleinen Kind vor ihr haben? Schon als Nurit ein Baby gewesen war, hatte sie es nicht ausgehalten, wenn er sie im Wohnzimmer herumtrug und ihr vor dem Einschlafen Numi, Numi oder Das Mädchen vom Kinneret vorsang, seine alten Kinderlieder. Sofie hatte zwar nie etwas gesagt, aber das musste sie auch gar nicht, es reichte ihm schon, dass sie dann sofort den Raum verließ und für den Rest des Abends seinen Blicken und Berührungen auswich. Erst später im Bett, nachdem sie beide das Licht gelöscht und sich voneinander so weit wie möglich weggedreht hatten, rückte sie nach ein paar Minuten ganz nah an ihn heran, sie nahm seinen Arm und legte ihn um ihren Hals, sie verkroch sich förmlich in seiner Umarmung, und als er sie fragte, was mit ihr los sei, sagte sie, sie sei schon wieder so traurig, ohne zu wissen warum, er solle ihr jetzt auch ein Lied vorsingen, aber eins, das sie kannte. Meistens versuchte er es mit Yesterday oder mit Bridge Over Troubled Water und manchmal auch mit der Ode an die Freude, doch sie wollte fast immer nur irgendwelche deutschen Kinderlieder hören, die wiederum er nicht kannte. Also sang Sofie sie ihm mit ihrer amateurhaften Opernstimme kurz vor, damit er sich Melodie und Text merkte, und während er dann leise und stockend Guten Abend, gut' Nacht oder Der Mond ist aufgegangen in ihr warmes Ohr summte, überlegte er, dass er mit ihr, sobald sie sich einmal wirklich gut fühlte und stark genug dafür war, die ganze Sache offen besprechen sollte. Doch dazu kam es nie, jedenfalls nicht richtig. Eine günstige Gelegenheit für dieses Gespräch, auf die er so lange wartete, ergab sich einfach nicht, immer war etwas mit Sofie, immer war sie mit dem Herzen und ihren Gedanken auf der Kippe, zuerst wegen des Artikels für Kindermanns Sammelband, danach war sie wochenlang aufgeregt, weil der Professor ihr eine Aussprache zugesagt hatte, deren Termin er aber ein ums andere Mal verschob. Gleichzeitig rückte der Abgabetermin für die Dissertation näher, an der sie von morgens bis nachts saß, und als Kindermann schließlich die Arbeit ablehnte, war sie ohnehin zu nichts zu gebrauchen. Tag für Tag lief sie allein durch München, bei Regen und Schnee, sie sah, wenn sie sich ausnahmsweise einmal beim Abendessen blicken ließ, durch ihn und Nurit hindurch, sie aß fast gar nichts mehr und nahm noch mehr ab. Kaum hatte sie bei dem Verlag angefangen, war sie noch häufiger weg als früher, und alles, worüber sie sprechen konnte, waren ihre beiden Kolleginnen aus der Pressestelle, die ständig gegen sie intrigierten und sie beim Verleger und den Journalisten schlecht machten. Dass Motti schließlich im allerfalschesten Moment mit dem Thema anfing, an dem ihm so lag, war dann wirklich nicht ihre Schuld gewesen. Sie hatten eines Vormittags in der Amalienstraße vor ihrer Haustür gestanden, er wollte gerade mit Nurit ins Adria gehen, während Sofie kurz aus dem Verlag zurückgekommen war, weil sie mal wieder ihr Adressbuch vergessen hatte, als plötzlich Itai neben ihnen auftauchte, sein alter Chef. Itai beachtete Sofie überhaupt nicht, und Motti sah er ebenfalls kaum an, während er ihm lachend erzählte, dass er seine Frau wegen einer Schickse verlassen hatte und darum also immer noch hier war. Er hatte nur Augen für Nurit, und schließlich beugte er sich vor zu ihr, aber noch bevor sie Zeit hatte zu erschrecken, hatte er nach ihrem Händchen gegriffen, er murmelte auf Hebräisch, die hohe, scheppernde Fernsehstimme von Pluto, dem Kibbutzhund, nachahmend, die Oma hätte Brei gemacht, süßen, leckeren Brei, er rührte in ihrer Handfläche herum, er tippte jeden ihrer Finger an, er sagte, dem hätte sie gegeben und dem und dem, nur dem einen nicht, worauf seine Hand blitzschnell an Nurits Ärmchen hochschoss, bis zu ihrer Achsel, und da begann er sie auch schon zu kitzeln, worauf in ihrem schmalen Gesicht ein seliges Lachen erschien, das Motti bei ihr nie vorher gesehen hatte, es explodierte hell in ihren beschlagenen müden Augen und jagte, in immer neuen Wellen, zwischen ihrem Mund und den Augen hin und her. Als Itai, nachdem er Nurit überall abgeküsst, Motti auf die Schulter geklopft und an Sofie dünn lächelnd vorbeigesehen hatte, wieder gegangen war, passierte es dann. Motti packte Sofie, die schon in der Haustür stand, wie eine Diebin am Arm und sagte: »Du könntest es ja auch lernen ...« »Was?«, fragte sie erstaunt. »Hebräisch.« »Ich habe schon genug gelernt«, sagte sie. »Aber ich könnte es doch wenigstens mit ihr sprechen«, sagte er leise, doch da hatte sie sich bereits umgedreht und war in der Tür verschwunden. Damit war das Thema für immer vorbei gewesen, er brachte es nie mehr auf, und sie fragte auch nicht nach, und obwohl er manchmal überlegt hatte, Nurit heimlich zumindest ein paar Worte und Sätze beizubringen, ließ er es sein. Es wäre Sofie gegenüber nicht fair gewesen, vor allem aber war die Gefahr zu groß, dass Nurit eines Tages plötzlich vor ihr auf Hebräisch losgeredet hätte, und was mit Sofie in einem solchen Moment passiert wäre, wollte er sich lieber gar nicht erst vorstellen. Außerdem, er hätte dann die Reise nach Israel ein für alle Mal vergessen können, diese Reise, von der er schon so lange träumte, von der er sich gerade für Nurit so viel versprach, denn er ahnte und hoffte ja, dass sie dort endlich zu sich fände – dort, wo sie zum ersten Mal in ihrem Leben den warmen Geruch von Oleander und Nana in der Luft riechen würde, wo sie Kindern begegnen würde, die sich nicht voreinander fürchteten, wo sie von morgens bis abends in Gesichter von Menschen blicken könnte, in denen jedesmal eine andere Geschichte geschrieben stand. Nein-nein-nein, er war sich sogar ganz sicher, dass sie in dem Land, in dem er geboren war, sofort aufleben würde, so wie ein im Zoo großgezogenes, apathisches Tier, das eines Tages an derselben Stelle freigelassen wird, an der einst seine Eltern gefangen worden waren. Was hatte Sofie überhaupt gegen die Reise? Er hatte keine Ahnung, sie hatten nie darüber geredet, und er dachte jetzt nur, sie war doch damals selbst, als sie sich kennengelernt hatten, in Israel gewesen, sie wusste also, wie es bei ihm zu Hause war, es gab keinen Grund für sie, sich vor etwas zu fürchten, und wenn man es wirklich genau nahm, war es seit ihrem G'iur doch auch ihr Zuhause. Im übrigen musste sie gar nicht mitkommen, wenn sie nicht wollte, es hätte genügt, wenn Nurit und er allein gefahren wären, damit endlich alles in Ordnung kam. Eben das, so hoffte er, würde sie eines Tages begreifen, ja, sie würde es ihm dann von selbst vorschlagen, ohne dass er darum betteln, ohne dass er es überhaupt ansprechen müsste. Er durfte bis dahin nur keinen Fehler machen und hatte geduldig zu warten, so schwer es ihm auch fiel... Wie auch immer, zunächst mussten sie ohnehin erst einmal diese merkwürdige, unklare Zeit überstehen, sie mussten aus dieser Katastrophe, von der niemand sagen konnte, wie schlimm sie wirklich war, einigermaßen heil und gesund herauskommen, bevor irgendetwas anderes überhaupt wieder eine Rolle spielen konnte. Nein – natürlich glaubte er nicht, dass ihnen schon morgen die Hände und Füße abfallen würden oder dass das Blut, von den fernen Tschernobylstrahlen erhitzt, plötzlich in ihren Adern zu kochen anfinge wie Teewasser. Er war sich auch sicher, dass selbst Sofie tief in ihrem Innersten nicht wirklich damit rechnete, es könnte ihr etwas passieren. Aber trotzdem musste man vorsichtig sein, vor allem wegen der Kleinen, und vielleicht war es eben dieses permanente Achtgeben, dieses ständige, kleinliche

Abwägen, welche Nahrungsmittel noch in Ordnung waren und welche nicht, vielleicht war es dieses dauernde Herumrätseln, ob sie gerade für ein paar Minuten zum Einkaufen rausgehen konnten, vielleicht war es auch seine ewige Sorge wegen des Eimers auf dem Küchenbalkon, was ihn so aufregte und in immer größere Unruhe versetzte. Dazu kam Nurits täglich wachsende Reglosigkeit, die er – je öfter sie beim Spielen, Malen oder Zuhören versagte, je häufiger sie vor seinen Augen wie eine Kranke einfach wegdämmerte – zusehends mit diesen merkwürdigen, unberechenbaren, unsichtbaren Strahlen dort draußen in Verbindung brachte. Dabei hatten sie in Wahrheit bestimmt ebenso wenig damit zu tun wie mit dieser verdammten Stimmbandentzündung, von der sie nie richtig genesen war und die seine Nerven zur Zeit zusätzlich auf die Probe stellte. Sicher, er hatte sich bis jetzt halbwegs im Griff gehabt, doch wusste er selbst nicht, wie lange das noch gut gehen würde, und am allerschlimmsten war für ihn, dass er wegen des Gaus ununterbrochen in dieser Wohnung hocken musste, die er nie wirklich gemocht hatte. Nun, da ihm wie einem Gefangenen in seiner Zelle plötzlich jedes Detail darin bewußt wurde, begriff er zumindest endlich, warum: Alles hier, der graubraun gesprenkelte Teppichboden mit den vielen Flecken, die weißen Klappstühle und der kleine, ewig wackelnde Aluminiumtisch in der Küche, das billige weiße Ledersofa im Wohnzimmer, das New-York-Plakat in dem Silberrahmen im Flur, der mit Sunilblumen beklebte Spiegelschrank im Schlafzimmer – alle diese Dinge hatten nichts zu tun mit ihm, er wusste nicht einmal, wie sie hierher gekommen waren, er hatte es, obwohl er sie zusammen mit Sofie gekauft haben musste, einfach vergessen. Vielleicht fiel ihm deshalb jetzt der alte, zerkratzte Schachtisch ein, den er damals mit Eli auf dem Flohmarkt in Yaffo im selben Moment entdeckt hatte, und er erinnerte sich nun auch, wie

Eli, noch bevor er selbst reagieren konnte, bereits sein Geld herausgezogen hatte, aber hinterher, im Bus, hatte er ihn Motti geschenkt, und so stand der Tisch, auf dem sie später noch oft Schach gespielt und Gras und Haschisch in ihren Tabak gemischt hatten, bis heute in der Wohnung seiner Eltern, in seinem alten Kinderzimmer... Ob es eigentlich allen anderen in dieser Stadt gerade genauso ging wie ihm? fragte Motti sich plötzlich. Ob sie, seit Wochen eingesperrt in ihren Wohnungen, allmählich auch schon nicht mehr wussten, wohin mit ihren Gedanken, und sich wegen jeder Kleinigkeit die Köpfe zermarterten? Er sah aus dem Fenster, an der Balkonbrüstung vorbei, auf die fast leere Amalienstraße. Normalerweise war sie um diese Zeit, wenn die ersten Seminare anfingen, bereits stark belebt, aber nun ließ sich hier – wie seit Wochen – kaum jemand blicken. Die Morgensonne, nach den Gewittern der letzten Tage das erste Mal wieder draußen, schien so wütend und grell, als wolle sie die verlorene Zeit aufholen, sie hatte die Bürgersteige getrocknet, nur hier und da gab es noch große, schwarz schimmernde Flecken auf dem schlecht asphaltierten Fahrdamm, und die Schatten der wenigen Passanten waren ganz lang und dünn, wie die Figuren eines berühmten Bildhauers, dessen Name Motti jetzt nicht einfiel. Er hatte langsam wirklich genug von seiner Grübelei. Früher hatte er doch auch nicht immer und immer wieder sein Leben in tausend Einzelteile zerlegt wie ein pubertierendes Mädchen. Er wollte gerade damit anfangen, sich zu fragen, woher das kam, doch dann fiel ihm ein, dass es so nie aufhören würde, und er hielt den Strom seiner Gedanken mittendrin an, und das war sehr schön. Er lächelte erleichtert, lehnte sich mit vorgezogenen Schultern an die Balkontür und drückte wieder die Stirn gegen das Fensterglas, das inzwischen ganz warm geworden war von der Sonne, und dabei überlegte er, dass die Sonne an diesem Morgen vielleicht deshalb so überhell leuchtete, weil die gesamte Atmosphäre bereits völlig mit Radioaktivität verseucht war. Schon wieder, dachte er wütend, schon wieder ließ er sich von seinen Kleinmädchengedanken in die falsche Richtung treiben, so als ob das Nachdenken immer nur das eine einzige Ziel hatte, allem Schlechten und Deprimierenden auf die Spur zu kommen. Wenn überhaupt, dann musste es gerade andersherum sein, und genau das, beschloss er, würde er jetzt üben. Er musterte, wieder lächelnd, den schwarzen Plastikeimer. Er würde ihn so lange ansehen, bis ihm absolut nichts mehr dazu einfiele, bis er aufhören würde, sich zu fragen, woher das Regenwasser kam, das sich in dem Eimer angesammelt hatte, bis er keine Lust mehr hätte, sich ständig diese strahlend grauen, raumschiffgroßen Cäsiumwolken vorzustellen, wie sie von der fernen Ukraine bis hierher trieben, nur um sich genau über ihrem Haus zu ergießen, bis er das Bild des aufgeschlitzten schwarzen Reaktors für immer in seinem Kopf gelöscht hätte. Und dann endlich würde er die Balkontür aufmachen, er würde auf den Balkon hinaustreten, er würde den Eimer hochheben und das Wasser mit einem einzigen Schwung auf die Straße kippen... Ja, es war wirklich an der Zeit! Seit Wochen hatte er, ob er es wollte oder nicht, Angst vor diesem lächerlichen Eimer, er hatte tatsächlich Angst vor diesen paar Litern Regenwasser, so als hätte er in seinem Leben sonst nichts durchgemacht, was gefährlich gewesen wäre, so als wäre er damals nicht hinter Tyros zwei Nächte lang von seiner Einheit abgeschnitten gewesen, als wären nicht am Kar-Un-See zwei seiner Leute direkt vor ihm von tschechischen Minen wie Muppetfiguren durch die Luft geschleudert worden, als hätte Muamar niemals versucht, Eli und ihn hereinzulegen. Er war, dachte Motti wie schon hundertmal vorher, gar nicht angekettet gewesen, dieser Hurensohn, das war nur ein Trick, und als sie ihn losmachen wollten, sprang er sie an, er riss sie beide zu Boden, er klammerte sich so fest an sie mit seinen dünnen, stählernen Armen wie eine Maschine, er roch nach säuerlichem Schweiß und süßem Blut, und erst viel später fragte sich Motti, wie er gleichzeitig seine Granate zünden wollte...

»Ist da draußen etwas?«

Motti drehte sich um. Hinter ihm, in der Tür, stand Sofie. Sie war nackt, und sie hielt, wie fast immer, wenn sie nackt war, die Arme vor ihren Brüsten verschränkt. Sie waren nicht mehr so groß wie früher, aber sie genierte sich offenbar noch immer für sie. Jedesmal, wenn sie so dastand, musste er an die Fotos denken, auf denen die entkleideten polnischen Frauen zu sehen waren, während sie vor den Erschießungsgruben auf die erste Salve warteten. Er hatte es nie erwähnt, denn sie hätte es bestimmt falsch verstanden.

»Ist da draußen etwas?«

»Gar nichts«, sagte Motti, »nur ein schöner Tag.« Er bewegte sich nicht und hoffte, dass sie ihn gleich von hinten umarmen und ihren vom Schlaf warmen Körper gegen seinen Rücken pressen würde.

»Wirklich, ja?«, sagte sie ungläubig.

»Ja.«

Sofie machte aus dem Zwielicht des Flurs heraus einen Schritt in die sonnendurchflutete Küche. In dem orangen, fast bräunlichen Licht nahm ihre weiße Haut sofort eine dunklere Färbung an, und Motti fragte sich, ob sie, wenn sie sich nur lange genug sonnte, richtig braun würde oder einfach nur rot. Leider waren sie bis jetzt noch nie zusammen am Meer gewesen, und als er letzten Sommer ein paarmal mit Nurit ins Ungererbad gegangen war, wollte Sofie nicht mit, weil sie sich vor Schwimmbädern ekelte, außerdem hatte sie sowieso keine Zeit gehabt.

»Von hier kann man den Tag besser sehen«, sagte Motti und blickte wieder auf die Amalienstraße hinaus. Er wartete stumm, und als er schon dachte, dass sie es nicht tun würde, umklammerte sie ihn plötzlich von hinten, er spürte ihre Brüste an seinem nackten Rücken, ihre Schamhaare kitzelten ihn im Kreuz, und es überraschte ihn einmal mehr, dass sie nicht so schwer war wie früher.

»Hast du auch so schrecklich geschlafen?«, sagte sie.

»Nein.«

»Wir stecken uns an damit.«

Er antwortete nicht.

»Du hast dich tausendmal umgedreht heute Nacht. Und ich bin jedesmal aufgewacht davon.«

»Ich weiß nicht. Ich bin nur einmal wegen ihr aufgestanden.«

»Das war mehr als einmal.«

»Es tut mir leid.«

»Du hast Recht«, sagte sie nach einer kurzen Pause. »Es ist wirklich ein schöner Tag. Ein richtiger Sommertag.«

»Ja.«

»Und ich muß schon wieder arbeiten ...«

Motti zögerte. Er wusste, dass er es besser nicht tun sollte, aber er tat es trotzdem. »Seit du dort angefangen hast«, sagte er, »hast du noch kein einziges Mal Urlaub gemacht.« Und weil sie nicht sofort antwortete und es jetzt auch schon egal war, fügte er entschlossen hinzu: »Wir könnten doch alle zusammen zu meinen Eltern nach Israel fahren ...«

»Warum frühstücken wir heute nicht zu dritt?« sagte sie fröhlich. »Auf dem Balkon ... So bald wird es ja nicht wieder regnen.«

Motti spannte alle Muskeln an, um den plötzlichen, heißen Schlag gegen seinen Bauch auszuhalten. Dann sagte er, damit sie seine Wut nicht bemerkte, so ruhig wie möglich: »Du mußt doch bestimmt gleich weg.«

»Ich gehe eben später. Einmal ...«

»Besser nicht.«

»Warum? Wollt ihr mich nicht haben?«

»Natürlich wollen wir dich haben – aber wir wollen auch, dass du keine Schwierigkeiten kriegst.«

Sie holte stumm Luft, sie atmete ein paar Mal tief ein und aus, und dann sagte sie: »Ich lass mich von denen doch nicht völlig verrückt machen ...«

»Also gut«, sagte Motti mit einer fast kalten, tonlosen Stimme, und er spürte, wie die Wut in einer großen Welle wieder zurückkam, sie war heiß und schön, und es gab keinen Grund mehr, gegen sie anzukämpfen. »Frühstücken wir draußen. Ich muß nur irgendwas mit dem Eimer machen.« Er löste sich aus Sofies Umklammerung, drückte schnell die Aluminiumklinke herunter und trat auf den Balkon. Er hatte Angst, aber das war ihm egal, und für eine Sekunde vergaß er seine Angst sogar, weil er so überrascht war von der Stille, die draußen auf der Straße herrschte.

Sofie sah ihm verwundert hinterher. Erst als er den Eimer bereits hochgehoben hatte und ein, zwei Schritte auf sie zugegangen war, begriff sie, was los war. »Bleib stehen!« schrie sie. »Du bist ja völlig verrückt geworden!«

Er stellte den Eimer sofort wieder ab.

»Wo willst du hin damit?!«

»Ins Bad.«

»Das glaube ich nicht«, sagte sie leise, und Motti war sich sicher, dass sie gleich weinen würde. »Ich glaube das einfach nicht ...« Sie rutschte, die Arme immer noch über der Brust gekreuzt, auf den Boden und versank in einem mißglückten Schneidersitz. Ihr linkes Bein war seitlich abgeknickt, sie drückte den Kopf fast gewaltsam zwischen die Schultern, die so verdreht waren wie bei einer achtlos liegen gelassenen Kinderpuppe. Sie schluchzte und redete mit sich selbst, sie jammerte und fluchte, und dann plötzlich sah sie hoch zu ihm, aber in ihrem Gesicht war keine einzige Träne. »Wie lange steht er schon dort?«, sagte sie.

»Ich weiß nicht.« Er warf mit einer gespielten Gleichgültigkeit den Kopf nach hinten. »Zwei Wochen ... Vielleicht auch drei.«

»Drei Wochen«, wiederholte sie höhnisch.

»Ja«, sagte er, »wieso?«

»Weil das unser Ende ist, verstehst du!«, schrie sie ihn an, sie schrie diesen Satz immer und immer wieder, und was hinterher geschah, nachdem sie erneut verstummt war, hatte Motti bereits erwartet. Sie erhob sich, ohne ihn ein zweites Mal anzusehen, und ging hinaus, zuerst langsam, aber dann immer schneller, sie rannte ins Badezimmer, sie schlug die Tür hinter sich zu, und da hörte er auch schon, wie sie den Medizinschrank aufriss und im nächsten Moment hektisch in ihrem Notnecessaire zu kramen begann. Er wusste, sie wartete darauf, dass er ihr folgte, und als er ein paar Minuten später vorsichtig die Tür zum Badezimmer öffnete, sah er sie auf dem Badewannenrand sitzen, überall waren die Schachteln mit den Schlaftabletten verstreut, die sie seit Jahren hortete, sie hielt eine von ihnen hoch und murmelte leise und verzweifelt etwas vor sich hin. Doch statt die Schachtel, wie sonst immer, wortlos Sofies zusammengekrampften Fingern zu entwinden, statt den Arm um sie zu legen und sie zu trösten, machte Motti gleich wieder kehrt und schloss die Badezimmertür. Er weinte, und die Tränen, die ihm übers Gesicht flossen, waren so heiß und giftig wie seine ganze Wut und Verzweiflung, und weinend drückte er auch die Klinke der Tür zu Nurits Zimmer herunter und trat neben ihr Bett. Er betrachtete sie einen Moment lang dabei, wie sie, auf der Seite liegend, stumpf die weiße Wickelkommode unterm Fenster anstarrte, dann zog er seine Pyjamahose aus, er legte sich neben sie, er sagte, sie würden jetzt miteinander das Trösterchenspiel spielen, und als sie schon kurz darauf fröhlich lächelnd auf ihm saß, voller Leben und Sehnsucht, verschwand mit seinen Tränen sofort auch seine Wut, und die Wut löste sich von ihm so luftig und leicht wie der Hut vom Kopf eines Stummfilmhelden, der an einem Hochhaus entlang in die Tiefe purzelt...

»An fast allen ist das Datum abgelaufen«, hörte Motti plötzlich Sofie traurig sagen, er erkannte, hinter Nurits Körper, ihr weißes Gesicht in der Tür, und dann sagte sie auch noch »Entschuldigung« und verschwand wieder im Flur.

# Trauer und Melancholie

Edward Hopper, Zimmer in Brooklyn, 1932

**Melancholie** [griech., eigtl. ›Schwarzgalligkeit‹, zu mélas ›schwarz‹ und cholē ›Galle‹] *die*, psych. Verfassung (endogene, körperlich nicht begründbare Depression), die vor allem durch traurige Verstimmung, Willens-, Denk- und Antriebshemmung und ein Gefühl der inneren Leere gekennzeichnet ist. – Begriffsgeschichtlich ist zu unterscheiden zw. M. als Krankheit und dem Melancholiker als Typus, neben dem Sanguiniker, Choleriker und Phlegmatiker eines der traditionellen ›vier Temperamente‹.

**Trauer**, das schmerzliche Innewerden eines Verlustes von Dingen, Lebensumständen und vor allem von Personen (durch den Tod), zu denen Sinnbezug und Bindung bestanden haben, sowie die damit zusammenhängenden Ausdrucksphänomene. T. bzw. traurige Gestimmtheit (Traurigkeit) zeigt sich auf vielfältige Weise in Gesichtsausdruck, Körperhaltung und Verhalten, zum Beispiel in stiller Zurückgezogenheit, in Weinen, Langsamkeit der Bewegungen, auch Appetitlosigkeit, Beeinträchtigung des Schlafes, Unempfänglichkeit für andere Gefühle, Eindrücke, Interessen u. a.

Claudia Frank

# Die Trauer und ihr melancholischer Kern bei Veränderungserfahrugen
## Trauerarbeit als Chance für gelebte Humanität

»... der normale Mensch [ist] nicht nur
viel unmoralischer, als er glaubt,
sondern auch viel moralischer,
als er weiß ...«

*Freud*, 1923

Trauer und Melancholie: Große Gefühle? Die Wahl des Rahmenthemas »Große Gefühle« schlägt vor, Trauer und Melancholie als solche zu diskutieren. Ich möchte die These vertreten, dass dadurch einerseits auf die zentrale Bedeutung von Verlusterfahrungen und melancholischen Prozessen im menschlichen Leben angespielt wird, ja diese geradezu herausgehoben werden soll. Andererseits gerät zugleich das eigentliche Wesen von Trauer und Melancholie, ihre schmerzliche Qualität und die damit verbundene innerlich zu leistende seelische Arbeit tendenziell aus dem Blick. Damit wäre im gewählten Titel »Große Gefühle« etwas eingefangen, was der Trauer inhärent ist – das Wissen um ihre Notwendigkeit und ein »begreifliches Sträuben« (Freud, 1917) dagegen. Inwieweit schließlich die Anerkennung der Notwendigkeit von Trauerarbeit obsiegt oder ob das Sträuben, die »halluzinatorische Wunschpsychose« (Freud, 1917), die Propagierung der Vermeidbarkeit von Trauerarbeit bis hin zu ihrer Verächtlichmachung die Oberhand gewinnt, ist entscheidend für die individuelle Entwicklung, darüber hinaus aber auch für die gesellschaftliche.

Um es schlagwortartig zusammenzufassen: Von Beginn unseres Lebens an erleben wir immer und immer wieder innere und äußere Veränderungen. Diese gehen jeweils einher mit Verlusterfahrungen – wir verlieren den früheren Zustand, wir verlieren Beziehungen, die wir in unterschiedlichem Ausmaß geliebt und gehasst haben. Auf diese Verluste reagieren wir unwillkürlich auch mit Ablehnung und Hass, nicht nur wenn es sich um unerwünschte Veränderungen handelt, sondern auch bei Veränderungen zum Guten. Wir fühlen uns in unterschiedlichem Ausmaß ohnmächtig, da wir die Veränderung nicht verhindern konnten, sie nur hinnehmen können, wir vermissen das Verlorene schmerzlichst, wir fühlen uns schuldig, aktiv und/oder passiv den Verlust (mit) herbeigeführt zu haben, wir müssen uns ob der Illusion, in der wir gelebt haben, schämen und ähnliches mehr. Gelingt es uns, die Gefühle von Ohnmacht und Schmerz, von Schuld und Scham zu durchleben, sie unbewusst und bewusst durchzuarbeiten, so können wir darin eine Art Trauerarbeit leisten, die zu einem Mehr an Verantwortungsfähigkeit führt. Gelungene Trauerarbeit bedeutet ein Stück gelebte Humanität – Mitgefühl, Ambivalenztoleranz, Schuldtoleranz, Wiedergutmachungsfähigkeit und Entwicklung von historischem Bewusstsein.

Veränderungen können uns aber auch unerträglich erscheinen – bestimmte Verlusterfahrungen, die zum Beispiel mit einschneidenden Kränkungen unseres Selbstgefühls einhergehen können, oder Veränderungen, die uns so schuldig (bewusst oder auch unbewusst) fühlen lassen, dass sie einen untragbaren Zustand bedeuten. Wir werden in solchen Situationen alles tun, dieses schmerzliche, dieses bedrohliche Gefühl aus der Welt zu schaffen. Wir werden es mit Verleugnung in der einen oder anderen Form versuchen – so tun, als ob nichts geschehen sei. Wir werden aber gegebenenfalls auch zu massiveren Mitteln greifen, wenn wir es mit Unerträglichem zu tun haben – wir werden es nachhaltig zu zerstören suchen. Wir können hierfür Zuflucht zu einer psychischen Organisation in den unterschiedlichsten Formen nehmen – zu einem inneren Objekt, das ein schmerz- und schuldloses Leben verspricht. In mehr oder weniger subtiler Form wird diese psychische Organisation die Idee einer Trauerarbeit für überflüssig erklären, sie wird sie als Schwäche auslegen, sie wird sie lächerlich machen und ähnliches mehr. Dies ist gleichbedeutend mit der Vernichtung des Humanen. Eigenem und fremdem Leiden wird nicht mehr mit Empathie und Verantwortungsgefühl begegnet. Ambivalente Einstellungen und Schuldgefühle haben als untragbare Zustände keinen Platz mehr. Die Konsequenzen für die individuelle und gesellschaftliche Entwicklung sind entsetzlich. Eine Katastrophe, die mit dieser Art Unmöglichkeit zu trauern verknüpft ist, haben wir mit der Vernichtung der europäischen Juden durch Nazi-Deutschland erlebt.

Beide Möglichkeiten – die Verlusterfahrung zu betrauern sowie die Verlusterfahrung zu vernichten – sind in jedem von uns angelegt. Neben den Umständen der individuellen Entwicklung beeinflussen die Staatsform, die gesellschaftlichen Institutionen, wie weit es gelingt, den zerstörerischen Einflüssen ausgesetzt zu sein und ihnen doch zu widerstehen. Die Chance, die Fähigkeit zur Trauerarbeit zu entwickeln, wird zum einen von unserer Ausstattung abhängen, mit der wir auf die Welt kommen – beispielsweise kann die Frustrationstoleranz unterschiedlich ausgeprägt sein. Zum anderen wird sie davon abhängen, wie weit uns unsere unmittelbaren Bezugspersonen als im Kern eigenständige Wesen behandeln können, uns in unserer Eigenart respektieren und sich zugleich sorgen und kümmern ohne wiederum ihrerseits auf Eigenständigkeit zu verzichten. In einer Diktatur beispielsweise wird dies dem Einzelnen aus äußeren und inneren Gründen schwerer gemacht – ich kann dieses komplexe Geflecht hier nur sehr verkürzt umreißen.

Die Bedingungen der Ermöglichung ausreichender Trauerarbeit müssten demnach einen wichtigen Raum im gesellschaftlichen Denken und Handeln einnehmen. Das ist nicht der Fall. So hat bereits Philippe Aries in seiner Monographie »Geschichte des Todes« festgehalten, dass die Einschätzung der Trauer und ihrer Bedeutung durch die Psychologie der der Gesellschaft genau entgegengesetzt sei. Die Gesellschaft halte die Trauer für krankhaft, während für die Psychologen gerade umgekehrt die Verdrängung der Trauer pathogen und damit Ursache von Krankheit sei (1982, S. 743). Aries führt weiter aus, dass die neuen Denkanstöße der Psychologen und Psychoanalytiker auf dem Gebiet der Sexualität und der Entwicklung des Kindes von der Gesellschaft rasch assimiliert und vulgarisiert worden seien, während ihre Aussagen über die Trauer »vom allgemein gebilligten Vorstellungsfundus, wie ihn die Massenmedien verbreiten, sorgsam ferngehalten wurden« (ebd.). Und auch Vamik Volkan und Elizabeth Zintl beschreiben in ihrem soeben auf Deutsch erschienenen Buch »Wege der Trauer«, dass das moderne Tabu, Trauer zum Ausdruck zu bringen, einen der Faktoren darstellt, welcher die Fähigkeit zu trauern beeinträchtigt. »Wir leben in einer Kultur, die den Tod leugnet. Statt uns unserer eigenen Verwundbarkeit zu stellen – dass wir sowohl verlieren als auch verloren werden können –, halten wir einen Stoizismus hoch und ermuntern Trauernde, sich zu beherrschen und Haltung zu bewahren. Kulturell werden bei uns allen die Voraussetzungen für eine komplizierte und hinausgeschobene Trauer geschaffen« (S. 13).

Wenn ich Sie im Nachfolgenden mit einigen Erkenntnissen, welche die Psychoanalyse in den letzten Jahrzehnten erarbeitet hat, vertraut machen möchte, so muss ich ein ähnliches Schicksal gewärtigen. Vielleicht gelingt es mir aber, Sie doch ein Stück neugierig zu machen. Zu diesem Zweck wähle ich Freuds Befund, dass der normale Mensch nicht nur viel unmoralischer ist, als er glaubt, sondern auch viel moralischer, als er weiß, als Leitfaden für die nachfolgenden Ausführungen. Das erste Faktum ist Ihnen geläufig, es hat Eingang in die Alltagspsychologie gefunden. Nichtsdestotrotz: Unsere »unmoralischen« Impulse und Phantasien – Habgier, Neid, Hass, Mordlust... – vermeinen wir oft nur im anderen zu finden. Haben wir dann erfolgreich all die lüsternen, gierigen, neidischen, perversen Impulse in eine Minderheit projiziert, so fühlen wir uns plötzlich von dieser Minderheit bedroht, ausgebeutet, beraubt etc. Wir gehen unwillkürlich davon aus, dass diese unmoralischen Impulse (auch wenn wir sie uns nicht eingestehen) nicht ohne Folgen bleiben: Sei es, dass wir Konsequenzen nach dem Talionsprinzip (»Aug' um Aug', Zahn um Zahn«) fürchten, sei es, dass wir eine Verzweiflung spüren, weil uns Wiedergutmachungen zu leisten unmöglich scheint. Für die Trauer kommen wir hierbei in eine doppelt schwierige Position: Hassen wir den anderen, weil wir in ihn unsere unliebsamen Impulse projiziert haben, und tun ihm auf diese Weise unrecht, so hätten wir allen Grund die Zerstörung, die wir damit in menschlichen Beziehungen anrichten, zu betrauern. Zugleich wird bei einem Dominieren des Hasses die Trauerarbeit selbst voller Komplikationen sein bzw. verunmöglicht werden. Hier erweisen wir uns als moralischer, als wir wissen. Die (unbewussten) Schuldgefühle verlangen nach Ausgleich, sie ketten uns an das Verhasste, es sucht uns heim, wir werden es nicht los, wir können uns von ihm nicht so einfach trennen und lösen.

Wenn man so will, machen unsere »unmoralischen« Bestrebungen Trauerarbeit nötig – u. a. auch unsere Vorstellung, der andere sollte uns uneingeschränkt auf Dauer zur Verfügung stehen. Die Anerkennung des anderen als getrenntes Subjekt erfordert Trauerarbeit, die man damit auch als Trennungsarbeit verstehen kann. Beim Tod einer geliebten Person wird dies zu einer besonders einschneidenden Aufgabe. Freud hat in seiner Schrift »Trauer und Melancholie« den Terminus technicus der Trauerarbeit eingeführt und folgendermaßen beschrieben: »Die Realitätsprüfung hat gezeigt, dass das geliebte Objekt nicht mehr besteht, und erlässt nun die Aufforderung, alle Libido aus ihren Verknüpfungen mit diesem Objekt abzuziehen. Dagegen erhebt sich ein begreifliches Sträuben – es ist allgemein zu beobachten, dass der Mensch eine Libidoposition nicht gern verlässt, selbst dann nicht, wenn ihm Ersatz bereits winkt [...]. Das Normale ist, dass der Respekt vor der Realität den Sieg behält. Doch kann ihr Auftrag nicht sofort erfüllt werden. Er wird nun im Einzelnen unter großem Aufwand von Zeit und Besetzungsenergie durchgeführt und unterdes die Existenz des verlorenen Objekts psychisch fortgesetzt. Jede einzelne der Erinnerungen und Erwartungen, in denen die Libido an das Objekt geknüpft war, wird eingestellt, überbesetzt und an ihr die Lösung der Libido vollzogen [...].Tatsächlich wird aber das Ich nach der Vollendung der Trauerarbeit wieder frei und ungehemmt« (S. 430). Nach einem Todesfall wird uns die Trauerarbeit sehr ausfüllen. Viele, viele Einzelheiten in unserem alltäglichen Leben erinnern uns an den Verstorbenen, sie wecken lebhafte, gute und schlechte Erinnerungen. Wir müssen uns in unzähligen Situationen damit auseinandersetzen, dass es nie mehr so sein wird wie zuvor. Wir werden allmählich auch erkennen, was wir dem anderen von unseren eigenen Möglichkeiten, Erwartungen, Wünschen, Schwächen etc. zugeschrieben haben. Wir werden, nachdem wir in unzähligen Situationen die Beziehung zu dem Verstorbenen nochmals durchgegangen sind – wenn es gut geht –, uns allmählich mit dem Verlust arrangieren, ihn akzeptieren und gegebenenfalls auch neue Möglichkeiten für uns entdecken. Dies ist kein linearer Prozess, immer wieder werden wir uns von Schmerz überwältigt gegen die Anerkennung des Todes sträuben.

Als Motor, die Verleugnung des Todes aufzugeben, sieht Freud die narzisstische Befriedigung des Überlebens. Die Prämie des Am-Leben-Bleibens läßt den Trauernden im Normalfall den schmerzlichen Prozess durchführen. Im Normalfall haben wir es damit zu tun, dass die bisherige Art der Beziehung vom Trauernden vernichtet, »getötet« werden muss in allen Einzelheiten, dass er das Objekt sterben lassen muss, loslassen muss, aus seiner Kontrolle entlassen muss – um es dann in anderer Form, als Erinnerung, zu haben.

Freud zeigt in der erwähnten Schrift viele Parallelen der Trauer zur Melancholie auf. Er verwendet den Begriff der Melancholie – wie in seiner Zeit üblich – gleichbedeutend mit Depression, das heißt auch leichtere Depressionen konnten als Melancholie bezeichnet werden. Heutzutage gibt es eine Tendenz von Seiten der Psychiatrie, unter Melancholie nur schwere Depressionen bzw. sogenannte endogene Depressionen zu verstehen. Ich selbst werde mich des Begriffs der Melancholie immer wieder auch im alten, weit verstandenen Sinn bedienen.[1] Wenn Freud in seiner Arbeit von 1917 Trauer und Melancholie behandelt, so geht er wie immer von einem fließenden Übergang zwischen normalpsychologischen und pathologischen Funktionsweisen aus. Das Verständnis von normalpsychologischen Vorgängen wie der Trauer – so sein Ansatz – hilft uns auch ein Stück, die Melancholie zu verstehen. Freud beschreibt nun zunächst folgende Gemeinsamkeiten von schwerer Trauer und Melancholie: Beide seelischen Zustände sind durch eine tiefe schmerzliche Verstimmung charakterisiert, eine Aufhebung des Interesses für die Außenwelt, den Verlust der Fähigkeit, irgendein neues Liebesobjekt zu wählen. Er sieht aber einen entscheidenden Unterschied: Bei der Trauer sei – im Gegensatz zur Melancholie – das Selbstgefühl nicht gestört. Man finde bei der Trauer keine Herabsetzung des Selbstgefühls, die sich in der Melancholie in Selbstvorwürfen und Selbstbeschimpfungen äußere. Als zentralen Mechanismus der Melancholie hat Freud die Identifikation mit dem verlorenen Objekt, dem verlorenen anderen, beschrieben. Er wählt dazu eine poetische Form: Der Schatten des Objekts falle auf das Ich. Lassen wir dazu Freud selbst zu Wort kommen: »Das Ich trauert, weil es sein Objekt durch Entwertung verloren hat, aber es projiziert das Objekt auf sich selbst und findet dann sich selbst entwertet. Der Schatten des Objekts fällt auf das Ich und verdunkelt es« (Freud, 1915, S. 107). Nehmen wir an dieser Stelle unseren Leitfaden wieder auf, so erweist sich das Ich wieder als moralischer, als es selbst weiß. Die unmoralischen Tendenzen hat Freud hier zusammengefasst in der Entwertung des Objekts. Nachdem das Ich also zunächst den anderen entwertet hat, setzt es sich – zur Buße – mit diesem entwerteten Objekt gleich. Es teilt sozusagen sein Ich auf und identifiziert den einen Teil mit dem verlorenen, entwerteten, vernichteten Objekt.

Weiterführende Untersuchungen haben diesen Befund Freuds, bei der Trauer finde sich keine Störung des Selbstgefühls, relativiert. Karl Abraham zeigt 1924 in »Versuch einer Entwicklungsgeschichte der Libido«, dass der Vorgang der Introjektion des verlorenen Liebesobjektes auch bei der Trauer gefunden wird. Das heißt natürlich nicht, dass er keinen Unterschied zur Melancholie sieht. Er betont den wesentlichen Unterschied: Beim Gesunden schließe sich der Vorgang der Introjektion an einen Realverlust (Todesfall) an und diene überwiegend der Tendenz, die Beziehung zu dem Verstorbenen zu konservieren. Niemals werde das Bewusstsein von ihm in der Weise überwältigt, wie es beim Melancholiker geschehe. Der melancholische Introjektionsprozess folge dagegen auf eine fundamentale Störung der libidinösen Beziehung zum Objekt. Er ist Ausdruck eines schweren Ambivalenzkonfliktes, dem das Ich sich nur dadurch zu entziehen vermag, dass es die dem Objekt geltende Feindseligkeit auf sich selbst nehme.

Auf dem Hintergrund dieser Unterschiede hebt er jedoch darauf ab, dass im Prinzip der Introjektionsvorgang in der Trauer mit dem melancholischen Introjektionsvorgang übereinstimme. Er veranschaulicht diesen Introjektionsvorgang an verschiedenen kasuistischen Beispielen. Ich greife hier seine eindrückliche Selbstanalyse heraus. Nach dem Tod seines Vaters 1915 sei plötzlich ein starkes Ergrauen des Kopfhaares eingetreten, welchem nach einigen Monaten ein Wiederzunehmen des Haarfarbstoffes folgte. Er hatte seinen Vater einige Monate vor seinem Tode zum letzten Mal gesehen. Als Kriegsteilnehmer zu kurzem Urlaub in seiner Heimat weilend, fand er ihn stark gealtert und sehr geschwächt; besonders prägte sich ihm der Anblick des fast weiß gewordenen Kopf- und Barthaares ein, das während des Krankenlagers länger als sonst gewachsen war. Dieser letzte Besuch bei seinem Vater blieb in der Erinnerung besonders innig mit dem geschilderten Eindruck verknüpft. Begleitende Umstände und Erscheinungen ließen ihn das Phänomen des eigenen vorübergehenden Ergrauens auf einen Introjektionsvorgang zurückführen.

Hat Freud schon das Sträuben gegen die Anerkennung des Todes, die Verleugnung, genannt, so hat Abraham einen Modus dieser anfänglichen Todesverleugnung genauer beschrieben. Die Identifikation mit dem Objekt, mit dem Verstorbenen ist einer der Wege, auf dem dies geschieht. Damit wird die Trennung verleugnet und der Hinterbliebene versichert sich sozusagen, dass sein Schicksal unauflöslich mit dem des Objekts verbunden ist.

Einen weiteren Meilenstein in der Erforschung des Formalvorgangs der Trauer stellt Melanie Kleins Arbeit »Die Trauer und ihre Beziehung zu manisch-depressiven Zuständen« von 1940 dar. Melanie Klein sieht zwischen der Realitätsprüfung in der normalen Trauer und den frühen

Phasen normaler Entwicklung einen engen Zusammenhang. Sie schreibt, »dass das Kind psychische Zustände durchläuft, die der Trauer des Erwachsenen vergleichbar sind, genauer gesagt, dass diese frühe Trauer im späteren Leben durch jede leidvolle Erfahrung erneut geweckt wird« (S. 163). Melanie Klein geht in der Entwicklung des Säuglings davon aus, dass er seine Erfahrungen zunächst vor allem in paranoid-schizoider Weise erlebt und organisiert und später (das heißt normalerweise mit vier bis sechs Monaten) gemäß der depressiven Position. Letztere ist dann nicht ein für allemal erreicht, sondern wir gehen davon aus, dass man bei einer gesunden Entwicklung immer wieder die Bewegung von der einen zur anderen Position zu durchlaufen hat. Ich möchte diese beiden Positionen kurz charakterisieren. Zur paranoid-schizoiden Position: Der Säugling kommt mit einem unreifen Ich auf die Welt und setzt – in Angstsituationen – primitive Abwehrformen ein, um nicht von Angst überwältigt zu werden. Wenn er sich in einer unangenehmen Situation (Hunger, Kälte ...) befindet, so fühlt er sich bedroht und hat den Eindruck, jemand wolle ihm böse. Erlebt er dann Sättigung und andere gute Erfahrungen, so werden diese in ihm – um sich gegen die bedrohlichen zu schützen – so organisiert, als ob ein ideales Objekt sich um ihn kümmere. Auf diese Weise entstehen rudimentäre Strukturen, die sich allmählich weiterentwickeln.

Die depressive Position gehört zu einer Entwicklungsstufe, auf der ganze Objekte wahrgenommen werden, denen nun die ganze Ambivalenz gilt und deren Überleben damit von entscheidender Bedeutung für das Kleinkind ist. Die Angst, das Objekt zerstört zu haben bzw. zu zerstören, ist charakteristisch für diese Position. Der entscheidende Verlust des Liebesobjekts besteht in der Erfahrung des Säuglings, das perfekte, ideale Objekt, die Mutter, zu verlieren, sobald es ihre Unzulänglichkeiten entdeckt. Die

Brust, die ihn nährt, ist zugleich auch die Mutter, die ihn warten lässt. Der Säugling muss mit der Tatsache fertig werden, dass er in derselben Person, die er liebt, weil sie ihn nährt, für ihn sorgt und ihn liebt, nun die Mutter erkennt, die er hasst, weil sie ihn warten lässt, weil sie mit anderen statt seiner zusammen ist etc. Das Kind fürchtet, diese gute Mutter durch seinen Hass zerstört zu haben und damit das Liebesobjekt verloren zu haben. Es empfindet auch Schuld wegen seiner eigenen aggressiven Regungen gegen das gute Objekt. Daraus resultieren lebhafte Wünsche, den Schaden, den das Kind in seiner Phantasie dem Objekt zugefügt hat, wieder gutzumachen. Der innere Kampf zwischen Liebe und Hass zum Objekt machen den Schmerz der Trauer aus. Immer wieder droht der Hass die Oberhand zu gewinnen, der Schmerz ob des Verlustes des Objekts wird dann unerträglich. Man habe es dann mit einer Melancholie »in statu nascendi« zu tun.

Wenn Freud meinte, dass Trauer und Melancholie sich hinsichtlich der Störung des Selbstgefühls unterschieden, nur in der Melancholie eine Identifikation mit dem vernichteten Objekt stattfinde, so hat Melanie Klein gezeigt, dass in jeder Entwicklung eine solche Melancholie im Kern zu durchlaufen ist. Sie zeigt weiterhin, dass bei jedem Verlust die Trauerarbeit deshalb so schmerzlich ist, weil alle früheren Verluste damit wieder aufleben. Die Störung des inneren Gleichgewichts ist darauf zurückzuführen, dass der Tod einer geliebten Person so erlebt wird, als wären die guten Objekte insgesamt verloren gegangen. Der Trauernde hat nun das Gefühl, dass seine inneren »bösen« Objekte alle Macht an sich gerissen haben und seine innere Welt auseinander zu brechen droht.

Klein macht uns dies an folgendem Beispiel klar: »In einer Frau, deren Kind stirbt, wird neben dem Kummer und Schmerz über diesen Verlust auch die frühe Angst reaktiviert, von einer ›bösen‹, rachsüchtigen Mutter ausgeraubt zu werden. Der aktuelle Verlust scheint jene Angst zu bestätigen. Ihre eigenen frühen aggressiven Phantasien, in der sie die Mutter ihrer Babys beraubte, riefen Angst hervor und das Gefühl, bestraft zu werden. Diese Situation verstärkte die Ambivalenz und weckte Hass und Misstrauen gegenüber anderen Menschen. Die mit dem Zustand der Trauer einhergehende Intensivierung der Verfolgungsgefühle ist besonders quälend, weil sich die erhöhte Ambivalenz und das gesteigerte Misstrauen freundschaftlichen Beziehungen zu anderen Menschen, die gerade in dieser Zeit ungemein hilfreich sein könnten, entgegenstellen.

Somit lässt sich der Schmerz, der den langsamen Prozess der Realitätsprüfung während der Trauerarbeit begleitet, offenbar teilweise auf die Notwendigkeit zurückführen, nicht nur die Verbindungen zur äußeren Welt wiederherzustellen und den Verlust auf diese Weise ständig aufs Neue zu erleben; vielmehr muss durch diesen Prozess gleichzeitig auch die innere Welt, die zu zerfallen und zusammenzubrechen droht, unter Qualen wiederaufgebaut werden. Ebenso wie das kleine Kind in der depressiven Position unbewusst darum ringt, seine innere Welt aufzubauen und zu integrieren, durchläuft der Trauernde den schmerzvollen Prozess ihrer Wiederherstellung und Reintegration.

In der normalen Trauer werden frühe psychotische Ängste reaktiviert. Der Trauernde ist tatsächlich krank. Da uns diese Gemütsverfassung aber so häufig begegnet und als etwas ganz Natürliches erscheint, bezeichnen wir die Trauer nicht als Krankheit. (Aus ähnlichen Gründen hat man auch die infantile Neurose des normalen Kindes bis vor wenigen Jahren nicht als solche erkannt.) Ich möchte meine Schlussfolgerungen noch präziser formulieren und behaupten, dass das Subjekt in der Trauer einen modifizierten und vorübergehenden manisch-depressiven Zustand durchläuft und überwindet, in dem sich – wenn auch unter anderen Umständen und mit anderen Manifestationen – jene Prozesse wiederholen, die das Kind als normalen Bestandteil seiner frühen Entwicklung durchläuft« (S. 176f).

Viele weitere Erkenntnisse, welche die psychoanalytische Wissenschaft zur Trauer und Melancholie erarbeitet hat, muss ich hier überspringen. Ich möchte an dieser Stelle meinen Leitfaden, dass der normale Mensch nicht nur viel unmoralischer ist, als er glaubt, sondern auch viel moralischer, als er weiß, wieder aufgreifen. Der melancholische Kern der Trauer bei allen Veränderungserfahrungen eröffnet die Chance, dass von der Moralität im gut verstandenen Sinn etwas gelebt werden kann. Die emotionale Organisation, die zur Melancholie in statu nascendi führt (oder gegebenenfalls auch tatsächlich zu Depressionen im klinischen Sinn), hat ihre Wurzeln in der Kindheit. Wenn das Kind sowohl Gefühle von Liebe als auch von Hass gegenüber der Mutter oder dem sie vertretenden Primärobjekt erfährt, dann führt ein Überwiegen aggressiver Gefühle zu der psychologischen Zerstörung des geliebten Objekts. Diese aggressiven Impulse bleiben nicht folgenlos. Aufgrund der liebevollen Gefühle und der Abhängigkeit gegenüber diesem Objekt wird die psychologische Zerstörung als ein furchtbarer Verlust erfahren, und da man diese Zerstörung bewirkt hat, treten entsprechend furchtbare Gefühle von Verantwortlichkeit und später von Schuld auf. Dieser Zustand bringt einen intensiven Wunsch nach der Wiederherstellung des geliebten Objekts mit sich. Dieser Punkt ist ausschlaggebend, wenn wir davon ausgehen, dass ein Verstehen der Situation zu einer grundlegenden psychischen Veränderung führen kann. Ohne das Gefühl des Verlustes, des Bedauerns, der Verantwortung und der Schuld gibt es kein Bedürfnis zu reparieren, wiederherzustellen, also aus der furchtbaren Situation sich wieder herauszuentwickeln. Ich folge hier Henry Rey, der in dem melancholischen Kern die eigentliche Menschlichkeit und

Würde begründet sieht. Dieser melancholische Kern ist es also, der uns moralischer sein lässt, als wir gemeinhin wissen.

Führt man sich diese Zusammenhänge vor Augen, so erscheint die breite Nicht-Rezeption dieser Befunde bis zu einem gewissen Ausmaß nachvollziehbar – die Schmerzunlust trägt das ihre dazu bei, sich mit diesen verzweifelten, aber auch befreienden inneren Prozessen zu befassen. Ich denke aber, wir müssen diese Schmerzunlust noch genauer ins Auge zu fassen suchen, wenn wir das scheinbare Umgehen-Können von Verlusterfahrungen in seiner Abgründigkeit verstehen wollen. Lassen Sie uns hierzu nochmals an der vorher erwähnten paranoid-schizoiden Position ansetzen. Wenn ein Erleben überwiegend nach diesen Strukturen stattfindet, so wird Schuld als unerträglich erlebt, als verfolgend und lebensbedrohlich. Man hat es dann mit einer Unmöglichkeit zu trauern zu tun. Indem ich mich auf Bion und Rosenfeld stütze, möchte ich Ihnen grob schematisch eine mögliche innere Situation skizzieren. Wir gehen davon aus, dass es in jedem sogenannte psychotische und nicht-psychotische Teile der Persönlichkeit gibt. Vereinfacht gesprochen, es gibt einen Persönlichkeitsanteil, der sich mit der inneren und äußeren Realität auseinander setzt, und einen anderen, der die Wirklichkeit zu verwerfen sucht. Der psychotische Teil des Selbst kann nun destruktiv narzisstisch operieren. Dieses innere, omnipotent destruktiv narzisstische Objekt verspricht beispielsweise bei Unterwerfung völlige Schuld- und Schmerzfreiheit. Rosenfeld beschreibt es folgendermaßen: »Diese psychotische Struktur ist einer Wahnwelt oder einem Wahnobjekt ähnlich, in die die Teile des Selbst sich zurückzuziehen pflegen. Sie scheint von einem allmächtigen oder allwissenden, außerordentlich grausamen Teil des Selbst beherrscht zu sein, das die Vorstellung erzeugt, innerhalb des Wahnobjekts herrsche völlige Schmerzlosigkeit, aber auch die Freiheit, sadistischen Impulsen nachzugeben. Die ganze Struktur ist auf narzisstische Selbstgenügsamkeit abgestellt und strikt gegen jede Objektbeziehung gerichtet. Die destruktiven Impulse in dieser Wahnwelt erscheinen manchmal offen als überwältigend grausam und bedrohen das übrige Selbst mit dem Tod, um sich ihrer Macht zu versichern. Noch öfter aber erscheinen sie verhüllt als allmächtig, wohlwollend oder lebensrettend und versprechen [...] schnelle ideale Lösungen für alle [...] Probleme. Diese falschen Versprechungen sind dazu bestimmt, das normale Selbst des Patienten von seinem falsch allmächtigen Selbst abhängig zu machen oder sich ihm zu ergeben und die gesunden Teile in die Wahnstruktur zu locken, um sie dort gefangen zu halten«.

Hier haben wir es also mit einer Situation zu tun, in welcher durch einen Verlust unerträgliche Schuldgefühle geweckt werden. Statt die Verlusterfahrung durchzuarbeiten, wird alles daran gesetzt, dieses unerträgliche Gefühl des Verlustes aus der Welt zu schaffen. Es wird unbedingt versucht, das dumpfe Unbehagen, das in diesem Zusammenhang gegebenenfalls vorhanden ist, zu zerstören und in einer Welt Zuflucht zu suchen, die suggeriert, sich solchen Prozessen nicht aussetzen zu müssen. Wenn die Fähigkeit zur Trauerarbeit die Chance zur Humanität darstellt, dann bedeutet diese Art der Unmöglichkeit zu trauern die Vernichtung des Humanen. Folgerichtig hat Rosenfeld seine Überlegungen, die er in psychoanalytischen Behandlungen entwickelt hat, auch auf die gesellschaftliche Ebene angewandt[2]. Er hat auf die enge Beziehung der narzisstischen psychotischen Struktur im Patienten zu politischen Organisationen, die oft einen ganzen Staat dominieren, aufmerksam gemacht. Er vergleicht die psychotische Struktur mit dem Dritten Reich. Er geht von der Existenz eines Führers in der Wahnpsychose des Patienten aus. Dieser Führer werde von den Patienten wegen seiner Macht sehr bewundert, die ausgesprochen hypnotischen Einfluss habe. So wie die innere Struktur Propaganda betreibt, so habe Hitler aufreizende Propagandareden gehalten, um den Einzelnen in der Masse mehr und mehr in eine verdrehte und verzerrte Weltsicht hinein zu locken. »In der Psychose der deutschen Nation brachte die destruktive, hypnotische, omnipotente Macht des Führers es fertig, die Menschen, die zu einer Rasse gehörten, die so bedeutend zu der Kultur des deutschen Volkes beigetragen hatte, in gefährliche Feinde der deutschen Nation zu verwandeln durch die Aufreizung von ungeheurer, neidischer Verzerrung. Tatsache ist, dass diese Rasse, welche im Hitler-Deutschland als schmutziges Ungeziefer betrachtet wurde, das man unbedingt vernichten musste, so bedeutsam die Wichtigkeit des deutschen Volkes als führend in der Welt erhöht hatte durch Beiträge zur deutschen Literatur, Musik und Wissenschaft, zur Medizin und besonders auch zur Psychologie und dass ihr Talent in Ökonomie und Handel eine große Hilfe war, den Reichtum des deutschen Volkes zu erhöhen. Diese tragische Verzerrung scheint mir identisch mit der neidischen Verzerrung des wahnhaften Patienten, der mit Verfolgungswahn und mörderischen Gefühlen gerade auf diejenigen reagiert, die er früher bewunderte und sogar idealisierte. Es gibt noch viele andere Ähnlichkeiten zwischen dem psychotischen Individuum und einer Nation, die völlig von einem Diktator wie Hitler dominiert war« (S. 79f).

Entscheidend erscheint mir aufgrund der psychoanalytischen Befunde zu sein, die Bedingungen für die Ermöglichung von Trauerarbeit sowohl individuell als auch gesellschaftlich so günstig wie möglich zu gestalten. Voraussetzung dafür ist, um diese Prozesse und ihre Bedeutung zu wissen. In gesellschaftlicher Hinsicht machen die Verbrechen gegen die Menschlichkeit, die Vernichtung der europäischen Juden durch Nazi-Deutschland diese Auseinandersetzung besonders dringlich. A. und M. Mitscherlich haben 1967 mit ihrem Buch »Die Unfähigkeit zu trauern« die Diskussion initiiert. Sie formulierten, dass ein Kollektiv, das schutzlos der Einsicht preisgegeben sei, dass in seinem Namen sechs Millionen Menschen aus keinem anderen Grund als aus dem der eigenen aggressiven Bedürfnisse getötet wurden, kaum ein anderer Weg bleibe als der einer weiteren Verleugnung seiner Motive oder der eines Rückzugs in eine Depression. Sie zeigen auf, dass der erste Weg gewählt wurde, der verbunden war mit einer intensiven Abwehr von Schuld, Scham und Angst. Damit in Verbindung stehe die Unfähigkeit zur Trauer um den erlittenen Verlust des Führers. Bis in die jüngste Zeit werden die Mitscherlichs wegen ihres Plädoyers für die Anerkennung der eigenen Schuld und die Einfühlung in die Opfer deutscher Vernichtung angegriffen, indem man beispielsweise vermeint darin einen umgekehrten Antisemitismus diagnostizieren zu können. Die Virulenz der Thematik ist nach wie vor hoch, wie unter anderem der sogenannte Historikerstreit, manche Äußerungen im Zusammenhang mit dem Golfkrieg, die Goldhagen-Debatte sowie die Walser-Bubis-Diskussion – um nur einige zu nennen – zeigen. Vielfach wurde beschrieben, wie Identifikationen untergründig fortwirken. Eine Gegen-Identifikation löst das Problem noch nicht. Wie die französische Psychoanalytikerin Chasseguet-Smirgel formulierte, sollte man den »Hitler in uns« entdecken können, sich mit ihm auseinander setzen und die Verantwortung für ihn übernehmen können, um selber »ein Mensch im reinsten Sinn des Wortes zu werden. Sonst kehrt das Verdrängte wieder, erscheint das Verleugnete in verschiedenen Masken wieder« (S. 99).

Die psychoanalytische Wissenschaft hat sich in den letzten Jahren und Jahrzehnten um ein vertieftes Verständnis der Identifikationsprozesse bemüht. Die bestehende Herausforderung lautet, unsere Verführbarkeit zu betrauern, die furchtbaren Konsequenzen der Aufgabe und des Verlustes von Gewissen zu betrauern, die Täteridentifikationen zu erkennen, durchzuarbeiten und darüber Desidentifikationen zu ermöglichen. Wie unter anderem Rüsen ausgeführt hat, führt die verschwiegene und verdrängte Geschichte des Nationalsozialismus ein dunkles Eigenleben, welche als Störfaktor für Zukunftsentwürfe und als unbeabsichtigtes Einwirken auf deren Verwirklichung wirksam wird. Wenn er vorschlägt, dass ein erinnerndes Vergessen als kulturelle Leistung an dieser Vergangenheit vollzogen werden müsse, so wäre mein Vorschlag hier statt auf Vergessen auf das Konzept der Trauer zurückzugreifen. Mit den psychoanalytischen Erkenntnissen über den Trauerprozess steht ein differenziertes Modell zur Verfügung, das die erforderlichen Prozesse präzise fasst.

Ich möchte dafür plädieren, Trauer und Melancholie nicht nur als »große Gefühle« zu diskutieren, sondern sie als Reaktion auf Erleben von Veränderung, von Verlust, von eigener Destruktivität ernst zu nehmen. Dann verlieren sie etwas von ihrer Grandiosität, sind stattdessen mit auch mühseliger seelischer Arbeit verknüpft. Sträubt sich auch etwas gegen diese schmerzliche Aufgabe, so birgt das Durcharbeiten von Verzweiflung, von Schuld und Scham doch die Chance auf Entwicklung und Wachstum in sich, die Chance, die Zukunft ein Stück weit gestalten zu können. Wird Trauer als lebensnotwendiger Prozess verworfen, so triumphiert die Lebensfeindlichkeit, die Vernichtung des Humanen. Ist es zu optimistisch, wenn man darin die grausame Bestätigung von Freuds Befund sieht, dass der normale Mensch nicht nur viel unmoralischer ist, als er glaubt, sondern auch viel moralischer, als er weiß?

## Literatur

Abraham, K. (1982 [1924]): Versuch einer Entwicklungsgeschichte der Libido aufgrund der Psychoanalyse seelischer Störungen. In: Ders.: Gesammelte Schriften, Band II. Fischer Taschenbuch (Frankfurt am Main).

Aries, P. (1982 [1978]): Geschichte des Todes. Deutscher Taschenbuch Verlag (München).

Beland, H. (1992): Psychoanalytische Antisemitismustheorien im Vergleich. In: W. Bohleber, J.S. Kaffka (Hg.): Antisemitismus. Aisthesis (Bielefeld), 93-121.

Chasseguet-Smirgel, J. (1987): Überlegungen zum Hamburger Kongreß. Jahrbuch der Psychoanalyse, 20, 89-113.

Freud, S. (1917e [1915]): Trauer und Melancholie. G.W., Bd. 10.

– (1996): Sigmund Freud/Sandor Ferenczi: Briefwechsel. Bd. II/1. 1914-1916, Böhlau Verlag (Wien, Köln, Weimar).

Klein, M. (1996 [1940]): Die Trauer und ihre Beziehung zu manisch-depressiven Zuständen. GSK I, 2. Frommann-Holzboog Verlag (Stuttgart-Bad Cannstatt). 159-199.

Mitscherlich, A. und M. (1967): Die Unfähigkeit zu trauern.

Rosenfeld, H. (1984): Narzißmus und Aggression. Klinische und theoretische Beobachtungen. In: H. Luft, G. Maass (Hg.): Narzißmus und Aggression. Arbeitstagung der DPV vom November 1984. 65-81.

Rüsen, J. (1998): Die Zukunft der Vergangenheit. Universitas, 53, Nr. 621, 228-237.

Volkan, V., Zintl, E. (2000 [1993]): Wege der Trauer. Leben mit Tod und Verlust. Psycho-Sozialverlag (Gießen).

## Anmerkungen

1 Zur Geschichte des Begriffs und des Konzepts der Melancholie siehe das Buch »Saturn und Melancholie« von Raymond Klibansky, Erwin Panofsky und Fritz Saxl. Suhrkamp Verlag, Frankfurt a.M. 1992.

2 Hinsichtlich der Legitimität dieser Methode bedarf es sicher einer interdisziplinären Zusammenarbeit. Beland hat jedoch wichtige Kriterien benannt, die den Bereich legitimer Transformationen bestimmen. Er führt aus, dass narzisstische Strukturen und Mecha-

nismen (im Gegensatz zu ödipalen) individuell wie kollektiv identisch, zumindest analog zu sein scheinen. Des Weiteren könnte die interpsychische Organisation der Persönlichkeit viel stärker als in der klassischen psychoanalytischen Theorie angenommen einem Gemeinwesen gleichen, also aus mehrfach hierarchisch organisierten Gruppen von Selbst-Objektbeziehungen bestehen. Verhältnisse in politischen Gruppen könnten folglich den individuellen gleichen und umgekehrt (vgl. Beland, 1992).

Jörn Rüsen

# Trauer im Zeitbruch – Über ein neues Erfordernis der Geschichtskultur[1]

Ein Rückblick auf die historische Erfahrung des 20. Jahrhunderts, auf die Ungeheuerlichkeit der in ihm geschehenen Verbrechen, lässt die tradierten Sinnkonzepte des historischen Denkens brüchig werden. Welche Möglichkeiten haben wir, diesen sinnverzehrenden Erfahrungen selber sinnvoll zu begegnen?[2] Eine Antwort auf diese Frage könnte lauten: Trauer, und zwar als neu zu entdeckender und zu entwickelnder Modus des historischen Umgangs mit der Vergangenheit.

Spontan könnte eine solche Antwort einleuchten: Wie anders sollte denn sonst mit der Erfahrung eines massiven Sinnverlustes umgegangen werden? Nichts scheint selbstverständlicher zu sein als eine Trauer um die Opfer der Menschheitsverbrechen der jüngeren Geschichte – eine Trauer, die der Opfer auch dann gedenkt, wenn sie selber nicht in einem persönlichen Verhältnis zu uns gegenwärtig Lebenden gestanden haben. Aber nicht nur ein anamnestisches Gedenken würde durch Trauer zum Bestandteil unserer Geschichtskultur, sondern auch eine mentale Veränderung im deutenden Umgang mit Macht und Herrschaft. Trauer böte die Chance, die tendenzielle Inhumanität der Macht wahrzunehmen und sie in den aktuellen Prozessen politischen Handelns zu verhindern.

Zugleich aber stellen sich grundsätzliche Bedenken ein: Was für eine Art Trauer sollte das denn sein? Allemal müsste sie sich von der Alltagstrauer unterscheiden, die jedem als Verlustbewältigung vertraut ist. Denn es geht ja nicht um den Verlust von Menschen, mit denen wir zusammengelebt haben oder denen wir sonst wie emotional verbunden sind, sondern um die vielen namenlosen Opfer von Verbrechen gegen die Menschlichkeit. Ferner: ist Trauer nicht bloßes Gefühl und kein Vorgang des Denkens und Erkennens, so dass sie für historisches Denkens aus logischen Gründen nicht in Frage kommt? Bedeuten Gefühle nicht Trübung unseres Erkennens und eine Einschränkung unseres kritischen Urteilsvermögens? Außerdem: wie kann Trauer über den Bereich des Persönlich-Privaten hinaus in der Öffentlichkeit vollzogen werden, in der Geschichtskultur politisch und sozial wirksam werden muss? Führen öffentliche Trauerrituale nicht immer den schalen Beigeschmack des Unaufrichtigen, des ›bloß Zeremoniellen‹ mit sich? Und schließlich: Haben nicht alle uns kulturell überlieferten Praktiken des Trauerns ein Element der Versöhnung in sich, das gegenüber den traumatischen Erfahrungen, um die es geht, zutiefst unangemessen ist?

Trauer verarbeitet Todeserfahrungen in Lebensaffirmation. Sie schließt die hinterlassene Lücke, den Bruch im Sinngewebe der eigenen Welt, indem sie dem verlorenen Betrauerten einen Platz in einer neu gewonnenen Sinnordnung zuweist. Lässt sich aber so der Zeitbruch traumatischer historischer Erfahrungen schließen? Die bisherigen Bewältigungsstrategien sprechen eher dagegen, nehmen wir beispielsweise den Film, die Kulturindustrie schlechthin und ihren Umgang mit dem Holocaust. Hier stellt sich der fatale Eindruck einer massenkulturellen Schließung der Sinnlücke ein, die der Holocaust gerissen hatte. So wird zum Beispiel im Spielfilm »Schindlers Liste« die Rettungslosigkeit von Millionen Opfern in die Form einer rührenden und moralisch aufwühlenden Rettungsgeschichte gegossen, oder in »Das Leben ist schön« der Schrecken massenhafter unmenschlicher Vernichtung zum Hintergrund einer Slapstick-Komödie gemacht. Trauer hätte demgegenüber die Lücke offen zu halten, die ›Normalisierung‹ im historischen Umgang mit der unaufhaltsam in größere zeitliche Entfernung rückenden Schreckenserfahrung aufzuhalten. Sie hätte diese ›Normalisierung‹ gar zu transzendieren in ein historisches Verhältnis, das über die Normalität traditionaler Sinnkonzepte des historischen Denkens hinaus ist.

Trotz dieser Einwände und wegen dieses Normalisierungsdrucks halte ich die Arbeit an einem Trauerkonzept des historischen Denkens für das Gebot der Stunde. Sie verlangt freilich grundlegende theoretische Vorüberlegungen zum Verhältnis von Trauer und Geschichte. Sie greifen dort, wo es nicht nur um methodisch geregelte Erkenntnisprozesse der Forschung, sondern um ihnen noch voraus- und zugrunde liegende Sinnkriterien des historischen Denkens geht.[3] Ohne solche Sinnkriterien kann die Vergangenheit hinter uns nicht zu einer Geschichte für uns (mit einer Zukunftsperspektive vor uns) werden. Was könnten auf dieser Ebene historischer Sinnbildung Trauer und Geschichte miteinander zu tun haben?

Auf den ersten Blick wenig oder nichts. Trauern heißt, mit einer unmittelbar persönlichen Verlusterfahrung umzugehen, und das ist eine Angelegenheit von Gefühlen. Geschichte geht weit über den Bereich unmittelbarer persönlicher Erfahrung hinaus und ist eine Angelegenheit des Denkens. Beides kann sich berühren, wenn der betrauerte Verlust in einen größeren zeitlichen Zusammenhang gebracht, in ihm gedeutet und zur Bewältigung des Verlustes bemüht wird. Auch ist das historische Denken nicht frei von Gefühlen. Die historische Erfahrung kann negative Züge aufweisen und Trauergefühle auslösen. Aber solche Berührungen signalisieren noch keinen inneren Zusammenhang. Der Unterschied beider mentalen Tätigkeiten ist so dominant, dass das Denken über Trauer in der Regel nicht auf das Thema Geschichte stößt und umgekehrt.

Margarethe Mitscherlich hat Trauer so definiert:

»Trauer ist ein seelischer Vorgang, in dem ein Individuum einen Verlust mit Hilfe eines immer wiederholten, schmerzlichen Erinnerungsprozesses langsam zu ertragen und durchzuarbeiten lernt, um danach zu einer Wiederaufnahme lebendiger Beziehungen zu den Menschen und Dingen seiner Umgebung fähig zu werden.«[4] An diese Definition lässt sich anknüpfen, weil sie den Erinnerungscharakter des Trauerns betont.[5] Das Erinnern schließt mit der ›seelischen‹ Qualität des Trauerns das Denken nicht aus, es macht vielmehr von ihm als integralem Moment der Deutung des in Erinnerung Gerufenen Gebrauch. Weitet man nun den Blickwinkel vom Individuum auf Kollektive und bezieht in die Dimension der Erinnerung die mentalen Räume von Zugehörigkeit und Abgrenzung von anderen, also die persönliche und kollektive Identität mit ein, dann lässt sich Trauer auch als seelisch-geistiger Vorgang im Bereich des Geschichtsbewusstseins denken. Dann kann in der Tat die historische Bewältigung der traumatischen Erfahrungen des 20. Jahrhunderts als eine Angelegenheit »intellektueller Trauerarbeit« (Brumlik) angesehen werden.

Trauer ist ein inneres und äußeres Handeln, das auf Verlusterfahrung reagiert. Im Inneren wird über Erinnerung der Verlust nachvollzogen und deutend bearbeitet. Im Äußeren werden die gestörten sozialen Zusammenhänge (zum Beispiel durch Zeremonien oder Rituale) bearbeitet und neu gewonnen. Dieses Handeln verwandelt das Subjekt, indem es sich durch den Verlust hindurch neu gewinnen lässt. Der Verlust, der betrauert wird, wirkt als Sinnstörung, als Bruch im Orientierungszusammenhang des eigenen Lebens. Er zerreißt das Sinngewebe menschlicher Weltdeutung und Selbstverständigung, und die Trauer stellt es wieder her, knüpft es durch Verwandlung des Verlustes in eine angeeignete Abwesenheit wieder neu und führt so aus der Selbstgefährdung der Sinnlosigkeit zurück ins Leben.

Trauer lässt sich als Modus des menschlichen Lebensvollzuges verstehen und kann als *anthropologische Universalie* ausgelegt werden. Der Tod – als radikalster Verlust – wird als sinngefährdende Kontingenz erfahren, und durch Trauer wird diese Erfahrung lebensermöglichend gedeutet und damit in das handlungsorientierende Sinnkonzept der jeweils Betroffenen reintegriert.

Die zwei Seiten der Trauer – Verlusterfahrung als Leid und Selbstverlust und Bearbeitung der Erfahrung und Wiedergewinnung des Selbst – können in unterschiedlicher Gewichtung auftreten. Überwiegt die erste, dann kann sich der Welt- und Selbstverlust auf Dauer stellen und zu einem irreparablen Bruch des menschlichen Weltvertrauens führen. Das Subjekt zieht sich weltverloren in sich selbst zurück und findet keinen Grund mehr, etwas tätig in der Welt nach selbst gesetzten oder vorgegebenen und angeeigneten Zielen auszurichten. Es gewinnt sein Selbstbewusstsein nur noch in der Abständigkeit von dem Zusammenhang von Ich und Welt, den es verloren hat und den es nun der Welt im Ganzen als fundamentales Defizit vorhält.

Tritt die zweite Seite in den Vordergrund, dann bleiben die Trauernden nicht bei der Wahrnehmung des Verlustes stehen und stabilisieren ihr Selbstvertrauen nicht einfach nur in der Abständigkeit vom Verlorenen, sondern überwinden den erlittenen Bruch des Weltvertrauens in ein neues Verhältnis zu sich selbst hinein, in dem die Abwesenheit des Verlorenen in eine neue Zuwendung zur Welt eingeht. Dann wird die Welt neu angeeignet – erweitert und vertieft um die Dimension des Verlorenen. Zugleich gewinnt sich das Subjekt neu, gewachsen durch die Kraft, mit der es sein Selbst aus dem Sog des Verlustes zurückgewonnen und sich dabei das Verlorene als Abwesendes anverwandelt hat. Seine Sinnpotentiale in der Verarbeitung von Kontingenz und Sinnlosigkeit haben sich gestärkt und an Deutungskraft gewonnen; sein Erfahrungshorizont hat sich geweitet und seine Selbstgewissheit vertieft.

Lässt sich das auf Geschichte beziehen? Um diese Frage zu beantworten, muss zunächst die spezifisch historische Dimension des Trauerns freigelegt und aufgewiesen werden. Sie liegt zwischen der persönlichen Verlusterfahrung eines ›Trauerfalls‹ und der allgemeinen Ontologie eines Weltverhältnisses, die von Defiziterfahrungen her die Welt im Ganzen auslegt und den Entzug oder die Verborgenheit von Sinn zum Schicksal des Menschen schlechthin erklärt.

Die persönliche Trauerarbeit ist vor-historisch.[6] Sie geschieht aber im Medium der Erinnerung und ist daher grundsätzlich geschichtsoffen, zugleich aber auf einen Zeithorizont eingeschränkt, der durch die eigene Lebensspanne definiert ist. Demgegenüber hat der Weltschmerz einer universalen Trauer über den Zustand der Welt im Ganzen die Geschichte hinter sich. Er unterläuft den zeitlichen Wandel im Blick aufs Ganze und bringt damit spezifische Verlusterfahrungen als Anlässe zur Trauer (Kriege, Katastrophen, Unglücke) aus dem Blick und ebnet Trauriges und Nicht-Trauriges im Wandel der Zeiten ein. Das Gedächtnis liefert nur noch Bestätigungen eines prinzipiellen Verlustes von Welt im Sinnverlangen des Menschen, ist aber nicht der Ort, mit diesem Verlust trauernd umzugehen.[7]

Spezifisch historisch wird das Trauern dann, wenn es sich auf konkrete Vorgänge der Vergangenheit bezieht, die dem unmittelbaren Lebenszusammenhang der Gegenwart schon entrückt sind, also zu einer von ihr abständigen Vergangenheit gehören, zugleich aber über den Zeitenabstand hinaus (besser: durch ihn hindurch) noch bedeutungsvoll und sinnträchtig geblieben sind oder erneut werden können. Die existentielle Unmittelbarkeit des Trauerns wird zeitlich erstreckt und vermittelt. Das Trauern erfolgt *nachträglich*.

Mit dieser historischen Nachträglichkeit gewinnt der Trauerprozess genau die zeitliche Tiefe, die das menschliche Selbst in den Zügen seiner historischen Identität aufweist.[8] Es verlängert seine Erstreckung in Vergangenheit und Zukunft über die Grenzen der eigenen Lebensspanne hinaus in den Zeitverlauf einer Geschichte hinein, die seine Zugehörigkeit zu und seinen Unterschied von anderen bestimmt und mit der er sein Handeln, Unterlassen und Leiden orientieren und anderen verständlich machen kann.

Je nach der inhaltlichen Ausrichtung der eigenen Identität handelt es sich um verschiedene Zeitverläufe. Sie sind alle ineinander verwoben, so wie Identität ja nichts anderes ist als eine reflexive Verhältnisbestimmung des eigenen Ich zu unterschiedlichen anderen Subjekten und Dingen. Das Ich lebt im historischen Beziehungsnetz einer Generationenfolge, einer nationalen Geschichte, regionaler und lokaler Bezüge, kultureller Traditionen und Entwicklungen und schließlich auch – wenn es um sein Menschsein schlechthin geht – in einer Universalgeschichte der Menschheit.

Ich greife einen Strang dieses historischen Gewebes der eigenen Identität heraus, um an ihm den Modus des historischen Trauerns zu erläutern: die Generationenfolge. Hier geht es um personale Züge der eigenen Geschichte in ihrem inneren Zusammenhang mit der Lebensgeschichte der eigenen Vorfahren.

Bekanntlich internalisiert jeder Mensch im Prozess seiner Individualisierung und Sozialisierung seine Eltern. In den mimetischen Vorgängen seiner Selbstwerdung bestimmen die Vorstellungen der nächsten Bezugspersonen (Mutter und Vater vor allem) das werdende Selbstbild in seinen sozialen Bezügen. Man ist gleichsam schon seine Eltern, bevor man zu einem eigenen, ihnen gegenüber möglicherweise auch autonomen Selbst heranwächst. Die Dramatik dieses Prozesses hat die Psychoanalyse aufgeschlüsselt und dabei deutlich gemacht, dass und wie der Selbstgewinn des Subjektes über eine mimetische seelische ›Einverleibung‹ der Eltern vor sich geht. Die Konstitution des eigenen

Selbst und der Aufbau einer welterschließenden und das eigene Selbst zur Geltung bringenden persönlichen Identität hängen davon ab, ob und wie in diesem Entwicklungsprozess Anerkennungsleistungen im Verhältnis der Generationen getätigt werden und gelingen. Solche Anerkennung beruht im intergenerationellen Verhältnis auf einem kommunikativen Klima, in dem die Subjekte sich füreinander öffnen und zugleich den anderen in sein Anderssein freilassen.

Bei Todesfällen im Verhältnis zweier Generationen gewinnt die Trauer ihre emotionale Tiefe, aber in dieser Tiefe selber liegt noch kein dezidiert historisches Verhältnis. Im Gegenteil: Trauer als Verlusterfahrung und -verarbeitung hat einen geradezu natürlichen Ort im Altersgefälle zwischen Großeltern, Eltern und Kindern. Geschichte ist im Wechsel der Generationen angelegt; sie entfaltet sich aber als eigener Zeitbezug erst dann, wenn die Unmittelbarkeit eines Verhältnisses (wie das zwischen Eltern und Kindern) in einen vermittelteren Zusammenhang ausgedehnt und überschritten wird. Geschichtlich ist eine zeitliche Perspektive dann, wenn sie zwei Zeiten miteinander verbindet, die qualitativ geschieden sind, dann wird dezidiert zwischen der eigenen und der anderen, zwischen der Gegenwart der eigenen Lebenswelt und der Vergangenheit als vergangener Lebenswelt unterschieden. Das heißt freilich nicht, dass diese Vergangenheit dann in jeder Hinsicht vergangen wäre und ihr Zeitbezug etwas Künstliches oder Sekundäres hätte. Im Gegenteil: diese andere Zeit der Vergangenheit gewinnt im Status ihrer Andersheit, der Nicht-Zugehörigkeit zur eigenen Lebenswelt für diese eine besondere Bedeutung, eben eine ›historische‹ (zum Beispiel als Tradition).

Wenn im Verhältnis der Generationen eine solche Zeitdifferenz wesentlich wird, die Älteren also durch die Jüngeren einer anderen als der eigenen Zeit zugerechnet werden, dann entfaltet sich in der intergenerationellen Kommunikation eine historische Dimension. Dann wird ein Zusammenhang der unterschiedlichen Zeiten thematisch, den man ›Geschichte‹ nennt.[9] Diese Geschichte ist ein Zeitverlauf, der von der anderen Zeit der älteren Generation zur eigenen Zeit der jüngeren führt. Mit ihm wird der objektive intergenerationelle Zusammenhang zu einer subjektiven kulturellen Größe, der eine wichtige Rolle in der Formierung historischer Identität spielt.

In älteren Gesellschaften entschied die Generationenfolge über den sozialen Status und über die Legitimität politischer Herrschaftsansprüche.[10] Die Bindungskraft, die die Kette der Generationen jeweils für das letzte Glied hatte, ist in modernen Gesellschaften schwächer geworden, spielt aber immer noch eine wichtige Rolle. Das ist besonders in der Dimension des Unbewussten der Fall, wo sich mentale Dispositionen über mehrere Generationen hinweg bilden. Die Betroffenen erfahren diese Dispositionen als persönliches Schicksal, dem sie ausgeliefert sind und auf das sie sich oft gar keinen Reim machen können. Kinder fungieren als ›Delegierte‹ ihrer Eltern[11], das heißt, in die unbewussten Triebkräfte ihres Handelns gehen oftmals Wünsche ihrer Eltern ein, die den Beteiligten nicht bewusst sind, da sie nicht eingestanden und nicht gelebt werden können. Die Macht solcher Konstellationen wird dann deutlich, wenn die auf ein Kind übergehenden Projektionen der Eltern in einem eklatanten Widerspruch stehen. Dann kann es zu psychischen Erkrankungen kommen: Die Betroffenen können die unbewusst in sie eingegangenen Projektionen ihrer Eltern nicht in ein kohärentes Selbstverhältnis einbauen; ihr Selbst wird gleichsam von den unbewältigten Eltern zerrissen.[12]

Die Psychoanalyse hat solche intergenerationellen Konstellationen in der Regel nicht als spezifisch historische thematisiert und interpretiert.[13] Für die Betroffenen spielt ja auch zunächst einmal die Tatsache, dass die hier ineinander verwobenen Generationen für je unterschiedliche Zeiten stehen, die ihrerseits zu einer übergreifenden Geschichte gehören, keine Rolle. Das ist schon gar nicht der Fall, wenn das Ganze unbewusst bleibt. Die Erbschaft der älteren Generation wird von der jüngeren auch gar nicht als historisch erfahren, erlitten oder gedeutet; denn sie ist in ihr unmittelbar lebensweltlich gegenwärtig.

Freilich kann die deutende Aufarbeitung der jeweils schicksalhaft wirksamen intergenerationellen Konstellation zu einem historischen Selbstverständnis der Betroffenen führen; sie können dann je für sich ihre Zeiten auseinanderdividieren und zu verschiedenen Geschichten zusammenstellen. Dann setzen sie diese unterschiedenen Zeiten eigens in ein Verhältnis, das sich als historisch bezeichnen lässt. Das ist regelmäßig dann der Fall, wenn es sich um einen althergebrachten Konflikt handelt. Alle, die ihn lösen müssen, um leben zu können, leiden unter der Erblast einer Zeit, die sie nicht mehr zu der ihrigen rechnen. Spätestens dann, wenn die innere mentale Verflechtung sich über drei Generationen erstreckt, ist eine Historisierung unvermeidlich. Dann nämlich müssen die Betroffenen am Ende der Generationenkette dadurch zu sich selber finden, dass sie sich bewusst und angestrengt mit den mentalen Erblasten auseinandersetzen, die ihnen im Aufbau ihres eigenen Selbst zugewachsen ist. Eine bewusste Aufarbeitung dieses sich historisierenden Zeitverhältnisses verschiedener Generationen erfolgt dann, wenn es zu Belastungen und Störungen geführt hat (und das ist in unterschiedlichem Maße eigentlich immer der Fall). Die Auseinandersetzung nimmt dann die Form einer zumeist recht mühseligen *Erinnerungsarbeit* an.

Trauer ist ein besonderer Modus dieser spezifisch historischen Erinnerungsarbeit. Gemäß der oben skizzierten Doppelnatur des Trauerns handelt es sich dabei einerseits um die Erfahrung eines Verlustes und Gewinns zugleich. Die Betroffenen erleiden einen Mangel des eigenen Selbst, die Beschädigung ihrer historischen Identität und andererseits erkennen sie in der Rückgewinnung des mit diesem Verlust verlorenen eigenen Selbst, dass sie sich vom Verlorenen trennen müssen, um es als Verlorenes sich anzueignen.

Was heißt im abständigen Zeitverhältnis einer historischen Differenz Verlust? Um diese Frage zu klären, möchte ich auf ein vor-historisches Zeitverhältnis eingehen, in dem ein Subjekt sich selbst verliert und durch Trauerarbeit wiedergewinnen muss. Ich denke an schwere Kränkungen, die Kinder durch Eltern erleiden und die sie durch eine bewusste Erinnerungsarbeit bewältigen müssen, um zu sich selbst zu finden. Verloren ist in einem solchen Fall die Liebe der Eltern, die das Kind zum Aufbau seiner eigenen Person braucht. Das Kind muss auch die Eltern lieben, die seine Liebe nicht verdienen, und dieses Missverhältnis kann zu erheblichen Beeinträchtigungen im Aufbau des eigenen Selbst führen. In der Liebe des Kindes ist gleichsam die geliebte Person (die Psychoanalyse pflegt vom ›Objekt‹ zu sprechen, obwohl es sich wahrlich um Subjekte handelt) verloren, ohne dass dieser Verlust schon bewusst wäre. ›Objektiv‹ geht dieser Verlust in das Selbst des Kindes ein und wirkt sich in seiner Entwicklung verhängnisvoll aus. Um diesem Verhängnis zu begegnen, muss die betreffende Person sich diesen Verlust zuerst bewusst machen; sie muss an und mit sich selbst erfahren, dass sie sich hier selber mit den Eltern wegen deren mangelnder Liebe verloren hat. Und aus diesem nun bewusst erfahrenen Verlust kann sie die verlorenen Anteile ihres Selbst wiedergewinnen, indem sie ihn durcharbeitet und dabei sich selbst zur Geltung bringt, sich gleichsam im Angesicht des Verlustes selber realisiert. Das wäre eine Erinnerungsarbeit, die als Trauer angesprochen werden kann.[14] Verloren hat sich das Subjekt gleichsam an ein Nichts, an die ausgebliebene oder geradezu in ihr Gegenteil verkehrte Liebe der Eltern. Und trauernd gewinnt es sich aus diesem Verlust mit der Fähigkeit, ihn wahrzunehmen, auszuhalten und als Teil seiner selbst zu akzeptieren.

Eine solche Verlusterfahrung und Rückgewinnung des verlorenen Selbst lässt sich nun aus der Unmittelbarkeit einer individuellen Entwicklung in der Spanne einer je eigenen Lebenszeit übertragen auf ein weiteres, ein historisches Zeitverhältnis. Was käme hier als zu betrauernder Verlust in Betracht? Ganz abstrakt argumentiert, müsste es sich um *intergenerationelle Anschlussmöglichkeiten im Bildungsprozess historischer Identität* handeln. Die Identität eines Subjekts ist dann historisch, wenn es sich in einem Zeitrahmen versteht, der über die Grenzen der eigenen Lebensspanne hinausgeht. Es rechnet sich dann zur eigenen Subjektivität Ereignisse und Entwicklungen zu, die über seine Geburt zurück in die Vergangenheit reichen und sie damit tendenziell auch über seinen Tod hinaus sich erstrecken lassen. (So bezieht sich zum Beispiel ein gläubiger Christ auf die Zeit des Lebens und Sterbens Jesu von Nazareth und gewinnt damit eine historische Identität, die sich (zumindest in den traditionellen Vorstellungen des christlichen Glaubens) bis zum Ende aller Zeiten auf Zukunft hin entwirft.) In einer solchen Zeittiefe wird das Fundament des eigenen Selbst ausgemacht und durch eine eigene kulturelle Praxis der historischen Sinnbildung immer wieder angeeignet. Die Zurechnung des eigenen Selbst zu einer übergreifenden, langen zeitlichen Entwicklung verleiht Selbstbewusstsein und Beharrungsvermögen in aktuellen Turbulenzen der Veränderung, es erschließt Legitimitätsressourcen, begründet Hoffnungen und tröstet über Versagungen hinweg.

Die Vorstellung einer solchen identitätsbildenden Zeitentwicklung ist kein Phantasieprodukt, sosehr es auch aus

Wünschen, Hoffnungen und Befürchtungen gespeist wird. Wäre es den Betroffenen nur als bloße Phantasie bewusst, scherten sie sich nicht um diese ›Geschichte‹. Ihre Orientierungskraft hängt davon ab, dass diejenigen, die mit ihr ihre Identität bilden, von der Tatsächlichkeit der Zeitverläufe überzeugt sind, in denen sie sich historisch situieren. Im Horizont einer solchen Gewissheit können Verlusterfahrungen erlitten werden, wenn die identitätsträchtige zeitliche Entwicklung Störungen aufweist, wenn es Brüche und Verwerfungen gibt, die keine Selbstgewissheit in der historischen Perspektive der eigenen Welt mehr zulassen. Dies ist für ein intergenerationelles Konzept historischer Identität immer dann der Fall, wenn ein Glied in der Kette der Generationen sich nicht in einen kohärenten Zusammenhang verlässlicher Zugehörigkeit fügt. Dann muss der Erfahrung ins Auge gesehen werden, dass die Kette zerbrochen ist, weil ein Vorfahre durch sein Handeln nicht zu der Wertegemeinschaft gerechnet werden kann, die die Generationen im Selbstbewusstsein ihres jüngsten Gliedes verbindet. Der faktische Zusammenhang der Generationen ist gestört; die Jüngeren können nicht mehr an die Errungenschaften der Älteren anknüpfen; es gibt keine zeitübergreifende Gemeinsamkeit, keine Entwicklung, die die jüngste Generation auf sich beziehen und die sie sich als historisches Fundament zu eigen machen könnte.

Solche schweren Brüche im Generationsverhältnis sind in der jüngsten Zeitgeschichte eklatant: Nicht nur bei den Kindern und Kindeskindern der Tätergeneration des Nationalsozialismus (und von der Sache her sicher auch anderer verbrecherischer Regime), sondern auch im intergenerationellen Verhältnis der Opfer treten solche schweren Verwerfungen auf und führen zu erheblichen Orientierungsstörungen, die bis zur psychischen Erkrankung gehen können.[15] Es fehlen intergenerationelle Anschlussmöglichkeiten der eigenen historischen Identität. In einem solchen

Falle handelt es sich um einen Verlust, der betrauert werden muss, wenn er nicht einfach verdrängt oder vergessen werden kann. Nur über Trauer kann der Verlust als solcher wahrgenommen und aus ihm zugleich die in ihm verlorenen Elemente der eigenen historischen Identität wiedergewonnen werden.

Eine solche Trauer ist an der Zeit. Denn jetzt vollzieht sich gerade ein Wechsel der Generationen, in dem der Schrecken der zeitgeschichtlichen Erfahrung (kondensiert im Holocaust) durch den wachsenden Zeitabstand in der Kette der Generationen definitiv historisiert wird. Nehmen wir das Beispiel der Deutschen: Die Generation der Beteiligten am Herrschaftssystem des Nationalsozialismus konnte durch ein kollektives ›Beschweigen‹ ihrer Verstrikkung in dessen Verbrechen an der Erfolgsgeschichte der Bundesrepublik mitwirken,[16] hinterließ aber zugleich die beschwiegene Last dieser Verstrickung als ein Erbe, das die nächste Generation antreten musste. Sie konnte diese Last nur in der Form einer moralischen Distanzierung erträglich machen und rationalisierte ihren objektiven Zusammenhang mit der Tätergeneration durch Identifikation mit den Opfern. Diese moralische Distanzierung ließ eine Integration der Epoche des Nationalsozialismus in die historische Identität der Deutschen eigentlich nicht zu. Erst in jüngster Zeit wurde es möglich, zu den Tätern ›Wir‹ zu sagen.[17] Das signalisiert einen Historisierungsschub in den mentalen Vorgängen des intergenerationellen Verhältnisses, in dem der Nationalsozialismus seinen Ort in der deutschen Identität findet. Er kann ihn nur dort gewinnen, wo Trauer Verlust realisiert, bearbeitet und erträglich macht. Und genau das ist das Gebot der Stunde in der deutschen Geschichtskultur.

# Anmerkungen

1 Veränderter und gekürzter Text von Rüsen, Jörn: Historisch Trauern – Skizze einer Zumutung, in: Liebsch, Burkhard; Rüsen, Jörn (Eds): Geschichte und Trauer. Demnächst Köln 2000.

2 Vgl. Rüsen, Jörn: Zerbrechende Zeit. Studien zum Sinn der Geschichte. Köln 2000.

3 Rüsen, Jörn: Was heißt Sinn der Geschichte? (Mit einem Ausblick auf Vernunft und Widersinn), in: Müller, Klaus E., Rüsen, Jörn (Eds): Historische Sinnbildung – Problemstellungen, Zeitkonzepte, Wahrnehmungshorizonte, Darstellungsstrategien. Reinbek 1997, S. 17-47 (auch in: ders.: Zerbrechende Zeit. Studien zum Sinn der Geschichte. Köln 2000).

4 Mitscherlich-Nielsen, Margarethe: Die Notwendigkeit zu trauern, in: Psyche 33 (1979), S. 981-990, zit. S. 982.

5 Vgl. dazu Brumlik, Micha: Trauer und Solidarität. Zu einer Theorie öffentlichen Gedenkens, in: ders.; Kuni, Petra (eds): Reichspogromnacht. Vergangenheitsbewältigung aus jüdischer Sicht. Frankfurt am Main 1988, S. 111-119.

6 Um diesen vor-historischen Charakter des Trauerns geht es auch in dem viel zitierten Buch von Alexander und Margarete Mitscherlich: Die Unfähigkeit zu trauern. Grundlagen kollektiven Verhaltens. Leipzig 1990 (zuerst München 1967). »Trauer kann nur dort entstehen, wo ein Individuum der Einfühlung in ein anderes Individuum fähig gewesen ist. Dieses andere Wesen bereicherte mich durch sein Anderssein ...«(S. 44). Das Grundproblem, ein spezifisch historisches Trauern zu denken, besteht darin, dass eine neue Zeitdimension zwischen Subjekt und Objekt eingeführt werden muss, die die Unmittelbarkeit einer Lebensbeziehung überschreitet. Die ›Objektbesetzung‹ mit Libido ist davon unberührt, da eine solche auch über den Zeitabstand hinaus möglich ist. Das Wissen um den Tod einer Person oder Personengruppe, ja eines ganzen Kulturkomplexes in der abständigen Vergangenheit kann wie die Erfahrung des Verlustes einer geliebten Person angesehen, selber erfahren und psychisch ›bearbeitet‹ werden.

7 So nehme ich die Interpretationsgrundlage von Santner, Eric L.: Stranded Objects. Mourning, Memory, and Film in Postwar Germany (Ithaca 1990) wahr. Trauer wird mit einer postmodern uminterpretierten Psychoanalyse zur Grundbefindlichkeit menschlicher kultureller Aktivität im Umgang mit Welt überhaupt, in dem

das menschliche Selbst nur als fragmentarisiertes, nomadisches und inkohärentes gelebt und ausgedrückt werden kann (wenn es sich nicht totalitär, gleichsam im transzendentalen Zug der Moderne selber zum Komplizen des Holocaust machen will). Santner führt den Holocaust auf das logo- und phallozentrische, ontotheologische Denken des Okzidents zurück und ebnet damit alle historische Differenzierung ein. Wenn die Geschichte im Ganzen traurig ist, dann macht es wenig Sinn, in ihr über bestimmte historische Erfahrungen zu trauern.

8 Vgl. Straub, Jürgen (Ed): Erzählung, Identität und historisches Bewusstsein (Erinnerung, Geschichte, Identität Bd. 1). Die psychologische Konstruktion von Zeit und Geschichte. Frankfurt am Main 1998.

9 Eine Theorie des intergenerationellen Verhältnisses, von der her diese Dimension entfaltet werden könnte, haben Christian Schneider et al. entwickelt: Schneider, Christian; Stillke, Cordelia; Leineweber, Bernd: Das Erbe der Napola. Versuch einer Generationengeschichte des Nationalsozialismus. Hamburg 1966.

10 Bei den Römern wird sie im Leichenzug von Adligen höchst sinnfällig. Vgl. dazu Flaig, Egon: Die pompa funebris. Adelige Konkurrenz und annalistische Erinnerung in der römischen Republik, in: Oexle, Otto Gerhard (Ed.): Memoria als Kultur, Göttingen 1995, S. 115-148.

11 Stierlin, Helm: Adolf Hitler. Familienperspektiven. Frankfurt am Main 1995, S. 52ff.

12 »Die Aufgabe des intergenerationellen Traums: im Zusammenspiel der Generationen, gerade auch in dem ihm innewohnenden Element des Konflikts, die Bedingung der Möglichkeit zu einer *Integration* unterschiedlicher Erfahrungsreservoirs zu schaffen. Genau diese Möglichkeit scheint bei den Generationen, die sich in Deutschland aus den verschiedenen Perspektiven über den Nationalsozialismus zu verständigen haben, beschädigt; bei der Klientel unserer Untersuchung ist sie in der Mehrzahl der Fälle durch die Pathologie der ersten Generation liquidiert.« (Schneider u. a.: Das Erbe der Napola, [siehe Anm. 9], S. 201f.)

13 Vgl. aber Schneider u. a. (siehe Anm. 9), die die spezifisch deutsche Erfahrung eines intergenerationellen Bruchs analysieren und damit de facto die Brücke von der Psychoanalyse zur Historie schlagen. Zumindest erscheint mir das Theoriekonzept der Untersuchung anschließbar an eine Theorie der historischen Sinnbil-

dung. Eine höchst anregende psychoanalytische Theorie der Konstitution von Geschichtsbewusstsein in der Adoleszenzphase findet sich bei Erdheim, Mario: Die gesellschaftliche Produktion von Unbewusstheit. Eine Einführung in den ethnopsychoanalytischen Prozess. Frankfurt am Main 1984, S. 336ff.; vgl. auch ders.: Zur psychoanalytischen Konstruktion des historischen Bewusstseins, in: Rüsen, Jörn; Straub, Jürgen (Ed): Die dunkle Spur der Vergangenheit. Psychoanalytische Zugänge zur Geschichte (Erinnerung, Geschichte, Identität Bd. 2). Frankfurt am Main 1998, S. 174-193.

14 Explizit geschieht dies bei Alice Miller: Das Drama des begabten Kindes und die Suche nach dem wahren Selbst. Frankfurt/Main 1982, passim (z. B. »Die wohl größte nazißtische Wunde – nicht als das, was man war, geliebt worden zu sein – kann ohne Trauerarbeit nicht heilen.« S. 139).

15 Vgl. dazu Wardi, Ina: Siegel der Erinnerung. Das Trauma des Holocaust. Psychotherapie mit Kindern von Überlebenden. Stuttgart 1997.

16 Lübbe, Hermann: Der Nationalsozialismus im deutschen Nachkriegsbewusstsein, in: Historische Zeitschrift 236 (1983), S. 579-599. Lübbes These traf auf heftige und polemische Widerstände. In der Zwischenzeit ist sie durch ausgedehnte Forschungen empirisch bestätigt worden. Dazu vor allem Frei, Norbert: Vergangenheitspolitik. Die Anfänge der Bundesrepublik und die NS-Vergangenheit. München 1996.

17 Z. B. Meier, Christian: 40 Jahre nach Auschwitz. Deutsche Geschichtserinnerung heute. München [2]1990, S. 10. – Ernst Nolte hat in seiner Polemik gegen seine Kritiker Meier als »Protagonisten des ›großen Wir‹« bezeichnet (Nolte, Ernst: Das Vergehen der Vergangenheit. Antwort an meine Kritiker im sogenannten Historikerstreit. Berlin 1987, S. 49). Besonders eindrucksvoll hat dieses »Wir« Klaus von Dohnanyi in einem Beitrag zur Walser-Bubis-Debatte zur Sprache gebracht: »Wer in unseren Tagen zu diesem Land in seiner Tragik und mit seiner ganzen Geschichte wirklich gehören will, wer sein Deutschsein wirklich ernst und aufrichtig versteht, der muss sagen können: Wir haben den Rassismus zum Völkermord gemacht; wir haben den Holocaust begangen; wir haben den Vernichtungskrieg im Osten geführt. Diese Verbrechen sind, um mit Walser zu sprechen, deswegen auch unsere persönliche Schande. Nicht ›Deutschland‹, die abstrakte

Nation; nicht das ›Deutsche Reich‹, die staatliche Organisation; nicht die anderen Deutschen – nein, wir selbst sind es gewesen ... Die deutsche Identität ... wird heute eben durch nichts deutlicher definiert als durch unsere gemeinsame Abkunft aus dieser schändlichen Zeit ...« (Dohnanyi, Klaus von: Eine Friedensrede. Martin Walsers notwendige Klage, in: FAZ 14. November 1998, S. 33).

Thomas Metzinger

# … omnes ingeniosos melancholicos esse

## Intellektualität und Melancholie: Die Transparenz der Trauer

Zart Gedicht, wie Regenbogen,
Wird nur auf dunkeln Grund gezogen:
Darum behagt dem Dichtergenie
Das Element der Melancholie.

*Goethe*

Im Ganzen und Allgemeinen jedoch
beruht die dem Genie beigegebene Melancholie darauf,
dass der Wille zum Leben, von je hellerem Intellekt er sich
beleuchtet findet,
desto deutlicher das Elend seines Zustandes wahrnimmt.

*Schopenhauer*

Im ersten Buch seiner *Tusculanae Disputationes* sagt uns Cicero, dass er überhaupt nicht traurig darüber ist, geistig etwas langsamer zu sein als andere Menschen.[1] Denn, so schreibt Cicero dort unter Berufung auf eine Aristoteles zugeschriebene Stelle in den *Problemata* (XXX, 1), es gibt zumindest eine alte philosophische These, die darauf hinweist, dass für Intelligenz und Klugheit ein hoher Preis zu zahlen ist. Diese These besagt, dass alle Hochbegabten Melancholiker seien. Hohe Intelligenz und ein melancholisches Grundgefühl sind demnach zwei Seiten ein und derselben Münze. Was genau aber ist Melancholie?

In der Antike verstand man unter Melancholie eine geistige Verfassung, die durch eine krankhafte, schwarze Verfärbung des Gallensaftes ausgelöst wird. Eine spezielle Theorie besagte zum Beispiel, dass der depressive Charakter der Melancholie aus einer zu großen Kälte des schwarzen Saftes der Galle resultiert. Kant wies später darauf hin, dass der Melancholiker ein vorzügliches Gefühl für das Erhabene besitze und auch ein tieferer Denker sei als der Sanguinische, weil er seine Aufmerksamkeit immer zuerst auf die Schwierigkeiten richtet. Allerdings findet er deshalb »allerwärts Ursache zu Besorgnissen« und ist auch ganz allgemein durch eine gewisse Egozentrik charakterisiert (ein Punkt, auf den ich gleich zurückkommen werde).[2] Die melancholische Verstimmung spielte dann zunehmend eine Rolle in der Psychologie und Psychiatrie.

Noch Anfang des letzten Jahrhunderts wurde die Melancholie wie folgt definiert:

> Melancholie (gr. *melancholia* v. *melas* = schwarz u. *cholê* = Galle) heißt die Seelenkrankheit (Psychose), welche in dem Hange, sich traurigen Vorstellungen hinzugeben, besteht. Sie entsteht meist allmählich. Der Schlaf wird unruhig, die Träume werden unangenehm, der Appetit wird schlecht, die Arbeitslust erlahmt. Der Mensch fühlt eine allgemeine Depression seines Ichs, ohne dass er die Kraft hätte, sie abzuschütteln. Befürchtungen, Versündigungs- und Verfolgungsideen tauchen auf. Schwäche und Schweigsamkeit, Hoffnungslosigkeit sind die Kennzeichen des Melancholikers. Zuweilen treten auch Angst und Tobsuchtsanfälle auf. Die Erkennung der Umgebung pflegt aber meist nicht wesentlich getrübt zu sein. Ursachen der Melancholie sind entweder wirkliches oder eingebildetes Unglück, fixe Ideen (über Gott, Ehrgeiz, Liebe) oder körperliche Störungen in der Verdauung und Blutbereitung. Namentlich ist die Melancholie die Psychose der ersten Rückbildungsstufe. Sie tritt daher oft bei Frauen in den Wechseljahren ein. Nachdem das Leiden seinen Höhepunkt erreicht hat, tritt entweder allmähliche Genesung oder dauernde Verblödung ein.[3]

Heute gibt es zum Beispiel den »*Melancholic Features Specifier*« im Kapitel über Depressionen und »Mood Disorders« im »*Diagnostic and Statistical Manual of Mental Disorders*«, herausgegeben von der *American Psychiatric Association*. Zu den definitorischen Kriterien, die eine bereits deutlich ausgeprägte depressive Phase zusätzlich mit den Eigenschaften der Melancholie versehen, gehören dieser diagnostischen Definition zufolge erstens der Verlust der Freude an allen oder fast allen Aktivitäten und/oder zweitens eine Abwesenheit von Reaktionen auf angenehme und lustvolle Reize. Der Patient fühlt sich nicht besser, auch nicht vorübergehend, wenn ihm etwas Gutes widerfährt. Zusätzlich müssen mindestens drei der sechs folgenden Bedingungen erfüllt sein: Das Vorhandensein einer distinkten, depressiven Qualität, die sich deutlich von der Trauer zum Beispiel nach dem Tod einer geliebten Person unterscheidet, eine regelmäßige Verschlimmerung der Depression am Morgen, frühes Erwachen (mindestens 2 Stunden vor dem üblichen Zeitpunkt), eine deutliche psychomotorische Hemmung oder Erregtheit, signifikante Appetitlosigkeit oder Gewichtsverlust und exzessive oder dem jeweiligen Kontext unangemessene Schuldgefühle.

Zurück zur Aristoteles-Cicero-These. Sie enthält eine ganze Reihe von mehr oder weniger philosophischen Fragen: Gibt es eigentlich eine begriffliche Verbindung zwischen Klugheit und Traurigkeit? Ist sie empirisch plausibel? Existiert tatsächlich ein innerer Zusammenhang zwischen Kognition und Depression, zwischen Genialität, Trauer und Melancholie? Vielleicht könnte man auch ganz anders fragen: Kann man ein seriöser Intellektueller sein – also eine Person, die ein nicht nur aus Karrieregründen vorgetäuschtes, sondern ernsthaftes und kompromissloses Interesse an Erkenntnisfortschritt besitzt –, eine Person, deren Stolz und Subversivität darin besteht, dass sie ihr Leben nicht auf die Verdrängung von Erkenntnis aufbaut, und *trotzdem* glücklich sein? Oder muss man, um glücklich sein zu können, am Ende immer doch in die kleine

Welt des Spießers zurückkehren und sein Leben auf Verdrängung aufbauen? Führt eine kritisch-intellektuelle Haltung letztlich zur Verbitterung und Depression?

Es scheint eine Reihe von empirischen Indikatoren zu geben, die in diese Richtung deuten. Das Stichwort aus der Psychologie heißt hier *depressive realism*: Könnte es sein, dass Depressive aufs Ganze gesehen in einem besseren Kontakt zur Realität stehen als die sogenannten »Normalen«, weil sie sich selbst und ihre Situation in Wirklichkeit objektiver und mit größerer Genauigkeit erfassen? Ist Melancholie ein Anzeichen für epistemische Rationalität, ein Indikator für eine letztlich eben doch im landläufigen Sinne des Wortes realistische Sicht der Welt und des Selbst in ihr? Empirische Studien haben zum Beispiel gezeigt, dass Depressive das Ausmaß der Kontrolle, die sie in einer experimentellen Situation tatsächlich besaßen, genauer einschätzen als nicht-deprimierte Versuchspersonen, welche ihrerseits typischerweise durch eine übertriebene Einschätzung ihrer eigenen Kontrollmöglichkeiten charakterisiert waren.[4] Bei anderen Experimenten zeigte sich, dass Depressive den zu erwartenden Erfolg einer Handlungsweise besser einschätzen konnten als Normalpersonen.[5] Außerdem zeigte sich, dass Nicht-Depressive eher bereit waren, sich selbst positive Ergebnisse zuzuschreiben als negative – während die Depressiven ein ausgewogeneres Urteilsvermögen besaßen und sich sowohl positive wie auch negative Handlungsresultate gleichermaßen zurechneten.[6] Natürlich folgt aus der Tatsache, dass Depressive in isolierten Laborsituationen größere Realisten sind als die »Kontrollgruppe« der sogenannten glücklichen Menschen, nicht, dass sie auch aufs Ganze gesehen einen besseren Zugriff auf die echten, auf die harten Fakten des wirklichen Lebens besitzen. Trotzdem sind solche Forschungsergebnisse beunruhigend, weil sie uns ahnen lassen, dass Optimismus und der angeblich so gesunde Glaube an sich selbst vielleicht nur erfolgreiche Illusionen sein könnten. Es könnte nämlich – wie nicht wenige Philosophen behauptet haben – eine *objektive* Tatsache sein, dass die Welt schlecht und das Leben im Grunde nicht lebenswert ist, und der Melancholiker könnte deshalb ein Melancholiker sein, weil er diese Tatsache einfach besser erkennen kann als andere. Eine mögliche Kurzformel wäre dann: Intelligenz führt zu Realismus, und Realismus führt zu Depression. Ebenfalls beunruhigend werden manche eine Reihe von Einsichten der modernen Neurobiologie finden, die uns zeigen wie eng auch im Falle von Traurigkeit und Melancholie die Korrelation zwischen Gehirn und bewusstem Erleben ist.[7]

Das *Erleben* von Traurigkeit und Melancholie ist etwas, das man mittlerweile durchaus technisch erzeugen kann. Durch die direkte und spezifische Stimulation bestimmter Hirnregionen lässt sich das bewusste Erleben von Traurigkeit zumindest im Prinzip gezielt hervorrufen. Die folgende Abbildung zeigt eine Patientin, der im Rahmen von Bemühungen zur Therapie einer schweren Parkinson'schen Erkrankung beidseitig Elektroden im Bereich der subthalamischen Nuklei implantiert worden waren. Bei der Reizung mit einer einzelnen dieser Elektroden kam es zu einer akuten Depression, einer kurzen, vorübergehenden Episode tiefer Verzweiflung.

Solche Experimente zeigen, dass das melancholische Bewusstsein nichts Mysteriöses ist. Als Naturphänomen scheint es eingebunden zu sein in das kausale Netzwerk der physikalischen Welt. In anderen Worten: auch Trauer und Melancholie sind allem Anschein nach »von unten« determiniert, zumindest aber ist der subjektive, emotionale Inhalt dieser Zustände eng korreliert mit bestimmten Hirnzuständen. Fachphilosophen sagen gerne das Folgende: Der »phänomenale Gehalt« der entsprechenden Zustandsklassen »superveniert lokal« über bestimmten Gehirnvorgängen des Melancholikers. Das heißt, vereinfacht gesagt,

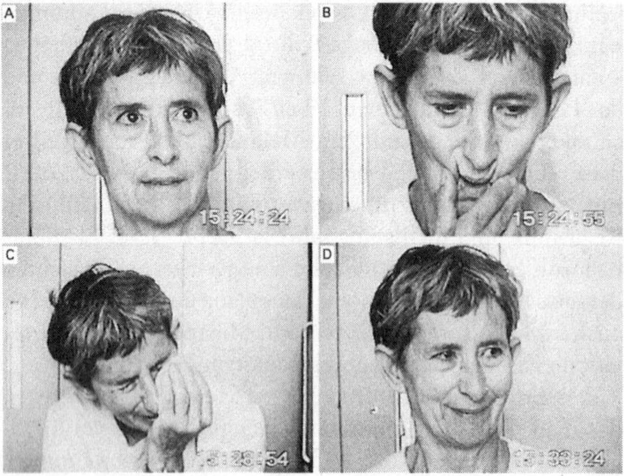


Videobilder des Gesichtsausdrucks einer Patientin während einer depressiven Episode, ausgelöst durch Hochfrequenzstimulation mit einer Elektrode in der linken subthalamischen Region. Die Zeitangaben befinden sich auf den jeweiligen Bildern rechts unten. Bild A zeigt den normalen Gesichtsausdruck der Patientin. Bild B zeigt eine erste Veränderung 17 Sekunden nach Beginn der Stimulation. Bild C zeigt die weinende Patientin, die einer tiefen Verzweiflung Ausdruck verleiht. (Auf Fragen nach dem Grund ihrer Traurigkeit und danach, ob sie Schmerzen habe, antwortetet sie: »Nein, ich habe das Leben satt, ich habe genug davon. ... Ich will nicht mehr leben, das Leben ekelt mich an. ... Alles ist sinnlos, ich fühle mich immer wertlos, ich habe Angst in dieser Welt«; vgl. a. a. O., S. 1476.) Bild D zeigt die lachende Patientin, 1 Minute und 20 Sekunden nachdem die Reizquelle abgeschaltet worden ist.

nichts anderes als dies: wenn alle neuronalen Eigenschaften im Kopf der betreffenden Person feststehen, dann steht auch fest, wie genau ihr emotionaler Zustand sich jetzt für sie selbst – aus der subjektiven Innenperspektive – anfühlen muss. Allerdings ist damit noch nicht gesagt, dass dieser Zustand in seinem *vollen* Gehalt sich auch leicht auf eine bestimmte Eigenschaft des Gehirns reduzieren lässt. Insbesondere ist damit noch nichts über das gesagt, was Philosophen den »intentionalen« oder »repräsentationalen« Gehalt von großen Gefühlen wie Traurigkeit oder Melancholie nennen würden – über die Tatsache, dass sie sich häufig *auf etwas beziehen*. Um diese zweite Art von geistigem Gehalt geht es aber in Wirklichkeit, wenn man wissen will, wie Klugheit und Traurigkeit zusammenhängen. Es gibt also auch etwas, das durch das obige Experiment *nicht* berührt wird. Was könnte dies sein?

Die Versuchsperson im obigen Bild ist nicht wirklich traurig. Sie hat nur eine Traurigkeits-Halluzination. Das bedeutet, dass ihr gegenwärtiger Zustand kein Zustand *über etwas* ist, kein Zustand, der irgendeinen Aspekt der externen Welt mehr oder weniger richtig abbildet. Die Traurigkeit im obigen Bild ist durch eine Elektrode im Gehirn ausgelöst worden und nicht durch eine gedankliche Einsicht. Sie ist ein phänomenales Artefakt. Deshalb ist *diese* Traurigkeit im Grunde ein rein körperliches Ereignis, sie besitzt keine echte Erkenntniskomponente. Geistig ist sie nur in dem Sinne, dass sie einen phänomenalen Gehalt besitzt, das heißt, dass sie tatsächlich ein prägnantes bewusstes Erlebnis konstituiert, das sich irgendwie von innen anfühlt. Die tiefe Verzweiflung der Patientin ist durch eine spezifische subjektive Qualität charakterisiert, aber sie stellt keinen Fortschritt dar. Sie ist eher eine Art von technisch erzwungenem, emotionalem Alptraum: Eine halluzinatorische Episode, die nichts über den wirklichen Zustand der Welt sagt, ein pures Erlebnis, das keinen Erkenntnisaspekt besitzt. Was also durch das obige Experiment und die zu erwartende Erforschung der minimal hinreichenden neuronalen Korrelate von Trauer und Melancholie *nicht* berührt wird, ist die Frage, ob solche Zustände auch *repräsentierende* Zustände sind, ob sie jetzt gerade eine Form von Wissen über die Welt darstellen. Repräsentation gibt es immer dann, wenn es auch Fehlrepräsentation gibt. Und was könnte ein deutlicheres Beispiel für Fehlrepräsentation sein als das oben stehende Bild der weinenden Frau?

Ein zweites Merkmal der großen Gefühle »Trauer« und »Melancholie« ist aber, dass sie sehr häufig eine Form der *Selbst*repräsentation sind. Bereits die klinische Depression ist, das sagt uns wieder die empirische Forschung, typischerweise gekoppelt an eine Beschädigung des Selbstwertgefühls. In der philosophischen Melancholie erkennt das erlebende Subjekt auch die Absurdität der *eigenen* Existenz – und bei intellektuell veranlagten Menschen kann sich dieser Zustand jederzeit iterieren, in Richtung auf höherstufige Zustände, in denen auch die Absurdität *dieser* Situation (und ihrer Folgenlosigkeit) noch einmal emotional repräsentiert, also gefühlsmäßig erlebt wird. Es könnte daher durchaus sein, dass die Melancholie erster Stufe eine Illusion ist, ein phänomenales Artefakt, hervorgerufen durch schlechte Verdauung oder eine Elektrode im Gehirn. Trotzdem könnte diese höherstufige Selbstrepräsentation – die uns einfach noch einmal darüber verzweifeln lässt, dass wir selbst so verzweifelt sind – eine durchaus adäquate Darstellung des eigenen Zustands sein. Es ist auch klar, dass Menschen mit einem größeren geistigen Fassungsvermögen solche höherstufigen Zustände der Selbstrepräsentation, des unglücklichen Selbstbewusstseins schneller und leichter erzeugen als andere. Ich denke, es ist auch dieser Punkt, an dem die Depression zum »großen Gefühl« wird, zur Meta-Melancholie als einer letztlich auch kognitiv überformten Serie in sich rückgekoppelter geistiger Zustände, die sich gegenseitig verstärken.

Man muss aber zwei Punkte deutlich auseinander halten: Die höherstufige Melancholie, das subjektive Drama der philosophischen Verzweiflung, bezieht sich in Wirklichkeit immer nur auf den phänomenalen Gehalt als solchen, auf

Albrecht Dürer: Die Melancholie I, 1514

die pure Erlebnisqualität der Melancholie – nicht auf ihre kausale Geschichte. Über die kausale Geschichte der eigenen Melancholie – insbesondere darüber, dass sie tatsächlich durch eine echte Erkenntnis des objektiven Zustandes der Welt hervorgerufen wurde – kann man sich immer täuschen. Das Einzige, was sicher ist, ist, dass man selbst eben jetzt gerade verzweifelt ist. Man weiß niemals mit letzter Sicherheit, ob man es ganz am Anfang tatsächlich mit einer Erkenntnis zu tun hatte, was die reale Entstehungsgeschichte der aktuellen Verzweiflung war. Was man genau genommen niemals weiß, ist, ob das subjektive Drama der philosophischen Verzweiflung nicht am Ende doch nur ein phänomenales Melodrama ohne Erkenntnischarakter ist. Anders gewendet: Bloß weil man verzweifelt ist, ist man noch lange kein Philosoph.

An diesem Punkt wird uns der Vertreter der großen Traurigkeit, der philosophische Melancholiker, mit gedämpfter Stimme, aber dezidiert widersprechen: Für die Melancholie oder den philosophischen Weltschmerz kann man genau dies nicht sagen. Das Problem des philosophischen Melancholikers ist doch gerade die offensichtliche Tatsache, dass sein gegenwärtiger Zustand den Charakter einer *Einsicht* trägt. Von diesem Einsichtscharakter – dem unhintergehbaren Gefühl, dass der Trauer eine Erkenntnis über den wirklichen Zustand der Welt entspricht – kann er sich nicht distanzieren. Und wer diesen Einsichtscharakter ausblendet, der wird genau dem wesentlichen Aspekt nicht mehr gerecht, der die Depression zu einem *großen* Gefühl machen kann, zu einer genuin metaphysischen Form von Traurigkeit. Die philosophische Melancholie ist ein epistemischer Zustand und nicht bloß eine Depression, ihr Kern ist eine Gewissheit und kein bloßes Gefühl. Es ist diese unabweisbare Gewissheit, die die Essenz der Bitterkeit ausmacht, sagt der Melancholiker mit leiser Stimme, aber nicht ganz ohne Stolz.

An dieser Stelle lässt es sich nicht umgehen, ein allerletztes Mal auf philosophische Fachterminologie zurückzugreifen. Das begriffliche Werkzeug, das uns an diesem Punkt weiterhelfen kann, ist das phänomenologische Konzept der »Transparenz«.[8] Transparenz ist eine Eigenschaft des Inhalts von Repräsentationen. Wir haben bereits gesehen, dass Emotionen auch Repräsentationen sind, die die Wirklichkeit durchaus falsch darstellen können – auch wenn sie nicht-begriffliche, durch Körperempfindungen vermittelte Repräsentationen sind, die nicht einfach in dem selben Sinne wahr oder falsch sind wie Sätze oder vielleicht auch Gedanken. Transparent ist der Inhalt einer Repräsentation genau dann, wenn die Repräsentation *durchsichtig* ist, wenn wir nicht mehr erkennen können, *dass* es sich um eine Repräsentation handelt. Emotionen sind in den allermeisten Fällen transparent. Meine These ist, dass es die Transparenz ist, die verantwortlich ist für das unhintergehbare Moment der subjektiv erlebten Gewissheit, von dem der philosophische Melancholiker sich nicht lösen kann.

Transparenz ist eine besondere Form der Dunkelheit.[9] In der Phänomenologie des visuellen Erlebens bedeutet Transparenz, dass wir etwas nicht sehen können, weil es durchsichtig ist. Phänomenale Transparenz *im Allgemeinen* dagegen bedeutet, dass etwas Bestimmtes dem subjektiven Erleben nicht zugänglich ist, nämlich der Repräsentationscharakter der Inhalte des bewussten Erlebens. Diese Analyse bezieht sich in erster Linie auf alle Sinnesmodalitäten und insbesondere auf das integrierte phänomenale Modell der Welt als ganzer, man kann sie jedoch auf emotionale Zustände anwenden. Das *Mittel* der Darstellung kann selbst nicht noch einmal als solches dargestellt werden und darum wird das erlebende System notwendigerweise in einen naiven Realismus verstrickt, weil es sich selbst als in direktem Kontakt mit dem Inhalt seines Bewusstseins erleben muss. Was es nicht erleben kann, ist die Tatsache, dass sein Erleben immer in einem *Medium* stattfindet. Eine vollständig transparente Repräsentation zeichnet sich dadurch aus, dass die Mechanismen, die zu ihrer Aktivierung geführt haben, und die Tatsache, dass es einen konkreten inneren Zustand gibt, der ihren Gehalt trägt, introspektiv nicht mehr erkannt werden können. Die Phänomenologie der Transparenz ist die Phänomenologie des naiven Realismus. Der philosophische Melancholiker ist naiver Realist bezüglich der wahren kausalen Geschichte seines emotionalen Zustandes.

Die allermeisten phänomenalen Repräsentationen sind transparent, weil ihr Inhalt und vor allem dessen Existenz in allen möglichen Kontexten festzustehen scheint: Das Buch, das Sie jetzt in Händen halten, wird dem subjektiven

Erleben nach immer nur dieses Buch bleiben, egal wie sich die äußere Wahrnehmungssituation ändert. Was Sie erleben ist nicht ein »aktiver Objektemulator«, der gerade in ihr globales Realitätsmodell integriert worden ist, sondern einfach nur der *Gehalt* des zugrunde liegenden Repräsentationsvorgangs, eben: dieses *Buch*, als Ihnen selbst hier und jetzt anstrengungslos gegebenes. Was der Melancholiker erlebt, ist nicht ein »emotionales Selbstmodell«, sondern ganz einfach seine *eigene*, unhintergehbare metaphysische Trauer. Die beste Art und Weise, sich den Begriff der Transparenz weiter klar zu machen, besteht vielleicht darin, zwischen dem Vehikel und dem Gehalt einer Repräsentation zu unterscheiden, zwischen repräsentationalem Träger und repräsentationalem Inhalt.[10]

Der repräsentationale Träger ihres Erlebnisses ist ein bestimmter Vorgang im Gehirn. Diesen Vorgang – der in keiner konkreten Weise etwas »Buchhaftes« an sich hat – erleben Sie nicht bewusst, er ist transparent in dem Sinne, dass Sie durch ihn hindurch schauen. *Worauf* Sie schauen ist sein repräsentationaler Inhalt, eben die sensorisch gegebene Existenz eines Buchs, hier und jetzt. Der Inhalt ist also eine abstrakte Eigenschaft des konkreten repräsentationalen Zustands in ihrem Kopf. Wenn der repräsentationale Träger ein gut und zuverlässig funktionierendes Instrument zur Wissensgewinnung ist, dann erlaubt er Ihnen dank seiner Transparenz »durch ihn hindurch« direkt auf die Welt, auf das Buch zu schauen. Er macht die von ihm getragene Information global verfügbar, ohne dass Sie sich darum kümmern müssen, *wie* das geschieht. Das Besondere an der phänomenalen Variante der Repräsentation ist nun, dass Sie diesen Inhalt auch dann, wenn Sie halluzinieren und es das Buch gar nicht gibt, immer noch als maximal *konkret*, als absolut eindeutig, als direkt und unmittelbar gegeben erleben. Phänomenale Repräsentationen sind solche, für die wir die Unterscheidung zwischen repräsentationalem Gehalt und repräsentationalem Träger im subjektiven Erleben nicht machen können. Ich behaupte, dasselbe gilt auch für die sogenannten großen Gefühle.

Es gibt natürlich Gegenbeispiele, und sie sind hilfreich, um den Begriff der »Transparenz« noch besser zu verstehen. *Opake* phänomenale Repräsentationen entstehen zum Beispiel dann, wenn die Information, *dass* es sich bei ihrem Inhalt um das Resultat eines inneren Darstellungsvorgangs handelt, plötzlich global verfügbar wird. Wenn Sie entdecken, dass es das Buch in Wirklichkeit gar nicht gibt, dann wird die Halluzination zur Pseudohalluzination: Auch auf der Ebene des Erlebens selbst ist jetzt die Information verfügbar, dass Sie nicht auf die Welt schauen, sondern auf einen aktiven repräsentationalen Zustand, der im Moment allem Anschein nach kein gutes Instrument zur Wissensgewinnung ist. Sie wissen dann, dass Sie jetzt gerade halluzinieren: Der phänomenale Buchzustand wird undurchsichtig. Was Sie verlieren, ist die *sensorische* Transparenz. Ihnen wird die Tatsache bewusst, dass Wahrnehmungen durch Sinnesorgane erzeugt werden und dass diese Organe nicht in allen Situationen absolut zuverlässig funktionieren.

Nehmen wir weiter an, dass Sie jetzt sogar plötzlich entdecken, dass sich nicht nur die Buchwahrnehmung, sondern auch Ihr gesamtes philosophisches Nachdenken über das Problem der Sinnlosigkeit und der großen Gefühle in einem Traum ereignet, dann wird dieser Traum zum Klartraum. Die Tatsache, dass Sie momentan nicht in einer Welt leben, sondern nur in einem Welt*modell*, wird nun global verfügbar: Sie können diese Information zur Handlungskontrolle, im weiteren Nachdenken oder für die Aufmerksamkeitslenkung einsetzen. Was Sie verlieren, ist *globale* Transparenz. Interessanterweise ist kognitive Verfügbarkeit allein nicht hinreichend, um den naiven Realismus des phänomenalen Erlebens zu durchbrechen. Man kann sich nicht einfach aus dem phänomenalen Modell der Wirklichkeit »hinausdenken«, indem man seine Meinungen über dieses Modell ändert: Die Transparenz phänomenaler Repräsentationen ist kognitiv nicht penetrabel, phänomenales Wissen ist nicht dasselbe wie begrifflich-propositionales Wissen.

Kehren wir jetzt zurück zum Beispiel der großen Gefühle, zu metaphysischer Trauer und philosophischer Melancholie. Auch für sie gilt, dass man sich nicht einfach aus ihnen »hinausdenken« kann. Auch sie sind phänomenale Zustände, und normalerweise sind auch sie transparent: Die Tatsache, dass es sich bei ihnen nur um höherstufige innere Zustände der Selbst*repräsentation* handelt, ist uns introspektiv nicht verfügbar. Wir können unsere Aufmerksamkeit nicht auf die Konstruktion der Emotion, auf die zugrunde liegenden Vorgänge der Informationsverarbeitung im Gehirn, auf den Darstellungsvorgang selbst lenken, denn wir sind immer nur mit seinem Endergebnis, dem Gefühl selbst, in Kontakt. Das gefühlsmäßige Leiden an der offensichtlichen Absurdität der eigenen Existenz ist maximal konkret, es scheint auf einer direkten und unmittelbaren Wahrnehmung der Welt und der Situation des Selbst in ihr zu beruhen – sein Stachel, der perfide Kern der Bitterkeit, liegt in dem Realismus des inneren Erlebens, der seinerseits den schwer zu verdrängenden Gewissheitscharakter erzeugt. Und dieser Gewissheitscharakter entsteht dadurch, dass der zugrunde liegende emotionale Zustand ein transparenter Zustand ist. Es stellt sich deshalb die Frage, ob man aus diesem Zustand aufwachen kann, so wie man auch in einem Alptraum erkennen kann, dass all dies nur ein Traum, eine komplexe Halluzination, eine innere Darstellung ist.

Denken wir wieder an das Bild der weinenden Frau. Obwohl vollkommen klar ist, dass ihr emotionaler Zustand eine Fehlrepräsentation ist, ein phänomenales Artefakt, so ist dieser Zustand doch – während er sich ereignet – vollkommen transparent: Er trägt die erlebnismäßige Gewissheit in sich, auf einer direkten und unmittelbaren Wahrnehmung der Welt und der Situation des Selbst in ihr zu beruhen. Diese Gewissheit resultiert aus dem, was ich »Transparenz« genannt habe, sie ist letztlich einfach eine Eigenschaft der Art und Weise, in der unser Gehirn die Welt und das Selbst intern modelliert. Die emotionale Gewissheit des philosophischen Melancholikers ist in diesem Sinne ebenfalls eine Illusion, der keine echte Erkenntnis entsprechen muss. Im philosophischen Fachjargon gesprochen: Phänomenale Transparenz ist nicht dasselbe wie epistemische Rechtfertigung. Das soll bedeuten, dass das subjektive *Erleben* von Gewissheit und direktem Realitätskontakt noch lange nicht als erkenntnistheoretische Rechtfertigung dienen kann, als Argument dafür, dass hier auch wirklich etwas gewusst wird. Das einzige, was gewusst wird, ist, wie man *selbst* sich gerade fühlt. Was also macht die metaphysische Trauer, das Leiden an der Sinnlosigkeit der Welt und den Schmerz der gefühlten Absurdität zu einem »großen« Gefühl? Es ist letztlich eine Kombination aus naivem Realismus und Selbstbezogenheit. Es ist erstens die Tatsache, dass der gefühlsmäßige Inhalt solcher Zustände nicht nur sehr umfassend und intensiv, sondern eben auch transparent ist und den Melancholiker – solange er es noch nicht geschafft hat, zum Philosophen zu werden – in ein naiv-realistisches Selbstmissverständnis verstrickt. Zweitens besteht die »Größe« dieser Klasse von emotionalen Zuständen auch darin, dass sie typischerweise durch komplizierte, höherstufige Formen der geistigen Selbstrepräsentation entstehen und dass nicht alle Menschen früher oder später automatisch diesen Bereich des phänomenalen Universums betreten. Aristoteles und Cicero hatten Recht: Es sind in erster Linie die *ingeniosi*, die einen natürlichen Hang zu dieser Form der Selbstbezogenheit haben.

Ein letzter Punkt ist wichtig. Wir haben eben gesehen, dass die emotionale Gewissheit des philosophischen Melancholikers eine Illusion ist, der keine echte Erkenntnis entsprechen muss. Daraus folgt jedoch nicht, dass es keine *anderen* Formen der Gewissheit gibt, und auch nicht, dass der metaphysischen Trauer des Melancholikers keine echte Erkenntnis entsprechen *könnte*. Selbstverständlich kann es eine objektive Qualität des Absurden in der menschlichen Existenz geben, der auch die Ernsthaftesten nur schwer ins Angesicht schauen können. Und natürlich kann es unter einer bestimmten Theorie wahr sein, dass der Wert eines menschlichen Lebens in den allermeisten Fällen ein negativer ist, dass es für die meisten von uns im Grunde besser ist, nicht geboren zu werden, als zu existieren, weil – wie zum Beispiel Schopenhauer im sechsundvierzigsten Kapitel des Vierten Buchs von »Die Welt als Wille und Vorstellung« unter der Überschrift »Von der Nichtigkeit und dem Leiden des Lebens« gesagt hat – »*das Leben ein Geschäft ist, das nicht die Kosten deckt*«. Es könnte auch durchaus wahr sein, dass unsere Sehnsucht nach dem, was William James »Frieden und Gemeinschaft mit der Seele der Welt«[11] genannt hat, aus prinzipiellen Gründen unerfüllbar ist und dass darin eine tiefe, reale Tragik liegt. Nur erfährt man dies nicht, indem man Melancholiker bleibt.

## Anmerkungen

1 »*Aristoteles quidem ait omnis ingeniosos melancholicos esse, ut ego me tardiorem esse non moleste feram.*« (»Aristoteles jedenfalls behauptet, dass alle Hochbegabten Melancholiker seien, so dass ich nicht traurig bin, geistig etwas langsamer zu sein.«) Cicero, *Tusculanae Disputationes/Gespräche im Tusculum*, I, 33, Stuttgart 1997, S. 110f.

2 Akademie-Ausgabe 7, S. 288.

3 Hellpach, *Die Grenzwissenschaft der Psychologie*, Leipzig 1902, S. 384f.

4 Alloy & Abramson, »Judgement of contingency in depressed and nondepressed students«, in: *Journal of Experimental Psychology: General* 108, S. 441-85. Zitiert nach Richard Garrett, »The Problem of Despair«, in: George Graham und G. Lynn Stephens (Hg.), *Philosophical Psychopathology*, Cambridge, Mass./London 1994, S. 73-89.

5 Golin, Terrell & Johnson, »Depression and the illusion of control«, in: *Journal of Abnormal Psychology*, 86, S. 440-2. Zitiert nach Richard Garrett, »The Problem of Despair«, in: George Graham und G. Lynn Stephens (Hg.), *Philosophical Psychopathology*, Cambridge, Mass./London 1994, S. 73-89.

6 Bradley, »Self-serving biases in the attribution process«, in: *Journal of personality and Social Psychology*, 36, S. 56-71. Zitiert nach Richard Garrett, »The Problem of Despair«, in: George Graham und G. Lynn Stephens (Hg.), *Philosophical Psychopathology*, Cambridge, Mass./London 1994, S. 73-89.

7 Siehe dazu auch Thomas Metzinger (Hg.), *Neural Correlates of Consciousness – Empirical and Conceptual Questions*, Cambridge, Mass./London 2000.

8 Der *locus classicus* ist ein Aufsatz von G. E. Moore aus dem Jahre 1903: »The refutation of idealism«, in: Mind, 12, S. 433-453.

9 Die folgenden Absätze beruhen auf einem Text, der unter dem Titel *Die Selbstmodell-Theorie der Subjektivität: Eine Kurzdarstellung für Nicht-Philosophen in fünf Schritten* erschienen ist in: W. Greve (2000) (Hg.), *Psychologie des Selbst*, Weinheim, S. 317-36.

10 Vgl. dazu auch Fred Dretske, *Die Naturalisierung des Geistes*, Paderborn, 1998, S. 45 ff.

11 William James, »Ist das Leben wert, gelebt zu werden?«, in: Christoph Fehige, Georg Meggle und Ulla Wessels (Hg.), *Der Sinn des Lebens*, München 2000, S. 277.

Steffen Kopetzky

## Das Schweigen kurz vor der Landung

Dies ist ein Text der Erinnerung: denn ich bin schon nicht mehr da – und muss doch, um zu erklären, wo ich jetzt bin, so tun, als wäre ich noch an dem Ort, den ich verlassen habe. Ich möchte von der Traurigkeit des Dazwischens erzählen, des Dazwischens, das den Abschieden folgt, das von den Ankünften begrenzt wird. Dazu kehre ich zurück: Ich nehme das Sakko, den Schlüssel von der Kommode im Flur, gehe das Treppenhaus hinunter. Ich verlasse das Haus, in dem ich nicht mehr wohne, und trete auf die Straße. Sagen wir, dass es regnet. Beim Anblick der glänzenden Kuppen des Kopfsteinpflasters, auf dessen luzider Oberfläche sich die Lichter der Eckkneipen und die unzufrieden nach einem Parkplatz suchenden Scheinwerfer der Wagen spiegeln, die ein geheimnisvolles, aber mit bloßem Auge nicht zu entdeckendes psychisches Innenleben in Form ihrer Fahrer haben müssen, seufze ich wahrscheinlich leicht fröstelnd auf.

Wir haben angenommen, dass es regnet und deswegen gehe ich nachdenklich und melancholisch die Straße hinunter, versuche nicht in einen der Hundehaufen zu treten und wundere mich über die ekstatischen Gesichter der Trinker in den Eckkneipen.

Auch jetzt stelle ich mir vor, während ich ja schon lange fort bin, dass in diesem Augenblick ein stummer Trinker das Kugelglas zum Munde führt, um einen Schluck Schultheißbier zu nehmen, bevor er die Behauptungen seines Gesprächspartners den wirklichen Zustand des deutschen Fußballs betreffend aufs Schärfste zurückweisen wird. Ich kann mir seine kehlige Erregung vorstellen, die den Lärm der Eckkneipe durchdringt und die stumpfen, alterslosen Trinker an den abseits stehenden Tischen dazu bringt für einen Augenblick aufzusehen, bevor sie wieder in neblige Erinnerungen an verflossenes Glück zurücksinken, das es vielleicht niemals gab. Ich kann mir die nervösen Schäferhunde vorstellen, die kurzfristig glauben, einer der Schreienden meinte sie, vielleicht – wer weiß – um sie zu füttern...

Das ist einer jener kurzen Blicke auf eine komplizierte Situation, die mehr erfassen, als man in Worten sagen könnte. Einer jener Blicke auf Verhältnisse, die man auf eine unmittelbare Weise versteht, und die einen, meistens im Nachhinein, lehren, dass man irgendwo zu Hause war; dort nämlich, wo man auf einen Blick mehr sieht, als man auf die Schnelle sagen könnte.

Inzwischen stehen wir, stelle ich mir vor, an einer der Kreuzungen der mittelgroßen Hauptstraße, die wir entlang gehen, mit einer jenen kleineren Seitenstraßen, die alle eine rätselhafte Aussicht auf ihr abruptes und verblüffendes Verschwinden freigeben. Sie enden am Flughafen Tempelhof, dessen blau und rot schimmernde Reihen von Kontrolllämpchen das Trugbild eines weit entfernten nächtlichen Flussufers provozieren. Die plötzliche Weite des Blicks, die Kühle des unvermittelt aufbrechenden leeren Raumes haben etwas sonderbar Atemberaubendes. Obwohl wir es durchaus eilig haben, bleiben wir längere Zeit stehen, in der Dunkelheit sehen wir ein kleines Verkehrsflugzeug auf seine Startposition zurollen, hören endlich die startenden Triebwerke und für einen Augenblick spüren wir selbst die Vibration der sich beschleunigenden Maschine, die Erschütterung beim Start, die schwankende Unsicherheit der ersten zwei, dreihundert Meter über dem Erdboden und blicken dann erleichtert und bezaubert auf die Fackelzüge der Straßen und die gleißenden Kreisläufe des Verkehrs, bevor die Maschine Wolken bleierner Schwärze durchtaucht und das lichternde Mosaik der

Stadt eine abstrakte Erinnerung aus einem konventionellen Film geworden ist – in dem wir immer noch an einer unbedeutenden und kaum belebten Kreuzung stehen und auf den Flughafen blicken. Ich bin zu spät, und vielleicht überlege ich, zu telefonieren. Einen Anruf machen.

Ich bin ja aber, das haben wir am Anfang festgehalten, schon nicht mehr da. Der Anfang der kleinen Schilderung Neuköllns stammt aus dem Ende meines Aufenthalts. Ich habe Berlin verlassen. Der Start mit der kleinen Maschine von Tempelhof liegt schon hinter mir. Aber ich bin auch noch nicht gelandet. Ich möchte mich erinnern, an das Wichtige.

Ich bin überzeugt, dass man, um an diese Essenzen zu gelangen, eine sonst verborgene Skrupellosigkeit zeigen, eine Zugriffsradikalität auf das eigene Material haben muss, die man sich gewöhnlich nicht leisten kann, weil sich die Blicke wie Säure in jeden Augenblick fräßen, jeder Schritt den Untergrund aufbräche. Die Erzählungen, die das Material organisieren, an das man mit derartiger Skrupellosigkeit gelangt, kreisen um wenige fundamentale und entscheidende Situationen, sie steuern sie immer wieder an: es werden gewaltige Architekturen erinnert, Geschosse und Fluchten, Labyrinthe und Straßenfluchten – allein um irgendwann einen bestimmten Blick freizugeben: etwa auf ein Paar. Ein Paar, das sich kennen lernt. Anfängt. Auf ein Paar, das sich trennt. Abschied nimmt. Zwischen beiden eine Geschichte, die traurig endet.

Möchten Sie sie hören? Wir haben angenommen, ich wäre noch nicht gelandet. Vielleicht sitzen Sie neben mir, ein Zufall, vielleicht kommen wir ins Gespräch, weil es in der kleinen Maschine zu dunkel ist, um zu lesen – die Geschichte beginnt. Berlin. Ich war gerade ein paar Monate in der Stadt, im Frühling gekommen. Die Einsamkeit meines ersten Aprils, meines ersten Mais war so undurchdringlich gewesen, dass sie mir heute wie das Phantasma einer langen, schlaflosen Nacht erscheint – eine jener endlosen ersten Nächte in Berlin. Die Tage waren schon außerordentlich heiß gewesen; die Bäume in den Straßen und den Parks hatten kaum Zeit gehabt, nur zartgrün zu werden, und standen schon in den launigen Atemzügen der Hitze. Der Wind trug gelegentlich ein Brummen, eine übermäßige und gewalttätige Erregung des Schalls in meine Wohnung: es waren dies die durch den Wind ins riesenhaft Fremde verzerrten Motoren der startenden Flugzeuge Tempelhofs. Die Motoren klangen wie ein durch unzähliges Kopieren zu groteskem Rauschen gewordenes Schweigen. Ich erinnere mich an sehr viel Wind in den Nächten, an sehr viel Wind, der sich im riesigen, ebenfalls gerade ergrünten Baum fing, dessen fast beängstigendes Rauschen zwischen den Wänden des Innenhofs hin- und hergeworfen, vervielfacht und zum Klangphantasma tiefer Wälder wurde. Ich erwachte immer wieder, durch die kaum nachlassende, schwüler werdende Hitze unruhig und dennoch erschöpft – erwachte schwitzend und verwirrt, wusste für Minuten nicht, ob ich vielleicht bei meinen Eltern in Oberbayern sei, und wenn, wie alt ich dann sei. Manchmal dachte ich, ich befände mich im fremden Schlafzimmer eines fremden Hauses in irgendeiner unbekannten ländlichen Gegend, vielleicht inmitten eines Parks, einer Klinik, eines Sanatoriums, nicht mitten in Berlin, sondern vollkommen einsam, ohne jedes Licht und ohne jeden Anhaltspunkt – allein auf mich geworfen, ohne Gedächtnis: ein Mensch zwar, aber ohne Erinnerung, wach, aber wach wozu?

In diesen Frühlingsnächten war ich Kind und Greis, geborgen und verloren im Rauschen des riesigen Baums, jenseits der ansonsten so präzise greifenden Chronologien. Wenn ich Ihnen jetzt davon erzähle, spüre ich deutlich, dass das einzige Material meiner Erzählung, das mir tatsächlich geblieben ist, zwischen meiner Sehnsucht nach etwas anderem als dem Endlichen und meiner Verzweiflung über die banale, aber tödliche Einsicht in das Unerhörte meiner Sehnsucht liegt – das Unerhörte. Das Unerhörte, das auf nichts weist, das Nicht-Bedeutende: ständig bedroht, in die Paralysmen der Vernichtung zurückzusinken, oder als plötzlich, unvorhergesehen auftretender Stern, als durchreisender Asteroid doch noch gerettet und bedeutend zu werden.

Ich weiß nicht mehr, wie oft ich in der Verzweiflung vollkommenster Einsamkeit mit meinem Fahrrad an die begrenzenden Drahtzäune Tempelhofs gefahren bin und der Sonne zusah – die hier so lange wie nirgendwo sonst in der Innenstadt Berlins zu sehen ist –, wie sie unterging. Ich weiß auch nicht mehr, ob ich Madeleine schon wahrgenommen hatte, bevor ich sie ansprach. Eines Abends jedenfalls stand ich wieder an den Zäunen, und Madeleine, vielleicht zwei Meter neben mir, sah mich so nachhaltig lächelnd und irgendwie – trotz aller Freundlichkeit – spöttisch an, dass ich nicht mehr anders konnte, als sie anzusprechen. Das klingt ausgesprochen gewöhnlich, und auf eine gewisse Weise ist es das natürlich auch. Ich aber hatte vielleicht vier Wochen lang, außer am Telefon, mit niemand anderem gesprochen als mit der uralten, nach eigenem Bekunden seit 1944 in meinem Haus lebenden Frau, die die ihr noch verbleibende Lebenszeit aus ihrem Hinterhoffenster im Erdgeschoss gelehnt zubrachte. Und jetzt gerade natürlich auch in ihrem Fenster lehnt; und als ich die rauchende Madeleine fragte, ob sie – ausgerechnet, um Gottes Willen, ich weiß – vielleicht eine *Zigarette* für mich hätte, schwangen in diesen kleinen und zugegebenermaßen einfallslosen Worten die Demütigungen aller in diesen Wochen alleine und schweigend bestiegenen Treppenstufen mit, das Geflüster hinter den Straßenecken, wo man niemals jemanden erblicken konnte, das Kichern der Kinder, die nichts komischer finden als traurige junge Männer. Diese kleine, zögerliche und zitternde Frage nach einer Zigarette war wochenlang durch leere, graniten hallende, überdies staubige Flure geirrt, nachts phantasierend und schlaflos von der Hitze gepeinigt worden und tagsüber durch Straßen geeilt, die wie die Kulissen eines überdimensionierten inneren Monologs von den Schritten des fliehenden Protagonisten erfüllt waren – ich war zu dieser Frage geworden.

Das merkte ich natürlich erst, als ich sie stellte und mir die Knie zitterten. Madeleine erklärte mir lächelnd, die Zigarette, die sie gerade rauchte, sei leider die letzte gewesen; »Das macht nichts«, sagte ich, »im Gegenteil, ich geh' schnell und kaufe welche«, und dann fragte ich, welche Marke sie bevorzugen würde. Ich kam zurück und wir unterhielten uns mit jener geheimnisvollen Ausführlichkeit über Kleinigkeiten, die Ankünfte neuer und vielleicht bedeutend werdender Menschen in unserem Leben zu begleiten pflegt – schließlich verabredeten wir uns für den nächsten Abend in einem bestimmten Lokal in Kreuzberg, trennten uns und ich beobachtete mit glückpulsierender Seele den Aufstieg eines Flugzeugs, von dem aus ein heimlicher Beobachter auf seiner Reise in den Süden winzigklein eine vertraute Szene hätte wahrnehmen können: ein Paar, das auseinander geht.

Als es schon dunkel war, ging ich zu meiner Wohnung, und es war, als hätte ich zum ersten Mal zu sagen gewusst, wo sie lag; als hätte Madeleine mir den Zollstab des wirklichen Geometers in meine Landschaft gerammt, von dem aus ich anfangen könnte, sie zu vermessen. Erst jetzt, fühlte ich, war ich angekommen, und ich wünschte mir eine Seele so weit wie der Horizont Tempelhofs – damit endlich jeder Schritt einen Aufbruch zu meiner Seele bedeute, jedes Ereignis in ihr geborgen wäre, der Horizont sich überschnitte mit jedem Ereignis in ihm – die Ankünfte, die Abschiede, dieses zwischen ihnen Stehenmüssen, ohne jeden Unterschied, ohne jede Möglichkeit zum Aufbruch und zur Aufgabe, alles immer gleichzeitig stattfinden lassen zu müssen; die Gleichzeitigkeit ist Drohung und Verheißung, sie ist die Erfüllung des Wunsches nach der Seele, die so weit sein soll wie der Horizont.

Am folgenden Abend trafen wir uns – der Sommer schlich wie ein viel zu früh auf eine Party gekommener Gast unschlüssig durch die Straßen und beobachtete ein wenig reserviert die letzten Vorbereitungen (grade auf die Straße gestellte Tische und Bänke, junge Frauen im ersten kurzen Kleid der Saison, barfuß laufende türkische Kinder). Wir saßen vielleicht eine halbe Stunde, als Madeleine sich verabschiedete, um sich, wie sie sagte, »die Hände zu waschen«. Ich blickte ihr nach, wie sie die nach unten führende Wendeltreppe nahm und sich noch einmal umdrehte, ihre Linke entschlossen auf dem grün gestrichenen Geländer. Ich erinnere mich an die neu gewonnene Furchtlosigkeit, mit der ich alles, was vor sich ging, beobachtete – ein Mensch, den man kennen lernt, und man glaubt, die Fremde läge hinter einem. Mehr oder weniger.

Denn nach ein paar Minuten war ich mir sicher, dass Madeleine gegangen, dass sie einen anderen, von mir nicht einzusehenden Ausgang genommen hatte und verschwunden war. Merkwürdigerweise war dieser Gedanke nur in der ersten Sekunde erschreckend. Danach legte sich mir die – inzwischen zweifelsfrei – entstandene Situation sachlich und überschaubar vor: ich würde zahlen. Aufstehen. Mich möglichst unauffällig entfernen. Nach Hause gehen. Versuchen, nicht allzu traurig zu sein, sondern das sich merkwürdig offen zeigende Geheimnis mitsamt seines Dufts zu würdigen. »Sie ist gegangen, weil sie eben so ist!«, dachte ich, ohne zu wissen, was ich damit sagte.

Als ich dann fünf Minuten später tatsächlich draußen war und Madeleine mir nachkam, konnte ich ihr zur Begründung nichts anders sagen, als das eben Geschilderte.

»Hast du so etwas schon einmal erlebt?«

Ich verneinte. Wie ich denn dann darauf gekommen sei? Ich wusste es nicht, konnte es nicht wissen, bis ich schließlich knappe zwei Jahre später Berlin verlassen und mit dieser Geschichte begonnen haben sollte. Eigentlich begreife ich es tatsächlich erst jetzt, wenn Begreifen genannt werden kann, was noch nicht einmal seinen augenblicklichen Ort benennen wollte oder konnte, sich den Aufenthalt im Dazwischen vorbehält.

Abschied kann man von einem Menschen, den man liebte, nehmen, wie von Städten oder Orten, an denen man lange Zeit glücklich war. Manchmal erinnert man sich später an Worte, die man, als sie ausgesprochen wurden, nicht verstand, absurde Verkehrszeichen, Hinweise auf nicht vorhandene Gebäude – und plötzlich enttauchen dem vagen und schwebenden Stadtplan, dieser Kartographie immer größerer Missverständnisse, sinnvolle Zusammenhänge, Ausblicke auf die bislang verborgenen Straßen und Durchgänge, ein Hinterhof taucht auf, ein Treppenhaus, eine Tür und eine endlich zu betretende verborgene Wohnung voller Gegenstände, von denen man die Geliebte immer sprechen hörte, ohne zu wissen, was sie meinte, meinen könnte: im Flur eine Fotografie mit einem Panorama des Comer Sees, auf dem man einen ungeschickt aus der linken Seite hervorragenden Steg sieht, auf diesem Steg einen gelben Sonnenschirm mit weißlich langgezogenen Strähnen (so als zerliefe ein von einem Riesenkind vergessenes Vanilleeis) und unter ihm eine undeutliche Figur, kaum zu erkennen, Sie müssen näher herankommen, um einen jungen Mann zu identifizieren – einen jungen Mann, der für einen anderen Abschied verantwortlich oder an ihm beteiligt war, der davon auf dieser Fotografie allerdings noch nichts weiß, vielleicht ahnt er etwas, ahnt, dass er den Abschied viele Jahre später anreißen, dass ihn diese Mischung aus Langeweile und unzufriedener, tonischer Spannung erfassen wird, beim Gedanken an seine – schon aufgegebene –

Geliebte oder bei ihren Berührungen – aber er weiß nichts davon, ist nur eine ahnungslose Erinnerung auf einer Fotografie, aufgehängt in irgendeiner Wohnung. Was entdecken Sie noch in ihr?

Sie entdecken mich, den Erzähler; denn ich bin der junge Mann auf der alten Fotografie. Es ergab sich, dass Madeleine und ich im September, nachdem wir uns tatsächlich ineinander verliebt hatten und drei Monate zusammen waren, miteinander nach Italien, an den Comer See fuhren. Ich schrieb, wie immer, an irgendeinem Text, sie las, wir badeten, die Tage vergingen und nachdem wir nach Berlin zurückgekehrt, die Filme entwickelt und der Einbruch des Herbstes hingenommen worden war, waren wir wohl tatsächlich ein Paar; das merkwürdige Phantasma unseres ersten Abends verwandelte sich zu einer ironischen Pointe, die in der Erfüllung ihres Gegenteils zu bestehen schien.

Nach der Rückkehr aus Italien und zum ersten Mal mit dem Berliner Winter, mit der U-Bahn, den Strecken und Raumverhältnissen der Stadt konfrontiert, verlor ich Madeleine irgendwie, langsam und rätselhaft – in einer undurchschaubaren, über viele Monate verteilten Reihe von verpassten Rendezvous, von uneingelösten Versprechen, von plötzlich gegenstandslosen Ankündigungen, sich einen Film zu einem bestimmten Zeitpunkt gemeinsam anzusehen. Die Anforderungen wuchsen, ich schrieb an einem Buch, Madeleine hatte mit ihrem Studium zu tun, und auch dort, in den undurchschaubaren Verpflichtungen ihres Wochenplans, den Zeiten und Orten, an denen ihre Seminare stattfanden, begann ich auf sie zu warten, verbrachte vergebliche Stunden in etwelchen Cafeterien und Mensen. Die Stunden, die ich auf sie gewartet habe, der Geschmack der übermäßig beim Warten konsumierten Zigaretten, die sich ausbreitende Öde des Herzens, die wachsenden Wüsten des Wartenden hatten ein Aroma, das ich nie vergessen werde – vergeblich Wartende umgibt eine unabänderliche

Aura, sie tragen die verschwendeten Stunden, die schon hinter ihnen liegen, wie den erbarmungswürdigen Dunst der Verzweiflung um sich, wie ein allzu intensives, verdächtig preisgünstiges Parfüm. Wenn sie eine Lokalität betreten, sich hinsetzen und beginnen, den zwiespältig-nervösen, zwischen Eingangstür und Uhr spielenden Blick aufzusetzen, dann kann man schon sehen, dass sie vergeblich warten werden, dass sie vielleicht nur um ihrer Vergeblichkeit willen gekommen sind.

Ich habe ein Auge für diese Vergeblichkeiten bekommen, ein Gespür für ihre feine und quälende Logik, zehn Minuten über der Zeit ist normal, nach fünfzehn denkt man, dass sie gleich kommt, nach zwanzig glaubt man an ein Missverständnis und ruft an, niemand da, also ist sie unterwegs und kommt jeden Augenblick, nach dreißig Minuten ist man sich sicher, dass ein Missgeschick passiert ist, nach vierzig ist man ratlos, nach fünfzig Minuten beschließt man, sich anschließend, wenn sie gekommen sein würde, durch leisen, präzisen Zorn zu rächen, nach einer Stunde beschließt man zu gehen, zahlt zehn Minuten später und verlässt, verzweifelt und gedemütigt, nach eineinhalb Stunden das Lokal, planlos und müde.

Wir verloren uns. Ich suchte sie, sie entzog sich mit atemberaubender und deshalb wohl unbewusster Präzision. Es gab Telegramme, in denen sie mir die Einladung zu mir nach Hause absagte und nicht telefonieren wollte, um meinen Fragen zu entgehen – Berlin habe ich kennen gelernt, allein dadurch, dass ich sie suchte und nicht fand, in jedem Bezirk, in jedem Viertel der Innenstadt habe ich auf sie gewartet, keine größere Straße, die ich nicht irgendwann einmal verzweifelt und verloren hinabgeschlichen wäre.

So lernte ich Berlin kennen, indem ich eine Landkarte meiner Vergeblichkeit zeichnete, desto phantastischer wurde mir Madeleine; desto undurchschaubarer. Die schiere Größe Berlins, die phantastische Fülle von Möglichkeiten zu verschwinden, unentdeckbar zu sein, unterzutauchen, sich in ihr unsichtbar zu machen brachten mich zur Verzweiflung – denn präziser habe ich niemals eine Stadt kennen gelernt, und niemals auf scheußlichere Art. Immerfort stand mir Madeleines schönes, sanftes Gesicht vor Augen, ihre phantastische Gestalt – von ihr schien das Licht auszugehen, das mir die Straßen erhellte, die Plätze, jede neue U-Bahn Station und je deutlicher ich die Stadt sah, desto unschärfer wurde Madeleine, so als verbrauche sich ihr Glanz, sickere in die Laternen ein, in die Lichter der Kneipen und die irrenden Scheinwerfer der Autos, es war, als lösten sich die kostbaren Schleier ihres Zigarettenrauchs in die Nebel des Dezembers auf, als versänke sie buchstäblich – wenn ich nachts verzweifelt und schlaflos im Bett lag und sie vermisste, spürte ich die stählernen Schreie der U-Bahnen, roch die Bahnhöfe, die Kneipen, die unbekannten Wohnungen und die noch unbekannteren Menschen, die sie bewohnten, konnte ich Madeleines Schritte auf dem Kopfsteinpflaster hören, sehen, wie sich ihre schmalen und inzwischen leicht schmutzig-grauen Finger nach dem runden, dunkelrot leuchtenden Lichtschalter an der linken Wand des Hausflurs streckten und sie dann nach oben in ihre Wohnung ging, aber sie selbst sah ich nicht mehr, nur noch Straßen, Bahnhöfe, Treppen ...

Es gibt Situationen, die so sehr nach einer Lösung, so dringlich und unabweisbar nach einer Entscheidung, einem notwendigen Endpunkt verlangen, dass die endliche Unumkehrbarkeit herbeigeschrieen und gefordert wird, um endlich Klarheit zu erhalten; unsere Psychologie ist ein planes Labyrinth, gezeichnet auf Seide oder Japanpapier, auf hauchfeinem Stoff jedenfalls, auf dem wir uns zu bewegen versuchen, uns zu begegnen, zu lieben und zu erkennen – darunter, unter dem Häutchen des Selbst und seinen Verzweigungen, geschieht das Eigentliche. Wir sind klüger, als wir es zugeben und sagen. Unsere Schritte gefährlicher, als wir uns gemeinhin eingestehen. Wir beschreiten diese Haut und oft haben wir nichts anderes als diesen Schritt, nichts anderes als diese Bewegung über einer amorphen Menge von Material, so panisch durcheinander wimmelnd wie eine Eiweißmasse vor der entscheidenden Information durch den göttlichen Blitzschlag: und niemand kann sagen, ob sie nicht einen teuflischen Homunkulus hervorbringen wird. Der Abschied oder seine Ankündigung durchtrennen das Häutchen des Selbst und gestatten einen Blick nach unten, wo das Chaos wimmelt. Abschiede, letzte Blicke sind, wenn man sie sich zutraut, das eigentliche Skalpell.

Nachdem ich es aufgegeben hatte, Madeleine tatsächlich zu suchen, folgte ich ihr halluzinatorisch. Sie zerspliss in eine Vielzahl von durcheinander wirbelnden Phantasmen: in dasjenige, das mit hochgesteckten Haaren den Ausführungen eines professoralen Schattens zu folgen versuchte, in das Phantasma des frühen Morgens, das (besonders schmerzliche) Duschphantasma, in das gesellige Phantasma, das besorgte, das schweigende und schließlich dazwischen immer wieder dasjenige, das am häufigsten auftauchte, das Straßenphantasma Madeleines, das man immer nur von hinten sah, das von nirgendwoher kam und niemals ankommen durfte, das Gespenst der Passage.

Nachdem wir uns Wochen nicht gesehen hatten, rief sie mich an – ich hatte mir jeden Tag, an dem ich sie nicht gesprochen hatte, abgetrotzt, abgerungen, hatte die Stunden gezählt, wie ein lebenslänglich Gefangener vielleicht die Jahre …

»Was meinst Du, wollen wir uns mal sehen?«, fragte sie, so ruhig, still und gelassen, als wäre unsere Bekanntschaft drei Minuten alt, so als hätte ich antworten können: »Ach weißt du, im Augenblick ist es schlecht, vielleicht in ein, zwei Wochen?«, ohne dass das problematisch oder absonderlich gewesen wäre.

Wir verabredeten uns tatsächlich für den nächsten

Abend, in einem Restaurant am Savigny-Platz, einem der Lokale unter den Bögen der S-Bahn und vom Aufstehen, weit nach Mittag, an schwang der ganze Tag und sein Rhythmus des Duschens, der Überlegung, was ich anziehen sollte, der Appetitlosigkeit und der immerwährenden Abfolge von Zigaretten von jener Ungewissheit wider, ob ich mich freuen sollte oder nicht, und wenn, ob es nicht besser wäre, meine Erwartungen zu dämpfen, weil nicht sicher war, ob sie tatsächlich kommen würde – als ich das Haus verließ, war es dunkel und es hatte angefangen zu regnen. Ich erinnere mich daran, dass ich auf den Klang meiner Schuhe achtete und deswegen fast überfahren worden wäre, als ich versonnen auf die unzähligen spiegelnden Facetten des Kopfsteinpflasters blickte, in denen sich jede der unzähligen Lichtquellen – Laternen, Kneipen, Autos – verhundertfachte. Denn es regnete ziemlich, und die Straßen waren nass. Durch den Regen unscharf, sah ich ein Flugzeug auf die Startbahn zurollen, hielt mich zu lange damit auf, konnte den Blick nicht abwenden, dort hatten wir uns kennen gelernt. Im Obergeschoss des U-Bahnhofs rief ich sie aus einer der offenen Zellen an, sie ging nicht hin, natürlich, nur der Anrufbeantworter, und ich legte einfach wieder auf, als meine U-Bahn kam. Ich hörte sie leise von unten.

Ich brauchte vierzig Minuten bis zum Savignyplatz – war, zu meiner Verblüffung, schon zehn Minuten zu spät, dachte daran, dass meine Wartezeit sich dadurch verkürzen würde, sah dann allerdings zu meiner Verwunderung, dass Madeleine bereits da war. Sie saß hinter der die ganze Front einnehmenden Glasscheibe, hatte ein Glas Rotwein vor sich und rauchte nachdenklich eine Zigarette der Marke, die ich damals besorgt hatte. Wenn es andere Gäste gab, so waren sie in den Tiefen des Raumes nicht zu sehen. Madeleine wartete, und das wohl schon länger, denn das Glas war nicht mehr ganz voll, die Zigarette fast schon aufgeraucht, sie wartete und fügte dem Chor ihrer Phantasmen eine Figur hinzu. Noch nie hatte ich gesehen, dass sie wartete, noch nie die sich mit jeder weiteren Minute präzisierende Konzentration auf die Eingangstür, das leichthin Schweifende dieses Blicks, der sich nicht verraten möchte und deswegen ebenso leichthin von der Tür fort durch den Raum und aus diesem hinaus schweift, interesselos und melancholisch. Sie drehte den Kopf und sah in meine Richtung. Aber sie konnte mich nicht entdecken, denn ich hatte mich in den Schatten einer Litfasssäule gestellt.

Ein älterer Mann mit widerspenstig großem Regenschirm und einem nervösen Schäferhund ging vorbei und Madeleines Blick ins Leere sammelte sich auf Herr und Hund und folgte ihnen eine Weile gelangweilt, bis sie wieder in Richtung der Eingangstür blickte und verharrte.

Ich sehnte mich plötzlich und unabweisbar nach der Waghalsigkeit und dem Auszug in die Möglichkeit des Abenteuernden. Eine mutwillige Zufriedenheit mit der Ungelöstheit der Situation, neben der Litfasssäule im Regen, eine plötzliche und komplizierte Sehnsucht danach, meine Welt mit der größtmöglichen Menge an Richtungen zu versehen, keine eindeutige Wahl zuzulassen, sondern die Wahl mit einer Vergrößerung der Möglichkeiten zu entschärfen: nimm einen Stein aus der Urne und lege dafür zwei hinein; schlaf mit einer Frau, aber blicke über ihre Schulter auf zwei andere; kauf eine Fahrkarte und löse zwei andere, die dich von dort, wo du hinfahren willst, in zwei verschiedene Richtungen fortbringen können; löse ein Problem, aber sorge dafür, dass du dabei auf zwei Ungeklärtheiten stößt...

Ich konnte mich nicht entschließen hineinzugehen, ich wusste nicht wieso, aber jetzt weiß ich, dass ich mich nach der Wiederkehr ihres Blickes in das Dunkel, in dem ich stand, sehnte. In diesem Blick, der nichts von mir wusste, hatte ich meinen Ort gespürt, den vagen und zwiespältigen Ort in der Deckung einer Säule, das Labyrinth der letzten Monate hatte für den Moment ihres Blickes ein vielfältiges, von einem fast greifbar realen Schwarm von Möglichkeiten umschwirrtes Zentrum bekommen. Ich wusste, was sie fühlte, während sie vergeblich auf mich wartete. Ich sah, dass sie mir näher kam, dass sie mich verstand. Ich wusste es, und ich konnte nicht hineingehen. Inzwischen musste es eine halbe Stunde über der Zeit sein und ich bewegte mich nicht, sondern sah, wie sie flüchtig den letzten Schluck Rotwein trank, überlegte, ob sie eine Zigarette rauchen sollte, es aber sein ließ, stattdessen ihr Portemonnaie nahm und nach Kleingeld suchte, offensichtlich aber keines fand, denn sie rief nach der Bedienung, einem glatzköpfigen, gut gelaunten Mann mit langer Schürze, der ihr das Geld auf das Marmortischchen zählte. Natürlich, sie ging telefonieren, sie rief mich an. Während ihrer Abwesenheit stellte ich mir meine leere Wohnung und das plötzliche und köstliche Geräusch des Telefons im Arbeitszimmer vor, das Anspringen des Anrufbeantworters und ihre zögerliche, leise Nachricht.

Wenn ich jetzt darüber nachdenke, so ist mir die Klarheit, mit der ich mich an die Szenerie erinnere, fast zu groß – woran ich mich jetzt erinnere, an den Blick aus meiner Wohnung, aus spitzem Winkel nach oben zum Dach des Hauses, dessen Ziegel ›ziegelrot‹ sind, das Blau des abendlichen Himmels in meiner Erinnerung ist ›himmelblau‹ –, ich bin zu traurig, um Metaphern zu finden; die Dinge, so scheint es, falten sich ein, die Bedeutungen kehren zu ihnen zurück wie müde Kinder nach einem Nachmittag voller Spiel und der unmöglichen Suche nach den Verstecken vorübergegangener schwarzer Männer oder beschützender Terminatoren. Es ist die Einfalt. Einfaltung. Gleich wird die Nacht unseres Fluges vollkommen nachtschwarz sein, die Sterne strahlend, der Mond im Bordfenster rund und gelb. Es ist wie eine andere Erinnerung plötzlich, die Erinnerung an die Kindheit: das ist, gelungene oder misslungene, Dichtung, scheint mir, die Erinnerung an die Einheit der Dinge; die dann keine beunruhigenden Qualitäten der Differenz mehr haben, sondern in der Einheit einfältig sind, geborgen und zurückgefaltet, und Müdigkeit nichts anderes bedeutet als vollkommenster Schlaf.

Vielleicht war ich damals, im Schatten der Säule, erschöpfter, als ich es jetzt bin – aber nachdem Madeleine vom Telefonieren zurückkam, ich wusste (oder glaubte zu wissen), was sie gerade erlebt und gehört hatte, nämlich meine Stimme auf meinem Anrufbeantworter, konnte ich, erschöpft oder nicht, nicht mehr hineingehen. Ich blieb dort, wo ich war, mittlerweile vollkommen durchnässt, und beobachtete, wie Madeleine nach vielleicht vierzig Minuten zahlte (sie gab ein ungewöhnlich hohes Trinkgeld, denn der Kellner stutzte zunächst, wunderte sich offenbar, ob er richtig gehört habe), wie sie ihren Mantel, der über einem Stuhl hing, nahm, sich anzog und das Lokal verließ. Sie ging in Richtung ihrer nahe gelegenen Wohnung. Die Vorstellung, zu wissen, was sie wohl dachte und fühlte, die Mischung aus Verbitterung, Ärger und vielleicht – oder sogar sicher – Enttäuschung; die Erschöpfung, die verschwendete Zeit uns hinterlässt und die ich so gut kannte, ließen mich ihr folgen, zunächst mit der Idee, sie nach wenigen Metern einzuholen oder nach ihr zu rufen. Es gelang mir nicht. Ich brachte kein Wort heraus, ich folgte ihr, und je weiter wir uns von dem Lokal entfernten, wuchs meine Furcht, sie könne mich entdecken, weshalb sich der Abstand zwischen uns laufend vergrößerte. Als sie die Eingangstür des Hauses, in dem sie wohnte, aufgesperrt hatte und schließlich hineingegangen war, glaubte ich, während ich dastand, dass ich immer noch hingehen und klingeln könnte. Aber ich tat es nicht, sondern starrte auf das Licht, das aus den Glassegmenten über der Haustür fiel. Ich liebte sie so, und konnte nicht hineingehen, sondern nur darauf warten, dass das Licht im Hausflur verlöschen würde.

Ich kann mich nicht genau erinnern, wie lange ich dastand. Vielleicht fünf Minuten, vielleicht zehn oder auch viel länger. Als ich mich auf den Weg zurück zur U-Bahn machte, war der Schwarm der Möglichkeiten, das Offene all dessen, was hätte geschehen können und was mir so vollkommen real erschien, verflogen – ich versuchte mich an Madeleines Blick aus dem Restaurant ins Dunkle zu erinnern, aber es gelang mir nicht. Die Hoffnung auf ihre vor Stunden hinterlassene Nachricht stieß mich nach meiner Rückkehr mit aller Kraft in die Erbärmlichkeit eines Verlorenen, denn auf dem Band befand sich nichts als ein leeres Klicken, eine präzise Leerstelle, das aufgenommene Nichts am Ende einer abscheulichen Nacht. Ich verließ verzweifelt wieder das Haus und ging in eine Eckkneipe in der Nähe meiner Wohnung und trank Bier und billigen Weinbrand, ich weiß nicht wieso, ich wollte warten, ich wollte nicht früher nach Hause kommen, als ich gekommen wäre, wollte die Chronologie einhalten. Ich versuchte die ganzen zwei, drei sinnlosen Stunden dort, mich an ihren Blick zu erinnern, es gelang mir nicht. Ich ging alles durch, wie sie saß, der Wein, ihr Rauchen und schließlich ihr Anruf bei mir. Wie eines der unzähligen Gespenster in den heruntergekommenen Kneipen, die nach trübsinnig, starren Blicks verbrachten Stunden plötzlich gehen müssen, zahlte ich eilig und rannte fast nach Hause. Ich hörte das Schweigen mehrmals hintereinander ab, zunächst aus Angst, möglicherweise etwas, ein Flüstern, ein leises Wort überhört zu haben, und dann aber, weil mich etwas auf dem Band irritierte, weil eine unmögliche Differenz aufgetreten war – kein Wort, kein Flüstern, sondern das Geräusch einer ... Straßenbahn, ganz eindeutig, eine Straßenbahn, es war auch kein Telefon in einem Lokal, sondern eindeutig draußen, eine Telefonzelle. Straßenbahnen gibt es in Berlin nur im Osten. Madeleine hatte also nicht mich angerufen, als sie telefonieren gegangen war, sondern das später getan, sie muss das Haus noch einmal verlassen haben, mit unbekanntem Ziel, also hätte ich nur vor ihrem Haus stehen bleiben müssen. Vielleicht hatte sie mich gesucht. So gab es nur dreißig Sekunden Schweigen irgendwo aus dem Inneren Berlins, wo mich vielleicht jemand gesucht hatte.

Ganz kurz nach diesem Abend wurde ich eingeladen, ein merkwürdiges, großzügiges Stipendium anzutreten, Berlin zu verlassen, vielleicht komme ich nie mehr zurück. Zum ersten Mal betrete ich den Flughafen Tempelhof, fahre, schon in der Dämmerung der frühen Nacht, mit dem Bus über das Rollfeld zu der zweimotorigen kleinen Maschine. Sie rollt zwischen den rot-leuchtenden Markierungen entlang, bis zu der Stelle, an der wir uns kennen lernten, wendet sich, beschleunigt, ein Rucken, die Unsicherheit der ersten zwei, dreihundert Meter freischwebend in der Luft, um schließlich über Schöneberg hinweg, und noch tief über der Stadt, in den Süden zu fliegen. Ich kenne Berlin jetzt, und zu wissen, dass Madeleine dort unten ist und vielleicht in diesem Augenblick irgendwo nachdenklich in die Leere einer dunklen Straße blickt – in der ich mich befinden könnte –, hat etwas Beruhigendes und Trauriges zugleich. Wir sehnen uns so sehr danach, zu wissen, wo wir sind; wer wir sind. Wir sehnen uns danach, von denjenigen, die wir lieben, verstanden zu werden, und danach, sie zu verstehen. Und wenn wir es tun, sind wir Gespenster, die einen unendlichen nächtlichen Himmel durchqueren und in der Erinnerung immer wieder zurückkehren müssen. Sich immer wieder ein dreißig Sekunden langes Schweigen vorspielen. Das Schweigen am Ende einer traurigen Geschichte, das Schweigen am Anfang, kurz vor der Landung.

Angst

Edvard Munch, Der Schrei, 1895

**Angst** [urspr. ›Enge‹, ›Beklemmung‹, urverwandt mit lat. angustus ›eng‹], meist quälender, stets beunruhigender und bedrückender Gefühlszustand als Reaktion auf eine vermeintl. oder tatsächl. Bedrohung. Die A. ist verbunden mit bestimmten Vorstellungen, Fantasien oder Erwartungen wie auch Reaktionen des vegetativen Nervensystems. Sie gehört neben Ärger, Trauer und Ekel zu den negativen Grundemotionen. A. ist neben den den bereits genannten Charakteristika eng verwandt mit Furcht, Scheu, Entsetzen, Schreck, Grauen, Panik.

Florian Holsboer

# Die Biologie der Angst

Angst ist ein Gefühl, das für Mensch und Tier eine Grundvoraussetzung für das Überleben ist. Ohne die Fähigkeit zur Angstreaktion wären wir nicht in der Lage, bei drohender Gefahr eine angemessene Abwehrstrategie zu entwickeln. Primäre Angst, wie sie etwa der unvermittelte Anblick einer Riesenschlange auslöst, müssen wir nicht lernen, sie ist genetisch vorprogrammiert. Es gibt aber auch eine Angstform, die erfahrungsabhängig ist. Diese sekundäre Angst empfinden wir immer dann, wenn wir einen bestimmten Reiz wahrnehmen, zum Beispiel eine Melodie hören, die bei einem schrecklichen Erlebnis wie einem Überfall spielte. In diesem Falle assoziieren wir die Melodie mit einer individuellen Erfahrung, wobei in unserem Gehirn zum Teil andere, aus Nervenzellen zusammengesetzte Schaltkreise aktiviert werden müssen als bei der primären Angst. Die Beschreibung der letzteren geht auf den amerikanischen Psychologen und Philosophen William James (1842-1910) zurück, der die Angstreaktion als »automatischen« Vorgang ansah und der individuellen Bewertung einer Situation wenig Raum ließ. Die neuroanatomischen Regionen, die an der primären, angeborenen Angstreaktion beteiligt sind, liegen im stammesgeschichtlich älteren Teil des Gehirns, dem Regelkreis des sogenannten limbischen Systems, zu dem u. a. die Amygdala (deutsch: Mandelkerne), der Hypothalamus, der Hippokampus und das basale Vorderhirn zählen (siehe Abb. 1). Neuere Untersuchungen zur Aktivierung von Hirnregionen machten sich die Möglichkeiten eines bildgebenden Verfahrens zunutze, das darauf beruht, dass aktivierte Hirnareale vermehrt Glukose ver-

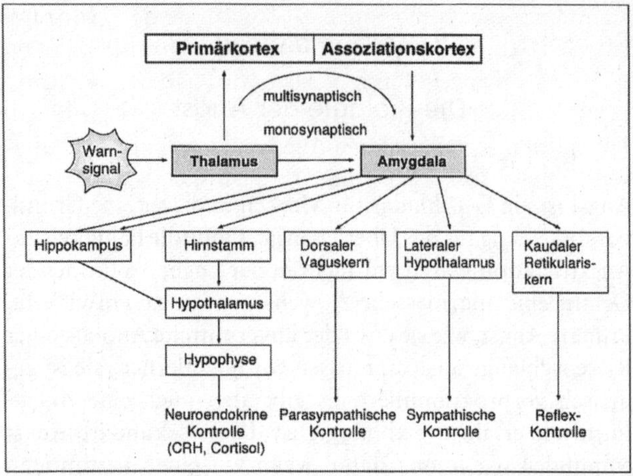


Abb. 1: Stark vereinfachtes funktionell-hirnanatomisches Schema, das zusammenfasst, wie durch ein Warnsignal ein »kurzer« Weg zur Reflexkontrolle führen kann. Im Falle einer bedrohlichen Situation kommt es hierdurch zur »primären« Angstreaktion. Der sich über viele Nervenzellverbindungen hinweg ausbreitende multisynaptische Schaltweg bewertet die Situation unter Verwendung des Gedächtnisspeichers und stimmt die Reaktion entsprechend der inhaltlichen und emotionalen Vorerfahrung ab.

brauchen. Dieser Vorgang kann mit Hilfe der funktionalen Kernmagnetresonanz-Technik sichtbar gemacht werden. Dabei zeigte sich, dass die Amygdalakerne nicht nur bei der primären Angstreaktion, sondern auch bei sekundärer Angst, also der durch Erfahrung erworbenen, oder – wie es die Verhaltensbiologen nennen – konditionierter Angst aktiviert werden.

Auch bei Prozessen, bei denen es zur Unterdrückung (aber nicht zur vollständigen Auslöschung) einer erworbenen Angstreaktion kommt, werden die Amygdalakerne mit einbezogen. Allerdings sind an dieser erworbenen Angstform und ihrer reversiblen Unterdrückung auch stammesgeschichtlich jüngere Strukturen der Hirnrinde (sog. Neokortex) wesentlich beteiligt. Der amerikanische Neuropsychologe Antonio Damasio hat experimentell belegt, dass die Art und Weise, wie sich die individuelle Disposition zur sekundären Angstreaktion entwickelt, wesentlich von der angeborenen, genetisch determinierten Angstbereitschaft abhängt. Durch diese Arbeiten ist deutlich geworden, dass die traditionelle Trennung zwischen kognitiven Prozessen, die auf Wahrnehmung, Denken und Vorstellung beruhen, und emotionalen Vorgängen wie Furcht, Angst, Liebe und Glück nicht sinnvoll ist. Die kognitiven Neurowissenschaften werden daher in Zukunft auch die Erforschung von Gefühlen erfassen. Wahrnehmung, Lernen und Verhalten können nicht isoliert von Emotion und Gefühl betrachtet werden, will man ihre neurobiologischen Grundlagen mit dem Ziel verstehen, pathologischen Abweichungen durch therapeutische Intervention zu begegnen.

Wie so oft in den Lebenswissenschaften sind normale physiologische Zusammenhänge erst durch das Studium krankhafter Zustandsänderungen verständlich geworden. Bei der Erforschung der Angst auf naturwissenschaftlicher Grundlage ist dies nicht anders. Auch hier ist der Übergang zwischen Normalität und Krankheit fließend und von subjektivem Erleben, aber auch kulturellen Einflüssen abhängig. Die individuelle Ängstlichkeit eines Menschen in bestimmten Situationen ist immer geprägt von der genetischen Disposition und den gemachten Erfahrungen. Eine junge Frau, die von ihrer Familie als an sich ängstlich wahrgenommen wird, aber in einem Gebirgsort aufwuchs, wo das Skifahren zu den natürlichen Fortbewegungsarten zählt, wird hiervor auch keine Angst haben, obwohl dieser Sport gemeinhin als risikoreich angesehen wird. Umgekehrt wird sich eine mutige Frau, die sich beim Skifahren schwer verletzt hat, bei der Wiederaufnahme ihrer sportlichen Aktivität – anders als in anderen Lebenslagen – besonders ängstlich verhalten, zumindest so lange, bis die Auslöschung der sekundären Angstreaktion unterdrückt bleibt. Dies sind alles ganz normale Verhaltensweisen.

Es gibt allerdings eine Reihe von Angststörungen, die zu gravierender Einschränkung der Lebensgestaltung führen und den Weg zu anderen Erkrankungen bereiten. Der deutsche Psychologe und Epidemiologe Hans-Ullrich Wittchen konnte anhand einer groß angelegten Bevölkerungsstudie bei 14- bis 29-jährigen nachweisen, dass frühe Angststörungen ein erhebliches Risiko für die spätere Entstehung von Depression sind. Bedenkt man, dass die Depression bereits jetzt eine der häufigsten Ursachen für krankheitsbedingte Lebensbeeinträchtigung ist und in den nächsten Jahrzehnten nach der koronaren Herzkrankheit den zweiten Rang einnehmen wird, erkennt man den Wert solcher kausalepidemiologischen Studien. In dieser Untersuchung wurde auch gezeigt, dass frühe Angststörungen die Disposition zum Alkohol- und Nikotinmissbrauch erhöhen. Frühes Erkennen solcher ursächlichen Zusammenhänge eröffnet neue Wege zur Krankheitsprävention. Diese sind auch unter gesundheitsökonomischen Gesichtspunkten eher erfolgreich als die gegenwärtigen politischen Maßnahmen.

Angstkrankheiten können in verschiedene diagnostische Gruppen differenziert werden, die unterschiedliche therapeutische und prognostische Konsequenzen haben. Dies hier im Detail zu erläutern würde zu weit führen, daher nur so viel: man unterscheidet die Panikstörung, Phobien, generalisierte Angst, Zwangsstörungen und die posttraumatische Stresskrankheit (PTSD). Am besten zu charakterisieren ist hierbei die Panikstörung, die bereits von dem Begründer der modernen Psychiatrie, dem deutschen Psychiater Emil Kraepelin (1856-1926), präzise beschrieben wurde, aber hinsichtlich ihrer differenziellen therapeutischen Konsequenz erst später durch den amerikanischen Psychiater Donald Klein richtig erkannt wurde. Gemeinsam mit Max Fink beobachtete Klein, dass Panikattacken bei Behandlung mit Medikamenten, die gewöhnlich zur Depressionstherapie eingesetzt werden, ausbleiben. Bei Patienten mit Panikstörung können Panikattacken durch Infusionen mit Natriumlaktat, einem Salz der Milchsäure, oder auch durch ein Eiweißmolekül, das sowohl im Darm als auch im Gehirn vorkommt und Cholezystokinin (CCK) genannt wird, provoziert werden. Bei Patienten mit Panikstörung sind wesentlich niedrigere CCK-Dosen nötig als bei gesunden Kontrollpersonen, um eine Panikattacke zu provozieren. Diese experimentell ausgelösten Symptome sind den spontan auftretenden Panikattacken sehr ähnlich. In deren Vordergrund stehen erhöhte Herzaktion und ein extrem starkes Angstgefühl. Im Verlauf dieser Erkrankung ziehen sich die Patienten aus überhöhtem Sicherheitsbedürfnis immer mehr zurück, verlassen die gewohnte häusliche Umgebung kaum mehr und entwickeln eine Phobie. Diese Angstform unterscheidet sich von der generalisierten Angst, die frei fluktuierend und ungerichtet ist und besser auf Benzodiazepine und Psychotherapie anspricht.

Eine weitere Angstkategorie stellt die posttraumatische Stresskrankheit (PTSD) dar, die in den USA vor allem an Veteranen des Vietnamkrieges, aber auch bei Überlebenden aus Konzentrationslagern sowie bei Katastrophen- und Vergewaltigungsopfern untersucht wurde. Bei diesen Patienten tritt spontan angstvoll erlebte Erinnerung an das Trauma auf (Alpträume, »flash back«), wobei die Begleitumstände oft nicht mehr erinnert werden können. Das unkontrollierbare Einschießen von Szenen traumatisierender Erlebnisse kann im Sinne der fehlenden Möglichkeit, Gedächtnisinhalte zu unterdrücken, verstanden werden. Dieses Phänomen unterstreicht nachdrücklich, wie eng Gedächtniszugriff als bewusste kognitive Leistung mit

Emotionalität verwoben ist. Auch neuere Untersuchungen mit bildgebenden Verfahren unterstreichen dies: Bei Patienten mit PTSD findet sich ein verkleinertes Volumen des Hippokampus, einer für die Gedächtnisbildung wesentlichen Hirnregion. Gleichzeitig ist die Aktivierung der Amygdalaregion dieser Patienten dann gesteigert, wenn man ihnen eine Fotografie mit angstassoziierten Inhalten darbietet.

Diese Beispiele zeigen, dass verschiedene klinische Erscheinungsformen der Angst auch unterschiedliche Symptommuster haben, und legen nahe, dass ihnen unterschiedliche Kausalfaktoren zugrunde liegen. Dabei spielen genetische Faktoren, die zur Entstehung einer Angsterkrankung führen, immer eine Rolle. Während behinderte Gedächtnisfunktion im Sinne mangelhafter Unterdrückbarkeit angstbesetzter Erinnerungen zu Symptomen der PTSD führt, bahnt die Konditionierung Phänomene, wie man sie bei Panikattacken oder Phobien findet. Hier führt jedes spontane Panikerlebnis oder jeder unkontrollierte phobieinduzierende Reiz nachfolgend zu einem ausgeprägten Vermeidungsverhalten.

Alle Angstzustände sind eng mit der Stressreaktion verbunden. Hierunter ist die Gesamtheit aller physiologischen Anpassungsmechanismen zu verstehen, die in Gang gesetzt werden, wenn über das Sinnessystem eine Situation wahrgenommen wird, die das dafür zuständige Bewertungssystem des Gehirns als gefährlich einstuft. Die typische Stressreaktion führt dazu, dass unser ganzer Organismus sich darauf einrichtet, gegenüber der drohenden Gefahr schutz- und verteidigungsbereit zu sein. Nachdem unser Gehirn die Gefahr erkannt hat, messen wir im Blut eine Erhöhung von Cortisol und Adrenalin, beides Stresshormone, die aus den Nebennieren, einem Gewebe, das sich direkt an den Nieren befindet, in den Kreislauf freigesetzt werden. Gesteigertes Cortisol und Adrenalin führen u. a.

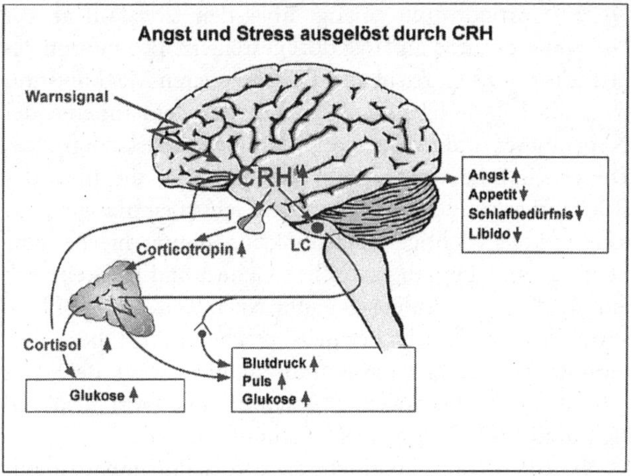


Abb. 2: Ein Warnsignal, das über die Sinnesorgane wahrgenommen wird, führt – wie in Abb. 1 dargestellt – im Rahmen der neuroendokrinen (hormonellen) Kontrollreaktion zu vermehrter Produktion und Freisetzung von CRH in verschiedenen Hirnregionen, die alle an der Angstentstehung beteiligt sind (zum Beispiel Amygdala, frontaler Cortex, Hippokampus, Locus coeruleus). Die angstassoziierten physiologischen Effekte lassen sich durch CRH-Rezeptorblocker (CRH R1-Blocker) unterdrücken.

dazu, dass unser Herz schneller schlägt, der Blutdruck ansteigt und der Hauptnahrungsstoff des Nervensystems, die Glukose, in vermehrter Konzentration zur Verfügung steht. Diesem für die Abwehrbereitschaft hilfreichen Mechanismus liegt ein komplexes Schaltschema im Gehirn zugrunde, bei dem ein Eiweißmolekül, das Corticotropin freisetzende Hormon (abgekürzt: CRH) eine zentrale Rolle spielt (siehe Abb. 2). Im Falle einer Stressreaktion wird CRH in verschiedenen Hirnregionen, auch der Amygdala, dem frontalen Cortex und dem Hippokampus, freigesetzt. Das vom Hypothalamus vermehrt produzierte CRH gelangt zur Hypophyse, der Hirnanhangsdrüse, die auf CRH mit der Freisetzung von Corticotropin reagiert.

Dieses Corticotropin gelangt über den Kreislauf an die Nebennierenrinde und löst dort gesteigerte Produktion des Stresshormons Cortisol aus. Einem anderen Mechanismus liegt die Erhöhung von Adrenalin aus dem Inneren der Nebennierenrinde, dem sog. Nebennierenmark, zugrunde. Dieses Gewebe wird durch Nervenfasern, die über das Rückenmark die Signale aus dem Gehirn empfangen, aktiviert. Eine wichtige Relaisfunktion nimmt hierbei eine Struktur im Übergang zwischen Gehirn und Rückenmark ein, die Locus coeruleus genannt wird, weil sie im Mikroskop blau (lateinisch coeruleus) erscheint. Von dieser Region wird das Gehirn mit Noradrenalin versorgt. Bei Stress oder Angst ist dieses Gebiet überaktiv und wird gleichzeitig durch CRH-haltige Fasern stimuliert.

Natürlich kann man all diese Zusammenhänge nur durch tierexperimentelle Forschung aufklären. So hat der deutsche Neurobiologe Rainer Landgraf über viele Generationen hinweg immer besonders ängstliche Ratten verpaart und dadurch einen Rattenstamm gezüchtet, der ein angeborenes hohes Angstverhalten zeigt. Diese Ratten haben in verschiedenen für die Angstsymptomatik wichtigen Hirnregionen, zum Beispiel im Locus coeruleus, eine erhöhte Produktion von CRH. Das deutet darauf hin, dass dieses in Nervenzellen des Gehirns produzierte Eiweißmolekül nicht nur für die Stresshormonregulation verantwortlich ist, sondern auch für stressassoziiertes Angstverhalten. Ähnlich findet man bei Ratten, denen man CRH in die Amygdalaregion injiziert, vermehrt Angst. Im Experiment mit Ratten und Mäusen verwendet man zur Messung der Angst eine Vielzahl unterschiedlicher Tests, von denen exemplarisch nur einer beschrieben sei (siehe Abb. 3). Befindet sich eine Ratte auf einem Balkenkreuz, bei dem nur einer der senkrecht zueinander angeordneten Balken durch Seitenwände geschützt ist, dann hat die Ratte die Wahl, entweder den offenen Balken zu betreten, um die Umgebung auszukundschaften, oder aber aus Angst, von der über dem Boden erhöht angebrachten Apparatur herunterzufallen, lieber auf dem geschlossenen Balken zu bleiben. Je weniger ängstlich die Ratten oder Mäuse sind, desto mehr Zeit verbringen sie auf den offenen Balken. Nachdem nun die von Geburt an ängstlichen Ratten mehr CRH produzieren und Ratten nach Behandlung mit CRH ängstlich werden, wurde überlegt, ob diese Beobachtung vielleicht einen neuartigen Therapiezugang eröffnen könnte. Dabei muss man wissen, dass CRH seine Angst auslösende Wirkung im Gehirn über sog. CRH-Rezeptoren weiterleitet. Dies sind große Einweißmoleküle (Proteine), die sich in der Membran, der äußeren Umhüllung von Nervenzellen vieler Hirnregionen, die mit Angst und Stress in Zusammenhang stehen (wie zum Beispiel der Amygdala, dem Locus coeruleus, dem Hippokampus und dem Hypothalamus), finden.

Die Wirkung von CRH kann man nun dadurch unterdrücken, dass man Medikamente entwickelt, die diese CRH-Rezeptoren blockieren. Man nennt diese Substanzen auch Rezeptorantagonisten oder Rezeptorblocker. Bekannte Beispiele sind die sog. Betablocker, die bei Bluthochdruck gegeben werden, um die Wirkung von Adrenalin zu unterdrücken. Da es unterschiedliche Rezeptoren für CRH gibt, galt es zunächst herauszufinden, welcher dieser Rezeptorsubtypen denn blockiert werden soll, um die Angstreaktion zu unterdrücken. Um diese Frage zu klären, generierte der deutsche Neurogenetiker Wolfgang Wurst Mausmutanten, denen die verschiedenen CRH-Rezeptoren fehlten, und identifizierte einen Subtyp, der sich in denjenigen Hirnarealen findet, die bei Angstzuständen überaktiv sind. Mäuse, bei denen der verdächtigte CRH-Rezeptorsubtyp (CRH-Typ 1) fehlte, waren erheblich weniger ängstlich und produzierten weniger Stresshormone unter Belastung als Kontrollmäuse.

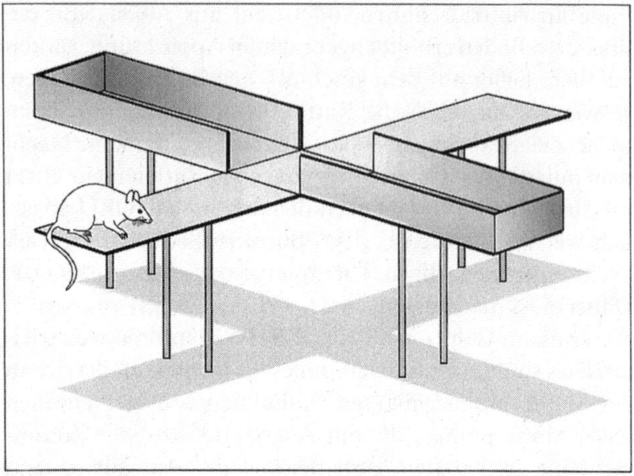

Abb. 3: Angstverhalten wird im Tierexperiment durch eine Vielzahl aufeinander abgestimmter Tests untersucht. So werden sich auf einem Balkenkreuz, bei dem nur einer der beiden senkrecht zueinander stehenden Balken durch Seitenwände geschützt ist, vorzugsweise diejenigen Ratten oder Mäuse aufhalten, die in dieser Situation Angst verspüren. »Mutige« Tiere dagegen folgen ihrem Erkundungsdrang und verweilen länger auf den offenen, ungeschützten Balken. Wird der CRH1-Rezeptor bei »ängstlichen« Mäusen gentechnisch inaktiviert oder »ängstlichen« Ratten ein CRH1-Rezeptorblocker gegeben, dann ändern sie ihr Verhalten, indem sie viel mehr Zeit auf den offenen Balken verbringen.

Eine amerikanische Biotechnologie-Firma entwickelte dazu ein Medikament, das oral eingenommen werden kann und nach Resorption im Darm über die Blutbahn ins Gehirn eindringt, wo es selektiv an diesen CRH-Typ 1-Rezeptor bindet und dadurch die Wirkung von CRH unterdrückt. Diese Substanz wurde von einem Forscherteam des Max-Planck-Instituts für Psychiatrie an den Ratten aus der überängstlichen Zuchtlinie getestet. Nachdem sich fand, dass diese Tiere durch das Medikament von ihrer Angst befreit wurden, wurde es auch an Menschen mit Depression getestet, natürlich erst, nachdem mögliche Sicherheitsrisiken ausgeschlossen waren. Die Grundlage, dieses Experiment von der Ratte auf den Mensch zu übertragen, war dadurch gegeben, dass bei Patienten mit Depression und Angsterkrankungen viele Befunde darauf hindeuteten, dass auch hier eine gesteigerte Produktion und Freisetzung von CRH eine kausale Rolle spielt. Die ersten klinischen Ergebnisse mit CRH-Rezeptorantagonisten sind äußerst viel versprechend und insofern innovativ, als sie ihren Ausgangspunkt in der klinischen Beobachtung gestörter Stresshormonregulation hatten.

Die Frage der genetischen Grundlagen krankhafter Angstreaktion allerdings kann durch diese Experimente nicht beantwortet werden. Wie der holländische Neurobiologe Hans Reul und seine Frau Astrid Linthorst gezeigt haben, kann bereits eine Stressbelastung im embryonalen Stadium zu einer lebenslangen Überproduktion der Stresshormonreaktion führen, und die damit verbundene Überproduktion von CRH führt zur Fehlregulation von Serotonin, einem Neurotransmitter (deutsch: Botenstoff), dem bei der Entstehung pathologischer Angst und ihrer Therapie (zum Beispiel mit Fluoxetin) zentrale Bedeutung zukommt.

Wie der amerikanische Psychiater Charles Nemeroff zeigte, führt die Traumatisierung von Affen in der frühkindlichen Entwicklung zu lebenslanger Erhöhung von CRH im Gehirn, was im Einklang mit Befunden der deutschen Psychologin Christine Heim steht, die nachwies, dass Frauen, die als Kinder sexuell missbraucht wurden, im Erwachsenenalter ein erhöhtes Risiko für psychische Erkrankungen aufweisen. Es kann also durch frühe Prägungserlebnisse eine Art erhöhte, bleibende Empfindlichkeit (Sensitivität) auftreten, wodurch die individuelle Krankheitsdisposition in der Weise determiniert wird, wie dies im Konstrukt der Tiefenpsychologie von Sigmund Freud (1856-1939) niedergelegt wurde. Allerdings wird nicht jedes Kind, das missbraucht wurde, später depressiv und nicht jeder Vietnam-Veteran hat später Symptome einer PTSD. Dies legt die Frage nach der genetischen Disposition nahe, die Grundvoraussetzung dafür ist, dass äußere Einflüsse tatsächlich in klinische Symptome umgesetzt werden. Hier hat der deutsche Pharmakologe Hans Möhler einen interessanten Weg gewiesen. Noch während seiner Zeit bei dem Schweizer Pharmakonzern Hoffmann La Roche wies er im Gehirn Bindungsstellen für eine Substanzklasse nach, die Benzodiazepine genannt werden, von denen Valium® der bekannteste Vertreter ist. Diese Substanzen werden auch Tranquilizer genannt und haben das Gebiet der Psychopharmakologie revolutioniert. Benzodiazepine binden an einen Rezeptor im Gehirn, der dadurch die Funktion der betroffenen Nervenschaltkreise in einer Weise ändert, die wir subjektiv als angstlösend, beruhigend, entspannend und schlaffördernd wahrnehmen. Dieser sog. GABA (Abkürzung für Gamma-Aminobuttersäure)-Rezeptor ist aus fünf Untereinheiten aufgebaut. Eine davon, die a1-Untereinheit, die in etwa 60% aller GABA-Rezeptoren vorkommt, ist besonders wichtig für die Bindung von Benzodiazepinen. Möhlers Team hat nun eine Mausmutante generiert, bei der durch eine winzige Veränderung im Mausgenom (Austausch der Kodierung für eine Aminosäure in der a1-Untereinheit) Benzodiazepine nicht mehr binden können. Dabei fand sich, dass diese genetisch mutierten Mäuse trotz Behandlung mit Benzodiazepinen nicht mehr müde wurden, woraus geschlossen wurde, dass die a1-Untereinheit für die schlaffördernde Wirkung von Tranquilizern verantwortlich sei. An andere a-Untereinheiten können sie auch binden und hierdurch vermitteln sie die angstlösenden Effekte von Benzodiazepinen. Damit war erstmals der Nachweis erbracht, dass es grundsätzlich möglich ist, die verschiedenen Wirkungen von Benzodiazepinen auf genetischer

Grundlage zu differenzieren. Gelänge es nämlich, eine Substanz zu synthetisieren, die nicht an die a1-Untereinheit bindet, dann hätte man Medikamente, die zwar angstlösend und muskelrelaxierend, nicht aber ermüdend wirken. Die Gruppe von Hans Möhler ging noch einen Schritt weiter. Sie generierte Mausmutanten, bei denen das Gen für eine andere Untereinheit des GABA-Rezeptors vermindert exprimiert wurde. Bei diesen Mäusen wurde die Hälfte aller Gene, die für die g2-Untereinheit kodieren, gentechnologisch ausgeschaltet. Diese Mäuse haben gesteigerte Angst; so verbringen sie wesentlich weniger Zeit auf den offenen Balken der oben beschriebenen Versuchsanordnung zur Messung von Angst. Ferner reagieren diese Mäuse auf sehr niedrige Dosen von Benzodiazepinen mit deutlich verminderter Angst. Die gleichen Dosen haben bei Kontrollmäusen keinen Effekt, was eine große Ähnlichkeit mit der klinischen Situation aufweist, in der man ebenfalls eine erhöhte Benzodiazepin-Empfindlichkeit bei Patienten mit Angststörung beobachtet. Obgleich anzunehmen ist, dass die genetische Grundlage von Angsterkrankungen in einer Vielzahl verschiedener Gene mit geringfügigen Veränderungen (sog. Polymorphismen) zu suchen ist, zeigen diese Experimente doch, welches Potential in der bevorstehenden Vervollständigung der Analyse des humanen und des Mausgenoms liegt. Wenn wir annehmen können, dass es durch das Wechselspiel zwischen individueller genetischer Disposition und äußeren erfahrungsabhängigen Faktoren zu einer großen Vielfalt ganz unterschiedlicher Kausalmechanismen für Angsterkrankungen kommt, dann ist nicht anzunehmen, dass ein oder zwei verschiedene pharmakologische Wirkprinzipien für alle diese Ursachen gleichermaßen wirksam sind. Dank der großen Fortschritte in der Biotechnologie werden zukünftige Therapien von Angststörungen »maßgeschneidert« sein und sich an der individuellen genetischen Grundlage jedes einzelnen Patienten orientieren können. Die Erwartungen an diese neue, auf funktioneller Genomforschung basierende Pharmakologie sind offensichtlich. Sie werden zur Verkürzung von Erkrankungsepisoden beitragen, weil gleich zu Beginn die richtige Therapie gefunden werden kann und negative Begleitwirkungen wie erhöhte Tagesmüdigkeit und Suchtentwicklung in Zukunft vermieden werden können.

Irenäus Eibl-Eibesfeldt

# Alte und neue Ängste

## Angst und Furcht

Angst und Furcht – diese Gefühlsregungen gehen mit bestimmten Handlungsbereitschaften einher und zeigen diese damit auch an. Furcht erleben wir in der konkreten Situation der Bedrohung. Wir erschrecken, und eine Reihe von physiologischen Prozessen bereitet uns auf einen unmittelbaren Einsatz wie Verteidigung oder Flucht vor. Angst erleben wir dagegen in Erwartung einer möglichen – oft auch vorgestellten – Gefahr. Wir fürchten uns, wenn wir uns in die Felsen verstiegen haben oder wenn uns beim Tauchen eine Meeresströmung erfasste, gegen die wir nur schwer ankommen. Das mahnt uns zur Vorsicht und lässt uns nach sicheren Wegen suchen. Bedrängt uns ein Hai oder ein anderes Raubtier, dann mahnt die Furcht zum Rückzug oder zur Flucht, sofern noch eine Möglichkeit besteht. Sonst fordert sie uns auf, uns in Verteidigung der Gefahr zu stellen. Haben wir die Gefahr gemeistert, erleben wir in der Regel ein Stimmungshoch.

Furcht und Angst sind wichtige, lebenserhaltende Warner. Der Furchtlose lebt nicht lange und die Angst lässt uns Gefahren von vornherein meiden. Und da wir als intelligente und zukunftsorientierte Wesen um die vielerlei Gefahren wissen, die uns bedrohen – ebenso wie um unseren sicheren Tod –, erleben wir sehr viele Ängste. Sie speisen sich aus persönlicher Erfahrung, aber auch aus Phantasie und Aberglauben, aus Traumerleben und archetypischen Vorstellungen (Eibl-Eibesfeldt und Sütterlin 1992).

## Die Ambivalenz der zwischenmenschlichen Beziehungen

Von besonderer Art sind unsere Sozialängste – die Ängste des Menschen vor dem Mitmenschen. Von Natur, das heißt unserer phylogenetischen Programmierung gemäß, sind wir familiale Wesen und darüber hinaus Gruppenwesen. Über die längste Zeit unserer Geschichte lebten unsere Vorfahren in Kleingruppen von 60-100 Personen, die einander kannten und die sich von anderen ebensolchen territorial abgrenzten. Personen, die nicht dazu gehörten, begegnete man mit einem gewissen Misstrauen.

Bereits Säuglinge im Alter von etwa 6-8 Monaten zeigen die als kindliche Xenophobie bezeichnete Fremdenscheu. Bei Annäherung einer dem Säugling unbekannten Person birgt sich das Kind wie Schutz suchend bei der Mutter, wobei es allerdings auch Zeichen freundlicher Kontaktbereitschaft sendet, vorausgesetzt, die Annäherung erfolgt nicht zu stürmisch. Der Säugling lächelt dann kurz dem Fremden zu, um zwischendurch wieder den Blickkontakt abzubrechen und sich an der Mutter zu bergen. Offenbar werden zwei Verhaltenssysteme durch die oder den Fremden aktiviert: Ein prosoziales, das Kontaktbereitschaft ausdrückt, und ein agonistisches, das Kontaktmeidung induziert. Und will der fremde Besucher gar in freundlicher Intention den Säugling aufnehmen und herzen, dann schlägt das Meideverhalten in Protestweinen und Abwehr um. Normalerweise führt die gleichzeitige Aktivierung der beiden Verhaltenssysteme zu einem ambivalenten Verhalten. Das Kind schwankt dann zwischen Verhaltensweisen der Zuwendung und Abkehr, oder die Verhaltensweisen überlagern einander, so wenn der Säugling aus abgewendeter Körperhaltung lächelt und Blickkontakt aufnimmt. Wir wissen, dass Blickkontakt stark erregend wirkt, was sich auch in einem Anstieg der Pulsrate ausdrückt. Über

a d

b f

c g

Abb. 1 a-f: Fremdenflucht eines Säuglings der Jalenang (West-Neuguinea). Ein Besucher möchte den Jungen aufnehmen. Dieser protestiert und flüchtet zum Vater. (Aus einem mit 25 B/s aufgenommenen 16 mm-Film des Verfassers)

den Abbruch des Blickkontakts vermag der Säugling seinen Erregungsspiegel zu kontrollieren.

Dieses ambivalente Verhalten vom Säugling und Kleinkind wurde in allen Kulturen, die daraufhin bisher untersucht wurden, festgestellt, und sie bleibt bis ins Erwachsenenalter erhalten. Persönliche Bekanntheit verschiebt allerdings das Urmisstrauen auf einer gleitenden Skala nach dem Grad der Bekanntheit in Richtung auf Vertrauen. Der Säugling lernt schnell eine Person kennen und verliert damit

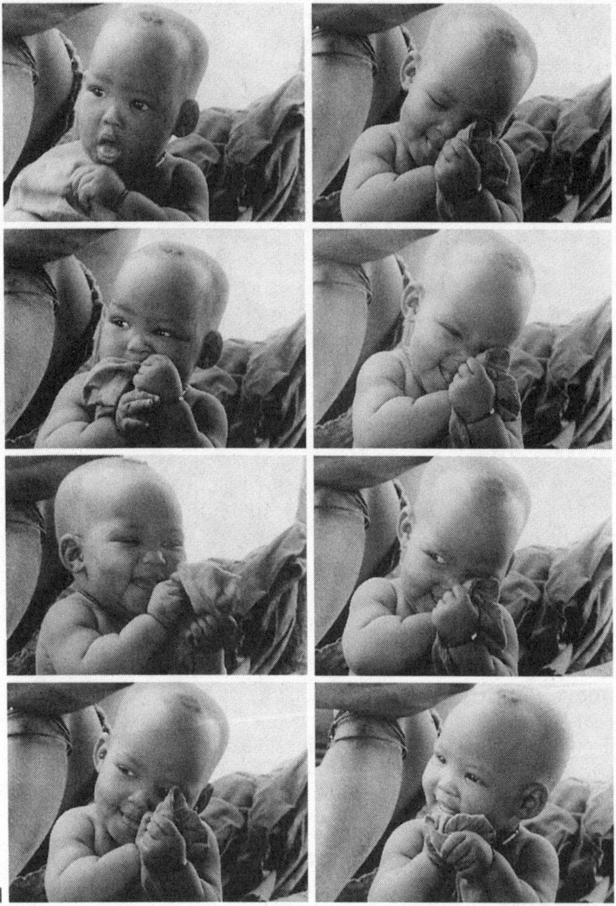


**Abb. 2 a-h:** Die Ambivalenz von freundlicher Zuwendung und ängstlicher Abkehr, ausgedrückt im Verhalten eines weiblichen Säuglings von Buschleuten in Kalahari. Nach Blickkontakt mit der ihm fremden Person führt der Säugling die Hände mit dem Tuch vor das Untergesicht, als wolle er sich verbergen, lächelt und wendet sich ab. Er nimmt dann Blickkontakt auf, wendet sich wieder ab und schwankt so zwischen Zuwendung und Abkehr. Bemerkenswert ist auch die simultane Überlagerung von Wegorientierung (Körper) und Zuorientierung (Augen).

a e b f c g d

**Abb. 3 a-g:** Diese Scheu des Menschen vor dem Mitmenschen bleibt bis ins Erwachsenenalter nachweisbar. Sie wird auch flirtativ ausgespielt wie hier in der Redaktion einer Inderin auf ein Kompliment. Sie verbirgt sich hinter dem Handgriff ihres Sonnenschirms und wendet sich dann lächelnd ab. (Aus einem 16 mm-Film des Verfassers)

seine Scheu. Die Engländer beschreiben diesen Prozess treffend als »familiarisation«. Die bis dahin fremde Person wird quasi zum Familienmitglied. In solchen individualisierten Kleinverbänden lebten bis vor wenigen Jahrzehnten noch einige Jäger- und Sammlervölker, die im Modell den altsteinzeitlichen Zustand verkörperten. Solche Kleingruppen sind gewissermaßen erweiterte Familienverbände. Sie umfassen selten mehr als 100 Personen und grenzen sich territorial gegen andere Lokalgruppen dieser Art ab. Innerhalb einer solchen Gemeinschaft wird jedes Anzeichen eines repressiven Dominanzstrebens durch einen starken Normierungsdruck abgeblockt. Konflikte werden auf ritualisierte Weise in Rügereden und Wortduellen oder anderen ritualisierten Kampfesweisen ausgetragen. Gruppenmitglieder sind in solchen Fällen auch um Vermittlung und Streitbeilegung bemüht. Das Ansehen führender Personen basiert in solchen Gemeinschaften auf ihren prosozialen Kompetenzen. Personen, die Streit schlichten können, Schwächeren beistehen, mit anderen Nahrung teilen und die so zur Erhaltung der Gruppenharmonie beitragen, stehen im Brennpunkt der Aufmerksamkeit der anderen, was das Wort »Ansehen« ja gut beschreibt. Man sucht bei ihnen Schutz, wendet sich an sie, und da sie sich meist auch über ihre soziale Kompetenz hinaus als Heiler, Kriegsführer oder als Sprecher für die Gruppe bewähren, wendet man sich an sie, wenn man des Rats oder der Hilfe bedarf. Entscheidend für ihren Rang ist jedoch ihre soziale Kompetenz. Repressives Rangstreben wird nicht geduldet. Die Neigung, repressive Dominanzbeziehungen herzustellen, wird nach außen gegen fremde Nachbargruppen abgeleitet. Ist man nicht mit ihnen verbündet – Heiratsbeziehungen spielen dabei eine große Rolle –, dann darf man sie, wenn sie Schwäche zeigen, auch überfallen.

Eine berufliche Arbeitsteilung gibt es in den traditionellen Kleingesellschaften nicht. Es besteht eine Arbeitsteilung zwischen Mann und Frau, und beide können alles, was sie zum Leben brauchen, selbst herstellen. Jeder kann seine Hütte bauen, seine Gerätschaften und Jagdwaffen anfertigen und die Lebensmittel für den Lebensunterhalt jagen und sammeln.

## Gestern und Heute

Mit der neusteinzeitlichen Revolution, die durch die Einführung von Landwirtschaft und Tierzucht vor 10- bis 15 000 Jahren gekennzeichnet ist, beobachten wir ein zunehmendes Wachstum der als Solidargemeinschaften auftretenden und sich abgrenzenden Verbände, eine Entwicklung, die sicher durch die Zwischengruppenkonkurrenz gefördert wurde. Gruppen, denen es dank besonderer politischer Führungstechniken gelang, größere Solidargemeinschaften zu bilden, hatten gegenüber jenen Gruppen einen Vorteil, die im Kriegsfalle weniger Personen zu Angriff und Verteidigung rekrutieren konnten. So entwickelten sich zuletzt über Stammesverbände mit hierarchischen Führungsstrukturen und Arbeitsteilung die anonymen Millionengesellschaften, die mit ihrer hochdifferenzierten Arbeitsteilung und mit der Möglichkeit, Vermögen zu akkumulieren, alle Voraussetzungen bieten für die Höchstleistungen der technischen Zivilisation, der Wissenschaften und der schönen Künste. Was wir allein in dem eben zu Ende gegangenen Jahrhundert erreichten, grenzt ans Phantastische! Um die Jahrhundertwende gab es die ersten plumpen Automobile. 80 Jahre danach Raumfahrt, Mondlandung und mittlerweile auch Sonden, die die fernsten Planeten erkunden und falls erwünscht auch in der Lage sind, ferngesteuerte Fahrzeuge zum Sammeln von Proben und zu Nahaufnahmen abzusetzen. Vom mechanischen Zeitalter bewegten wir uns ins elektronische und kommu-

| Die altsteinzeitliche Situation | Modernes Industriezeitalter |
| --- | --- |
| Individualisierte Gesellschaft<br>Drei-Generationen-Familie, Kleingruppe, Vertrauen und affiliative Beziehungen in der Wir-Gruppe | Anonyme Großgesellschaft<br>Mißtrauen dominiert Beziehungen zu den unbekannten Wir-Gruppenmitgliedern. Gemeinde- und Familienbildung zunehmend erschwert. Angstbelastung |
| Führung auf prosozialer Basis<br>Führungspositionen begründen sich auf prosozialen Eigenschaften und fachlicher Kompetenz | Dominanz<br>Neigung zum Aufbau von repressiven Dominanzbeziehungen innerhalb der anonymen Wir-Gruppe |
| Wirtschaftliche Unabhängigkeit<br>Familie weitgehend autark. Arbeitsteilung nur zwischen Ehepartnern. »Ein Buschmann kann nie arbeitslos werden.« | Berufliche Abhängigkeit<br>Damoklesschwert der Arbeitslosigkeit, daher unterschwellige existenzielle Ängste |
| Naturnähe | Naturferne |
| Emotionell angepasst<br>an die Herausforderungen eines risikoreichen Lebens: Risikoappetenz, Entbehrungsappetenz | Mangelhaft angepasst<br>an die Belastungen der Neuzeit: Arbeitsstress, fehlende körperliche Herausforderung. Risikoappetenz in Ersatzhandlungen ausgelebt. Dauernder Wohlstand führt zu Wohlstandsverwahrlosung |

nizieren weltweit über Satelliten. Bereits Kinder spielen mit elektronischen Geräten, die sich die Utopisten des 19. Jahrhunderts nicht vorzustellen vermochten.

Wir sind eine sehr erfolgreiche Spezies – wie Hubert Markl es einmal ausdrückte: ein »Hit« der Evolution. Wir haben auch den Planeten bis in die letzen Winkel bevölkert und eben die 6-Milliarden-Grenze überschritten. Wir schufen uns mit der technischen Zivilisation, mit der Großgesellschaft und mit der Megalopolis eine Umwelt, für die wir biologisch nicht geschaffen sind. Sie eröffnet uns ungeahnte Möglichkeiten. Allerdings erkauften wir diesen Fortschritt mit einer Reihe von Problemen, die uns ängstigen und unseren Ausblick in die Zukunft verdüstern. Sie führten zu zwei Weltkriegen und zahlreichen Kleinkriegen und Revolutionen, die uns bis in die Gegenwart plagen. Eine Fülle von neuen Ängsten belastet uns. Um diese Stressoren zu verstehen, sind die wichtigsten Änderungen zwischen gestern und heute in nebenstehender Tabelle zusammengefasst.

Wir wiesen bereits darauf hin, dass im Leben der Kleingesellschaft prosoziale Verhaltensweisen dominieren. Es herrscht eine Art primäres Vertrauen, da persönliche Bekanntheit einen familialisierenden Effekt hat, der repressives Dominanzstreben unterdrückt. Nun wird auch die anonyme Großgesellschaft quasi über ein erweitertes familiales Ethos zusammengehalten. Wir betonen die familiale Abstammung aus einer Wurzel, zum Beispiel mit der Begriffsbezeichnung »Nation«, wir sprechen von unseren Brüdern und Schwestern und betonen Gemeinsamkeiten wie etwa Sprache, Dialekt und Brauchtum, um uns von anderen abzugrenzen. Kultur nützt dabei vorhandene ererbte Verhaltensdispositionen, die sie anzapft und kulturell weiter ausgestaltet. Auf gewisse Symbole der Gemeinschaft werden Menschen prägungsartig durch Indoktrination fixiert. Wir beobachten eine vergleichbare Symbolidentifikation politischer und religiöser Art in allen Zivilisationen. Konrad Lorenz wies darauf hin, dass Menschen bei der Wahrnehmung der quasi sakralen Symbole der Gemeinschaft – man denke etwa an die Fahnensymbolik bei Aufmärschen und das Absingen von Hymnen – den Schauer der Ergriffenheit verspüren. Es handelt sich um die Wahrnehmung der Kontraktion der Haaraufrichtermuskeln, vor allem an den Oberarmen, Schultern und am Rücken, die bei uns heute nur Gänsehaut bewirken. Hätten wir allerdings einen Pelz wie unsere Vorfahren, dann würden wir erkennen, dass wir in dieser Situation in kollektiver Verteidigungsbereitschaft unser Haarkleid in imponierender Weise sträuben. Kollektive Bedrohung – fingiert oder real – schweißt auch Millionengesellschaften in kollektiver Gemeinschaft zusammen, was Demagogen zu allen Zeiten auch weidlich nutzten, indem sie Feindbilder der verschiedensten Art aufbauten. Das bindet eine Gruppe, und Angst führt weiter dazu, dass Männer mit Charisma, die sich als Retter in der Not präsentieren, Zulaufgewinnen. Diese Angstbindung basiert auf der Persistenz kindlicher Verhaltensweisen. So wie das Kind bei Gefahr zur Mutter flüchtet, flüchten Erwachsene zu ihrem ranghohen Beschützer, selbst wenn dieser zugleich als Tyrann gefürchtet ist. Das Wort »Ehrfurcht« charakterisiert diese Art der Beziehung trefflich.

Versuche mit Rhesus-Affen haben gezeigt, dass junge Rhesus-Affen auch dann zur Mutter flüchten, wenn sie dafür elektrische Strafreize erhalten. Die Flucht zur Mutter wird dadurch nicht abdressiert, sondern eher verstärkt. Rangniedere Erwachsene suchen auf vergleichbare Weise Schutz bei ranghohen. Da sie diese jedoch fürchten, präsentieren sie ihm ihre Kehrseite, wie das Weibchen als Paarungsaufforderung tun, und drohen zugleich in die Richtung eines Feindes, von dem sie bedrängt wurden. So fordern sie das ranghohe Tier zum Eingreifen auf (H. Kummer 1957).

## Alte und neue Ängste

Menschen haben nie gefahrlos gelebt. Die Natur ist nicht paradiesisch. Unsere steinzeitlichen Vorfahren wurden von

Raubtieren und Feinden bedroht, ganz abgesehen von den vielen Möglichkeiten zu verunglücken. Aber unsere Vorfahren wussten um diese Gefahren, und in den mehreren hunderttausend Jahren ihres Jäger- und Sammlerlebens hatten sie sich an die vielerlei Herausforderungen – Gefahren wie Strapazen – so gut angepasst, dass sie sogar so etwas wie einen Risiko-Appetit entwickelten, den auch der moderne Mensch noch ausbildet. Und da ihm die Zivilisation meist keine Herausforderungen der traditionellen Art bietet, lebt er sein Bedürfnis nach Abenteuer und Gefahr in den verschiedensten Ersatzhandlungen wie Hanggleiten, Fallschirm- und Bungeespringen, Skifahren, Tauchen und eigens für dieses Bedürfnis konzipierten Abenteuerreisen aus. Überstandene Gefahr wird oft euphorisch erlebt. Als Kinder stiegen wir, um uns zu gruseln, die Kellertreppe in den finsteren Keller hinab – um dann schnell wieder ans Licht zu flüchten. Und kein schöneres Abenteuer gab es für uns Kinder als die Geisterbahn im Wiener Prater.

Wir sind zwar froh, dass uns heute keine Wölfe oder Bären bedrohen, aber irgendwie gehen uns die alten Gefahren doch auch ab. Eingebettet in Familie und Kleingruppe und in die noch überschaubare Täler- oder Stammesgemeinschaft, war der Mensch in den traditionellen Gesellschaften im Übrigen geborgen. Er konnte sich in sein Heim, seine Familie, Sippe und Kleingruppengemeinschaft zurückziehen und er konnte auch mit dem Beistand der Seinen bei Gefahr rechnen. Um mögliche Gefahren wusste man Bescheid. Auch sonst war das Leben ziemlich gut voraussehbar. Den Trockenzeiten folgten Regenzeiten und man wusste, wo zu welcher Zeit Jagdbeute und Feldkost zu finden waren. Magische Praktiken bannten die Gefahren, die vermeintlich von bösen Geistern oder schwarzer Magie drohten.

Mit der Millionengesellschaft, der Großstadt und der technischen Zivilisation schufen wir uns jedoch eine Umwelt mit neuen Gefahren und damit neuen Ängsten, für die uns unsere Stammesgeschichte unzureichend vorbereitet hat.

In der Kleingesellschaft schwindet das Urmisstrauen über persönliche Bekanntheit. Urvertrauen setzt sich durch. Ist man mit jemandem gut bekannt, dann ist sein Verhalten relativ gut vorauszusagen. Man weiß, woran man ist. In der anonymen Großgesellschaft kennt man die vielen Mitmenschen nur ungenügend, und dementsprechend bleibt ein gewisses Misstrauen erhalten. Man kann die Angst des Menschen vor dem Mitmenschen in jedem Hotelaufzug in einer Großstadt beobachten. Man meidet es, einander anzusehen, und gibt sich auch sonst in der Öffentlichkeit weniger kontaktbereit. Die amerikanischen Psychologen Newman und MacCauley (1977) postierten in Philadelphia, in einem Vorort Philadelphias und in einer Kleinstadt vor einem Postamt und einem Supermarkt männliche und weibliche Versuchspersonen und zählten aus, wie oft sie mit den vorbeigehenden, ihnen fremden Personen Blickkontakt erhielten. In der Kleinstadt war dies in rund 80% der Begegnungen der Fall. In dem bereits größeren Vorort von Philadelphia sank die Kontaktbereitschaft auf 40%, und in der Zweimillionenstadt Philadelphia auf nur 20%. Menschen der Millionenstädte sind auch im allgemeinen weniger hilfsbereit. Sie sind eher bereit, einander nicht wahrzunehmen. Der amerikanische Soziologe Erving Goffman sprach von »höflicher Gleichgültigkeit« (polite inattention). Sie wird jedoch problematisch, wenn die Gleichgültigkeit so weit geht, dass man an Menschen, die in Not geraten, vorübereilt.

Um die unterschwellige Angstbelastung in der anonymen Gesellschaft zu ertragen, braucht man den Rückhalt in Familie und Nachbarschaft. Beide bilden soziale Zufluchten, in denen man Erholung von Belastungen der verschiedensten Art findet und in denen der Einzelne auch in seinem mitmenschlichen Vertrauen gefestigt wird. Mit diesem sicheren Rückhalt sind Menschen auch bereit, ihnen Unbekannten bis zu einem gewissen Grade zu vertrauen – und Vertrauen ist eine Voraussetzung für den inneren Frieden in einer größeren Gemeinschaft.

Die Bildung dauerhafter zwischenmenschlicher Beziehungen wird jedoch in den Millionenstädten zunehmend erschwert. Sippen haben sich aufgelöst, ebenso die Dreigenerationen-Familie. Die Kernfamilie beschränkt sich zunehmend auf die Einkind-Familie, und selbst diese Gemeinschaft ist, wie die hohen Scheidungsraten belegen, gefährdet. Umso wichtiger wäre die Einbettung in kleine, über die Familie hinausreichende Gemeinschaften. Sie ermöglichen Aussprache, Fürsprache und Zuspruch. Dazu traf man sich früher am Sonntag im Wirtshaus oder beim Einkauf und schließlich bei den im Jahreszyklus wiederkehrenden Festlichkeiten. In den großen Städten nehmen solche Möglichkeiten der Begegnung immer mehr ab.

Die traditionellen Begegnungsstätten werden rarer. Die Straße ist längst vom Verkehr überrollt worden. Umso wichtiger wurden dafür die Plätze, vorausgesetzt sie sind so gestaltet, dass die Anrainer sich gerne auf ihnen aufhalten. Dazu verhelfen gewisse Strukturen wie Brunnen, um die man sich gerne gesellt. Man kann dann unverbindlich über die Tauben reden, die zum Trinken kommen, und über die spielenden Kinder. Wegen der schon besprochenen Scheu des Menschen vor dem Mitmenschen bedarf es solcher Einstiegsobjekte, über die man reden kann. Johann Prestel machte dazu aufschlussreiche Versuche in München. Eine hübsche junge Studentin, die seine Komplizin war, setzte sich an einem sonnigen Tag auf eine Bank im Englischen Garten. Es wurde ausgezählt, wie oft sich Personen an die allein Sitzende wandten. Fast niemand sprach sie an, selbst die jungen Männer eilten weiter. Saß die gleiche Person dagegen mit einem kleinen Hund auf der Bank, dann wurde sie von Alt und Jung angesprochen. Selbst junge Männer machten unverbindlich freundliche Bemerkungen über das Hündchen und suchten so den Einstieg. Sie riskierten dabei nicht, bei Ablehnung das Gesicht zu verlieren – gerade junge Männer sind da besonders empfindlich. Je hübscher die Frau, desto schwerer fällt es ihnen, sie anzusprechen, da die meisten ihre Chancen ohne Einstiegshilfe schlecht einschätzen. In den Wohnungen der Amerikaner dienen Souvenirs der verschiedensten Art als »conversation pieces«, als Objekte, über die man sprechen kann. Sie dienen dazu, Gespräche anzubahnen.

Außer solchen sozialintegrativ wirkenden Strukturen bedarf es auch einer ästhetischen Ausgestaltung durch Bepflanzung und einer räumlichen Strukturierung, die Ausblick und Geborgenheit vermittelt. Im Rahmen unserer Untersuchungen zur Wohnzufriedenheit in Wien stellte eine Arbeitsgruppe des Ludwig-Boltzmann-Instituts für Stadtethologie fest, dass für die Wohnzufriedenheit der Gestaltung der Plätze in der Wohnumgebung größte Bedeutung zukommt. Sie müssen es gestatten, an schönen Tagen auszuspannen und auch nach Belieben Kontakt mit anderen zu finden. Dann bilden sich Nachbarschaften; ein wichtiger Rückhalt in der anonymen Großgesellschaft, in der viele über die Einsamkeit in der Masse klagen.

Grundsätzlich geht es um die Humanisierung der zwischenmenschlichen Beziehungen, und die ist auf vielfältige Weise gefährdet. Von den zahlreichen Belastungen gibt insbesondere die gegenwärtig geradezu in dramatischer Weise sich verschärfende Konkurrenz Anlass zur Sorge.

Da in der anonymen Großgesellschaft das repressive Dominanzstreben nicht durch persönliche Bekanntheit abgeblockt wird, besteht in ihr die Neigung, im Wettbewerb auch gegen Mitglieder der eigenen Gemeinschaft die Ellbogen zu gebrauchen. Allerdings entwickelten sich in den zivilisierten Großgesellschaften Konventionen, wie in diesem Jahrhundert in vielen Ländern Europas die ökosoziale Marktwirtschaft, die den Wettbewerb zivilisierte. Der in unserer Gesellschaft gegenwärtig zu beobachtende Rückfall in zunehmend rücksichtslosere Formen des Wettbewerbes bedroht den inneren und äußeren Frieden, die staatliche Integration und damit die Zukunft der europäischen Staatengemeinschaft.

## Die fatale Programmierung auf den Wettlauf im Jetzt

Das Gefährliche an der gegenwärtigen Entwicklung ist, dass wir Menschen durch eine lange Stammesgeschichte auf den Wettlauf im Jetzt geradezu programmiert sind. In der Konkurrenz schaukelt sich das Leistungstempo des Menschen eskalierend auf, was heute als extreme Belastung erfahren wird. Seit es Organismen auf dieser Erde gibt, die um begrenzte Ressourcen konkurrieren, gilt: Wer im Jetzt schneller an den begrenzten Ressourcen ist, macht das Rennen. Die Algenarten, die andere überwucherten und ihnen das Licht nahmen, lebten in Nachkommen weiter. Die tierischen Organismen, die schneller an der Beute oder am Geschlechtspartner waren, pflanzten sich fort. Im Prinzip galt dies bis zu unseren altsteinzeitlichen Vorfahren, deren repressives Dominanzstreben jedoch innerhalb der Gruppe (wie schon ausgeführt) wirksam abgeblockt war. Auf Gruppenebene allerdings verhielten sie sich als auf das Jetzt fixierte Opportunisten, die jede sich bietende Chance der Gewinnmaximierung auch in Konkurrenz mit anderen Gruppen auf Gruppenebene maximal und rücksichtslos nutzten. Diese Rücksichtslosigkeit, die für die Zwischengruppenbeziehungen auch in Friedenszeiten als Handelskriege zu beobachten war, beginnt sich nunmehr auch innerhalb der Staaten, die durch eine ökosoziale

Marktwirtschaft den inneren Frieden und eine gesunde Umwelt sichern wollten, durchzusetzen. Dadurch entsteht eine überaus gefährliche Situation.

Das Streben nach Macht und Dominanz wird nämlich durch äußere tonisierende und innere hormonale Faktoren angetrieben. Dopamin, ein Vorläufer von Noradrenalin und Adrenalin, dürfte dabei auch als Neurotransmitter einen auf die zentralnervösen, motorischen Systeme energetisierenden Einfluss ausüben. Adrenalin und Noradrenalin werden in der konkreten Situation einer Auseinandersetzung bei Angreifer sowie Verteidiger zusammen mit den Kortikosteroiden der Nebennierenrinde ausgeschüttet. Sie wirken zusammen mit der Aktivierung des sympathischen Nervensystems auf den Stoffwechsel ein, beschleunigen und kräftigen den Herzschlag und bewirken ein Ansteigen des Blutdrucks. Die Skelettmuskulatur wird besser durchblutet, die des Magen- und Darmtraktes sowie der Nieren dagegen eingeschränkt. Die Leber setzt Blutzucker frei, der Aufbau von Körpersubstanz und die Tätigkeit der Keimdrüsen werden gehemmt. Der Organismus ist damit bereit, sich mit Gefahren auseinander zu setzen. Beim Menschen wird dieser Mechanismus offenbar auch aktiviert, wenn er mit Problemen zu kämpfen hat, sich gewissermaßen in Aufgaben verbeißt. Wir setzen dabei ein ursprünglich für die Auseinandersetzung mit Mitmenschen und Fressfeinden entwickeltes Triebsystem gewissermaßen instrumentell auch für die Auseinandersetzungen mit Problemen ein, die uns die nichtmenschliche Umwelt stellt.

Entscheidend ist, dass dieser physiologische Mechanismus für die Auseinandersetzung nur kurze Zeit aktiviert und als Belastung (Stress) erfahren wird. Bei Niederlage beendet normalerweise Flucht und Rückzug in Heim, Familie und Kleingruppe das stressierende Erlebnis und eine Phase der Beruhigung und Erholung folgt. Dauerstress dagegen in Ermangelung solcher Rückzugsmöglichkeit führt bei Tier und Mensch zu Belastungen, die zum Tode führen können. Dieter von Holst hat diese Verhältnisse und das Zusammenspiel von Physiologie und Verhalten in beispielhaft sauberer Weise untersucht (D. v. Holst 1985). Ein andauernder hoher Spiegel von Adrenalin und Kortisol in Kombination mit dauernder Angst schwächt das Immunsystem und führt schließlich zum Tod.

Erfolg bei einer Auseinandersetzung im Rangdisput wird beim Mann durch Testosteronausschüttung in die Blutbahn belohnt. Dieser Hormonreflex vitalisiert und bekräftigt das Selbstgefühl bis zur Euphorie und damit auch das Verhalten, das dazu führte. Gewinnt ein Tennisspieler ein Match, dann erhöht sich sein Bluttestosteronspiegel signifikant. Nach einer Niederlage sinkt er dagegen vorübergehend ab. Weitere Untersuchungen ergaben, dass auch geistige Aufgabenlösung durch Testosteron belohnt wird, so wenn Medizinstudenten eine Prüfung bestehen oder Schachspieler ein Turnier gewinnen. Interessant wäre es zu erfahren, ob bei Männern auch über Identifikation mit einem Sieger ein solcher Hormonreflex ausgelöst wird. Das starke Engagement und Mitgehen bei Fußball-, Tennis- und Skiveranstaltungen bis zum kollektiven Rowdytum lässt es vermuten. Wiederholter Erfolg führt zur wiederholten Bekräftigung, und da das System keine Sättigung kennt, neigt das Machtstreben zur Eskalation. Das kann zur Machtakkumulation führen, wie wir sie gegenwärtig ja auch bei den großen Konzernen beobachten.

## Von der sozioökologischen Marktwirtschaft zur Globalisierung

Die modernen Staaten pflegten im 19. und 20. Jahrhundert durch Schutzzölle Landwirtschaft und Industrie vor auswärtiger Konkurrenz zu schützen. Das erlaubte es ihnen, eine ökosoziale Marktwirtschaft zu entwickeln mit einem hohen Standard sozialer Wohlfahrt, die sich dem Motto »Angleichung nach oben« verschrieb und die auf die Schonung und Pflege natürlicher Ressourcen zunehmend Wert legte. Man glaubte, damit den rücksichtslosen Wettbewerb, der im 19. Jahrhundert und zu Beginn des 20. vorherrschte, zu zivilisieren. Im Rahmen der sogenannten Globalisierung vertraten starke Interessengruppen der Wirtschaft die Forderung, die Grenzen für Menschen und Waren zu öffnen. Man setzte auf die privatwirtschaftliche Selbstorganisation des Marktes und nahm sich dann in gewisser Weise die Natur zum Vorbild eines freien Wettbewerbs. Kurzzeitinteresse bestimmte dabei das Handeln. Es galt der Wettlauf im Jetzt, ebenfalls nach dem Vorbild der Natur. Das öffnete durch rücksichtsloses Wirtschaften dem ökologischen und sozialen Dumping Tür und Tor. Die Entwicklung in unserer Landwirtschaft eignet sich gut zur Darstellung der Problematik.

Sie hat in Europa eine lange Geschichte. Wenn ich von meinem Heim im Bayerischen Säcking zu meinem Institut in Andechs fahre, fahre ich durch eine Landschaft, die seit über 2000 Jahren unter dem Pflug ist. Die Kelten bestellten hier die Felder, ihnen folgten die Römer und danach die Bayern. Diese Landschaft ist von hohem ästhetischen Reiz und sie zeigt keine Zeichen von Erosion. Wiesen und Wälder wechseln einander ab, dazwischen mittelgroße Felder, im Sommerweiden Kühe im Freien. Die Bauern waren darauf bedacht, ihre Felder so zu bestellen, dass sich auch ihre Kinder und Enkel von ihrer Scholle ernähren konnten. Und sie pflanzten auch Bäume für künftige Generationen. Kleinere und mittelgroße Betriebe konnten sich halten und waren durchaus in der Lage, eine hochindustrialisierte Bevölkerung mit vollwertigen Produkten zu angemessenen Preisen zu versorgen. Der freie Wettbewerb führt nun zunehmend zu Entwicklungen, die moralisch und volkswirtschaftlich gesehen in die Katastrophe führen. Nur noch jene, die ihren Boden rücksichtslos ausbeuten und sich auf Massentierzucht verlegen, können überleben. Man bestellt große Flächen, wozu schwere Maschinen benötigt werden, die den Boden verdichten. Fixiert auf den Hektar-Ertrag, düngt man intensiv. Beides führt zur Zerstörung der Böden. Sie werden verdichtet und gleichzeitig werden zwei Drittel der Bodenorganismen, vor allem die Regenwürmer, getötet, die den Boden wieder lockern würden. Das halbe Jahr sind die abgeernteten Böden der Witterung preisgegeben. Ein großer Anteil des Regenwassers versickert nicht, sondern fließt an der Oberfläche ab, Erosion setzt ein, bei Trockenheit auch durch Wind. Aber keiner denkt daran, dass man so sicher keine weiteren tausend Jahre wirtschaften kann. Das scheint keinen wirklich zu interessieren.

Vor ein besonderes Problem stellt uns die Massentierzucht. Abgesehen davon, dass einer, der 1000 oder 2000 Schweine oder Rinder hält, viele Bauern arbeitslos macht, sind seine Experimente seuchenpolitisch höchst problematisch. Aber da sich auch diese Großunternehmer als Bauern tarnen, erscheinen die – wie man so schön sagt – freigesetzten Arbeitskräfte, sprich die durch sie zur Arbeitslosigkeit verurteilten Bauern der kleinen und mittelgroßen Betriebe, in ihrer Bilanz nicht. Die Kosten werden auf die Volkswirtschaft abgewälzt. Und wenn sie aufgrund einer Seuche wie des Rinderwahns oder der Schweinepest ihre Tiere töten müssen, dann springt wieder der Staat ein. Würde man die verursachten Kosten der Betriebswirtschaft auflasten, dann würde sich herausstellen, dass die billig an die Supermärkte gelieferten, qualitativ oft bedenklichen Produkte – sie sind ja unter anderem oft mit Medikamenten überlastet – in Wirklichkeit den Käufer sehr teuer kommen, denn er bezahlt ja die auf den Staat abgewälzten Kosten.

Im Rahmen dieses ungezügelten Wettbewerbs werden

eine große Zahl von Personen entlassen und damit arbeitslos. Man spricht verschleiernd von »Freisetzung der Arbeitskräfte«, als könnten die Personen jederzeit eine ihrer Ausbildung entsprechende neue Anstellung finden. Aber ein durch einen Massentierzüchter freigesetzter Bauer, der bis dahin einen eigenen Betrieb führte und damit eine Art Unternehmer war, kann bestenfalls als Hilfsarbeiter ein Auskommen finden. Die Situation ist deshalb brisant, weil Menschen stammesgeschichtlich nicht auf die berufliche Abhängigkeit von anderen vorbereitet sind. Unsere altsteinzeitlichen Vorfahren konnten nicht arbeitslos werden.

Entwicklungen dieser Art können wir im Handel und in der Industrie feststellen (siehe dazu ausführlicher I. Eibl-Eibesfeldt 1998). Kurzzeitdenken beherrscht die Szene. Der Staat zieht sich aus seiner Verantwortung zurück. Er lässt es zu, dass privatwirtschaftliche Interessen großer und nur noch am shareholder value interessierte Konzerne den inneren Frieden der Staaten gefährden. Es scheint daher wichtig darauf hinzuweisen, dass eine ungesteuerte Globalisierung natürlich keineswegs etwas Unvermeidliches ist. Es handelt sich um eine Frage der Entscheidung für bestimmte zukunftsorientierte Werthaltungen. Der Bevölkerungswissenschaftler Josef Schmid schrieb dazu in der Frankfurter Allgemeinen Zeitung vom 22. 8. 96: »Globalisierung ist nicht nur Schicksal oder Ausgeliefertsein, dem gegenüber nichts als Anpassung gefragt wäre. Sie zwingt uns dazu, sich über die eigenen Vorlieben klar zu werden und darüber, was gegenüber Weltbewegungen als erhaltenswert erscheint.«

Die arbeitsteilige Gesellschaft ist die Grundvoraussetzung jeder Hochkultur, aber wir bezahlen diesen Fortschritt mit einem Dauerstress: mit der unterschwelligen Angst, die berufliche Subsistenzbasis zu verlieren. Diese neue Existenzangst gefährdet den inneren Frieden und damit den Fortbestand einer liberalen Demokratie, denn sie infantilisiert die Massen. Sie aktiviert damit Anbindetendenzen an Schutz verheißende Persönlichkeiten. Zu allen Zeiten verstanden es Demagogen, über Aktivierung einer Angstbindung Gefolgsbereitschaft zu induzieren und gegen die bisherige Ordnung zu rebellieren.

Wir sind die ersten Wesen auf diesem Planeten, die Langzeitfolgen ihres Handelns einigermaßen abschätzen können. Wir könnten uns daher auch einem Überlebensethos verpflichten, dass das Lebensglück künftiger Generationen sichert. Ja, ich meine, dass wir kraft dieser Fähigkeit die erste Spezies auf diesem Planeten sind, die damit in die Eigenverantwortung entlassen wurde. Sicher wird unser Tun auch weiterhin an der Elle der Eignung gemessen, das heißt, an der Fähigkeit, in eigenen Nachkommen und damit genetisch zu überleben. Die Selektion wird nach wie vor entscheiden, aber wir müssen uns ihr nicht mehr blind unterwerfen. Wenn sich unsere Zielsetzung mit der Bereitschaft zur rechtzeitigen Fehlerkorrektur verbindet, dann eröffnen sich uns in der Tat völlig neue Chancen, unser Schicksal in die Hand zu nehmen.

## Literatur

Eibl-Eibesfeldt, I. (1998): In der Falle des Kurzzeitdenkens. München (Piper).

Eibl-Eibesfeldt, I. und Sütterlin, Ch. (1992): Im Banne der Angst. München (Piper).

Holst, D. v. (1985): Coping behaviour and stress physiology in male tree shrews (*Tupaiabelangeri*). In: Hälldobler, B. und Lindauer, M. (eds.): Fortschritte der Zoologie, 31, 461-470.

Kummer, H.(1957): Soziales Verhalten einer Mantelpavian-Gruppe. Beih. 33 zur Schweiz. Z. Psychologie und ihre Anwendung. Bern (Huber).

Newman, J. und MacCauley, C. (1977): Eye Contact with Strangers in City, Suburb and Small Town. Environment and Behaviour, 9, 547-558.

Hartmut Böhme

# Leibliche und kulturelle Codierungen der Angst

›Ich ängstige mich, also bin ich‹ ist gewiss ein zutreffenderer Satz als das berühmte, aber wenig überzeugende Diktum des Descartes: »Ich denke, also bin ich.« Georg Christoph Lichtenberg hatte, lange vor Sigmund Freud, den Gedanken ausprobiert, ob es nicht besser heißen solle: »es denkt«, und damit infrage gestellt, dass das Denken notwendig ein Ich voraussetzt. »Wer ist dieser Ich?«, fragte er skeptisch. Und wenn ›es denkt‹ – indem es zum Beispiel assoziativ oder gar automatisch abläuft –, dann ist aus dem Denken erst recht nicht das Sein eines Ich abzuleiten. Johann Gottfried Herder hatte darum den anticartesischen Doppelausruf geprägt: »Ich fühle mich! Ich bin!« Absichtsvoll vermeidet Herder das logische Folgerungsverhältnis (»*also* bin ich«, »*ergo* sum«). Vielmehr setzt er zwei jubilatorische Ausrufe hintereinander. Aufschlussreich ist auch, dass Herder nicht sagt: ›ich fühle (Angst oder Freude)‹, sondern das Fühlen absolut setzt. Und ihm ›folgt‹ das ›Sein des Ich‹ weder temporal noch konsekutiv. Sondern man sollte sagen: das ›Ich bin‹ entspringt dem Fühlen unmittelbar und selbstevident, als Absolutum – oder eben als Ausruf, als Jubel. Im Fühlen, so legt Herder nahe, sind wir uns ursprünglich als seiend inne. Am ehesten könnte man sagen: ›Indem ich fühle, bin ich‹; oder schlicht: ich *bin* fühlend, und darin seiend. Ich bin primär ein fühlendes Lebewesen. Die Parataxe der beiden Ausrufe ist der unlöslichen Synchronizität von Fühlen und Sein geschuldet. Denken ist dafür nicht erforderlich. Das ist eine sehr schlichte Wahrheit. Doch mit ihr hat Herder gegen Descartes recht. Man muss schon Philosoph sein, um das »Cogito« als primum factum zu behaupten, das ein plausibles Verhältnis von Denken und Sein begründen könnte. Nach knapp vier Jahrhunderten cartesianischen Rationalismus wird heute kein noch so rationaler (Entwicklungs-) Psychologe, Evolutions- oder Verhaltensbiologe, kein Psychoanalytiker und kein Anthropologe, erst recht kein Künstler das zu Beginn des 17. Jahrhunderts bahnbrechende Diktum Descartes unterschreiben. Es ist einfach falsch. Womit nichts gegen das Denken gesagt ist.

Der Satz ›Ich ängstige mich, also bin ich‹ ist eine künstliche, Descartes nachahmende und deswegen schon gleich wieder falsche Aussage. Niemand folgert aus dem Sich-Ängstigen seine Existenz. Phänomenologisch zutreffender sagt man: mich ängstigend, spüre ich mich (existieren). Die reflexive Form (*Ich* ängstige *mich*) meint eben dies: in dem ich Angst empfinde, spüre ich eindeutig ›mich‹ (und niemanden sonst). Angst empfindend, bin ich ganz gegenwärtig und ganz da (und nicht woanders), also hier und jetzt, und zwar als genau ›dieser‹, der ›ich‹ bin. Die Angst betrifft niemanden als mich, sonst wäre sie kein Betreffen. In ihr, wenn ich sie spüre, ›befinde ich mich‹: Phänomenologen sprechen deswegen davon, dass die Angst (Gefühle überhaupt) Befindlichkeit und Betroffenheit darstellen. Was ›Gegenwart‹ ist, geht uns daran auf. Man begreift ›Gegenwart‹ nicht durch die Analyse von Präsens-Sätzen, sondern die Sprachen bilden präsentische Sätze, weil im betroffenen Fühlen, besonders von Angst und Schrecken, Gegenwart erschlossen wird.

Als erstes Ergebnis ist mithin festzustellen: in der Angst empfinde ich nicht nur diese, sondern in und mit ihr immer ›mich selbst‹ als genau ›dieser‹, ›jetzt und hier‹, also gegenwärtig Seiender: in der Angst wird Gegenwart aufs Dringlichste, Andrängendste und mithin Beengendste gespürt – und das enthält das Gefühl von Sein: Ich bin.

Nun gilt das freilich für Empfindungen und Gefühle überhaupt, wenn auch nicht in gleichem Maß und gleicher

Intensität. Es ist darum zu fragen, ob die Angst eine privilegierte Weise ist, in der ›ich mich als seiend‹ empfinde. Das behaupten viele, zum Beispiel Martin Heidegger oder Hermann Schmitz. Doch diese Frage behandle ich nicht, sondern wende mich der schon für die Anthropologen im 18. Jahrhundert selbstverständlichen Tatsache zu, dass die Empfindungen, in denen wir uns existierend fühlen, kein Menschenprivileg sind. Vielmehr teilen wir sie mit organischen Lebewesen überhaupt, mindestens mit Tieren.

Angst (und es kommt hierbei nicht auf ihre Differenz zur Furcht an) ist so alt wie wir selbst, sie ist schon da, wenn wir geboren werden. Nein, sie ist älter als wir. Auch ohne viele Erfahrungen mit Tieren weiß selbst der heutige Stadtbürger, dass Angstreaktionen nicht nur bei höheren Tieren zu beobachten sind, sondern tief ins Tierreich hineinreichen. Im Paradies herrscht keine Angst: das aber heißt, dass auch die Tiere aus dem Garten Eden vertrieben sind, oder genauer: dass sie niemals dort wohnten, so wenig wie der Mensch. Die Natur ist auch für die Tiere keine allgütig umhüllende Mutter, sondern der Schauplatz eines stets prekären Lebens. Angst ist eine elementare Gegebenheit des animalischen Lebens. Sie zeigt dem Lebewesen die Anwesenheit einer Gefahr, einer bestimmten oder diffusen Drohung. Im Gefühl bedrohter Existenz fährt die Angst in den tierischen ebenso wie in den menschlichen Organismus heftig hinein. Als Anzeiger von Gefahr hat Angst aber eine lebensdienliche Funktion. Ohne Angst tappten Tier wie Menschen in Gefahren hinein und kämen, über kurz oder lang, darin um. So aber breitet sich die Angst blitzschnell im ganzen Körper aus, zieht ihn zusammen, konzentriert ihn, versetzt ihn in Spannung, in höchste Aufmerksamkeit, die augenblicklich zu handeln bereit ist, wenn sie nur wüsste, wie und wohin. Hermann Schmitz nennt Angst deshalb »das gehinderte Weg!«. Bannung in den Augenblick und Fluchtimpuls halten sich in der Angst die Waage. Man kann dies an Tieren, aber auch an sich selbst beobachten. Gelegentlich ist schon das Erstarren rettend: in geduckter Bewegungslosigkeit verringert sich die Wahrnehmbarkeit durch den Feind. Kein Laut und Rascheln, keine Bewegung verrät das Tier an den Feind. Die Gefahr ist noch einmal ›vorbeigegangen‹. Das Tier löst sich aus seiner Starre, Entspannung zieht in den Körper und in größter Vorsicht zieht es sich aus der Sphäre der Drohung zurück. Oft aber folgt auf das Zusammenzucken, das das Tier in gebannte Angst schlägt, sofort die Schnellkraft der Flucht: die höchste Erregung und Energie des Organismus wird auf den einen Impuls gesetzt: weg! Das ist noch nicht die Rettung, rettet aber wenigstens aus der Enge der Angst, die an Ort und Augenblick fesselt. Darin ähnelt die Angst einem aufs Äußerste gespannten Bogen, von dem der Pfeil der Flucht nun abgeschossen ist. Am besten, wenn im Augenblick der Gebanntheit eine kognitive Leistung hinzukommt: das Erkennen der Ursache der Angst, die Lokalisierung des Feindes, das Wahrnehmen der ›Ausflucht‹, der Richtung der Flucht. Denn immer droht die Kopflosigkeit: Verlust der Übersicht, panischer Schrecken, zielloses Losstürmen – womöglich in die Fänge des Feindes. Ist die Angst im ersten Hineinfahren in die Glieder ein bloßer Anzeiger von Gefahr überhaupt, so ist sie in dem erstarrten Gedecktsein auch die Chance zur identifizierenden Wahrnehmung und gezielter Flucht. Gerade das ›*gehinderte* Weg!‹, die Erstarrung, ist für das ›Weg-von-hier!‹ funktional – dann jedenfalls, wenn die Angst nicht so übergroß ist, dass in der Bindung an das Hier (die Enge der Angst) jede Beziehung auf die Weite (als dem potentiellen Raum der Flucht) untergegangen ist. So aber ist es im Schrecken, den Tiere ebenso wie wir gut kennen. Schrecken ist überwältigend, ist gesteigerte Angst, die jede Ausflucht nicht objektiv, sondern subjektiv niederschlägt: der Schrecken ist die absolute Überwältigung durch bedrohliche Gegenwart. Darin ist jede Weite ausgelöscht. Der

Organismus ist wie angenagelt, die Glieder gehorchen nicht mehr, die äußerste Spannung, in die der Körper versetzt ist, verwandelt zu Stein. Das ist der Bann des Schreckens. Der Anblick der Medusa ist das mythische Bild dafür, dass der Schrecken in Bann schlägt und versteinert, nicht anders als die Legenden davon erzählen, dass der Anblick der Schlangen die Opfer erstarren lässt und der drohenden Verschlingung wehrlos aussetzt.

Ob Mythen, ob Selbstbeobachtung oder Tierstudium: durchweg stellt sich die Angst als ein Phänomen dar, das unmittelbar den Körper ergreift und selbst körperlich ist. Auch ohne naturwissenschaftliche Forschung wird dies durch hunderterlei Sprachspuren belegt, so wenn wir davon sprechen, dass die Angst unser Herz schneller schlagen oder gar aussetzen lässt, dass die Knie weich werden und der Schritt versagt, der Puls zu jagen beginnt, die Haare sich sträuben, Kälte uns befällt und über den Rücken jagt und doch zugleich der Schweiß ausbricht, der Atem stockt oder im Gegenteil heftig anschwillt, ringend mit dem abschnürenden Gefühl im Hals, das Kopf und Körper zu trennen droht, die Augen aufgerissen werden und die Pupillen sich schreckhaft weiten, die Glieder schlottern oder sich krampfig verspannen. Man sieht daran, dass die Angst sich in durchaus entgegengesetzten Körperreaktionen darstellt, und doch erkennen wir sie mit größter Eindeutigkeit. Biochemie und Physiologie tun das ihrige dazu, die phänomenalen Signifikanten der Angst mit Einsichten in die angststimulierten Veränderungen der endokrinologischen, vegetativen und nervösen Systeme zu unterfüttern. Hirnforscher verbinden diese Daten der Angst mit zusätzlichen Informationen über angstspezifische Hirnprozesse oder belehren darüber, dass die die Angst im ältesten Teil des Gehirns, im limbischen System, ihre Ursprungslokalität habe – ein Indiz mehr, dass die Angst eine Elementar-Emotion des menschlichen Organismus ist.

Angst, wenn sie empfunden und damit erst wirklich wird, muss verkörpert werden. Im Englischen stehen dafür mit ›embodiment‹ und ›incorporation‹ zwei analytisch klare Begriffe zur Verfügung, die im Deutschen mit ›Verkörperung‹ eine zwar brauchbare Entsprechung haben (alle Angst ist verkörperte Angst); doch andere Bedeutungsanteile der englischen Termini wie ›Verwirklichung‹, ›Darstellung‹, ›Aufnahme‹, ›Bildung‹ sind heute zu körperfern (noch im 18. Jahrhundert waren sie es nicht), während ›Einverleibung‹ auf die Angst nicht passt, ›Einleibung‹ oder ›Einkörperung‹ zu ungebräuchlich sind bzw. zu sehr an religiöse und rituelle Vorgänge erinnern. Unabweisbar indes ist, dass Angst sich am und durch den Körper darstellt. Dies trifft genauer zu als die traditionelle, doch eigentlich erst seit der Neuzeit durchgesetzte Redeweise, dass sich Angst körperlich ›ausdrückt‹. Dies nämlich gilt nur im Rahmen einer Ausdruckspsychologie, welche eine irgendwo im Menschen unsichtbar vorhandene Seele voraussetzt, die sich in Gefühlen regt und diese dann sozusagen an der ›Oberfläche‹ des Körpers ›ausdrückt‹. Angst sei ›Seelenangst‹. Ihr Ausdruck trete in Zeichen und Bewegungen des Körpers ›nach außen‹, könne also gelesen, gedeutet und verstanden werden. Der Körper fungiert dabei als Interface für die ›dahinter‹, im Unsichtbaren der Seele, verborgene Angst. Angst erfordert danach eine Hermeneutik, eine Verstehenslehre, welche die Übersetzung des Seelischen ins Körperliche hin auf den verborgenen Tiefensinn des Ausdrucks entziffert. Daraus erwuchsen in früheren Zeiten die Physiognomik und Pathognomik – eine Zeichenlehre oder Semiotik der Seele, insoweit sie sich an ständigen oder flüchtigen Ausdrücken des Körpers artikuliert.

Noch heute hängen wir mehrheitlich an solchen Auffassungen, obwohl sie nicht oder nur sekundär zutreffen. Denn Angst muss nicht ›verstanden‹ werden, sondern indem sie uns erfüllt, ›spüren‹ wir sie. Jedes ›Verstehen‹ der

Angst erfolgt post festum; und wenn wir über Angst sprechen, so ist sie zumeist vorbei. Die primäre Gegebenheitsweise von Angst ist nicht ihr Zeichenhaftes, das wir hermeneutisch zu entschlüsseln hätten, sondern ihre leiblich spürbare, unmittelbare Präsenz. Dies gilt, auch wenn wir wissen, dass die menschlichen Ängste seit Jahrzehntausenden kulturell überformt, stilisiert, diszipliniert, modifiziert, anästhesiert oder gar künstlich erregt werden. Kulturelle Techniken und Habitus haben sich um den Körper gelegt oder sind sogar in ihn eingedrungen, so dass sich »Pathosformeln« (Aby Warburg) und kulturspezifische Bewältigungsmuster der Angst gebildet haben. Damit haben sich kulturelle Semantiken und Techniken ›verkörpert‹, so dass, soweit wir die Geschichte überblicken, jede Angst, die sich zu spüren gibt, immer zugleich die Engramme kultureller Umwelten aufweist: und nur deswegen bedarf es einer sekundären (kulturellen) Verstehenslehre der Angst und kommt es nicht mehr allein auf die Spürfähigkeit an. Die Angst ist mithin sowohl überhistorisch, eine universale Konstante des lebendigen Organismus, wie sie auch, hinsichtlich des Menschen, seit unvordenklichen Zeiten eine Geschichte bekommen hat. Die Ängste, die wir empfinden, sind kulturelle Ängste und erzählen von der kollektiven und individuellen Geschichte ihrer Prägungen. Wir könnten Epochen an dem charakteristischen ›Stil‹ ihrer Ängste, Kulturen an der besonderen Atmosphäre und Personen an der jeweiligen Prägung ihrer Ängste erkennen: nur haben sich Historiker und Kulturwissenschaftler viel zu wenig um solche Fragen gekümmert.

Ein Weiteres kommt hinzu. Ängste sind sympathetisch und sie sind performativ. Das teilen sie durchaus mit anderen Gefühlen wie der Begeisterung oder der Trauer. Zum einen heißt dies, dass Ängste sich zwar immer in Einzelnen verkörpern müssen, aber gleichwohl transpersonal sein können. Wir kennen es alle, dass Angst ansteckend ist. Sie springt über, strahlt aus, erfüllt den Raum mit einer besonderen Tönung und Atmosphäre, welche die Betroffenen zu einer Gemeinschaft formiert. Kollektive Angst meint hier nicht, dass wir in jedem Mitglied einer Gemeinschaft Angst erkennen; dies wäre eine allgemeine Angst. Sondern es geht um jene wohlbekannten Situationen, in denen die Angst in eine Menge von Menschen hineinfährt wie in einen Schwarm, so dass ein temporärer und lokaler Kollektivkörper entsteht, eine Angstmasse. Man kann dies die ›dichte Angst‹ nennen. Im Extrem verlieren sich die Grenzen, welche gewöhnlich das Individuum in einer Menge von dieser unterscheiden. Die Einzelnen werden in die dichte Angst‹ eingeschmolzen, sei es zum Beispiel eine panische Angst angesichts von Katastrophen oder von Seuchen wie der Pest zwischen dem 14. und frühen 18. Jahrhundert. Auch aus Kriegs- oder Massaker-Situationen sind solche transpersonalen Kollektivängste gut bezeugt. Wo diese überwältigend werden, brechen in der Regel die sozialen Ordnungen und individuellen Identitätshalterungen zusammen, wenigstens temporär. Dauern solche Ängste an, so entstehen Sozialpathologien auf gesellschaftlicher und angstneurotische Strukturschäden auf individueller Ebene.

Wenn eine solche Realitätsmacht von sympathetisch-kollektiver Angst akzeptiert wird, dann wird man zwei Voraussetzungen einräumen müssen: Angst ist (1.) im Extremfall eine ungeheuer dicht und ausweglos den Raum erfüllende Macht (und nicht etwa ist sie kleinteilig in den ›Seelen‹ der Menschen verteilt). Ferner beleben solche Phänomene die räumliche Ausbreitung von Angst (2.) archaische Muster mimetischen Verhaltens wieder, wodurch rationalere und historisch spätere Formen kommunikativen Handelns wenigstens vorübergehend untergehen und einer sympathetischen Identifikation des Einzelnen mit dem überpersönlichen Kollektivkörper und seiner machtvollen affektiven Präsenz weichen.

Oben hieß es, Ängste seien performativ. Das heißt nicht nur, dass jede Angst sich verkörpert und eine Form der Darstellung findet. Sondern körperliche Schemata der Angst erzeugen diese selbst. Dies gilt für alle Gefühle: wir weinen nicht nur, weil wir traurig sind, sondern sind auch traurig, weil wir weinen. Die Darstellung bringt hervor, was sie darstellt. In diesem Sinn sind Ängste selbstreferentiell, ja selbstgenerativ, weil die Verkörperung der Angst durch ständige Rückkoppelungen eben die Angst selbst verstärkt. Dies ist ein Modus, der nicht nur in Situationen sympathetischer Kollektivität von Ängsten eine stimulierende Rolle spielt, sondern auch für jene Ängste gilt, welche die Künste erregen, wie zum Beispiel schon die griechische Tragödie, deren einer Affektmodus, neben dem Mitleiden, nach Aristoteles die Furcht (phobos) ist. Es sind dies keine Ängste, bei denen, wie beschrieben, der lebendige Organismus auf gespürte Gefahren der realen Umgebung, sondern die Imagination auf fingierte Angstsituationen reagiert. Hier vollends genügt die Darstellung der Angst zu ihrer Erregung, die freilich im Schutz der künstlerischen Form verbleibt, ohne deswegen doch zu bloßer Vorstellung zu verdünnen: denn auch hier gilt, dass künstlerisch performierte Ängste sich im Leser oder Zuschauer verkörpern müssen, um überhaupt fühlbar zu werden. Aus der Geschichte wissen wir, dass literarisch oder theatral, heute vor allem filmisch erzeugte Angst zu den großen Attraktoren der Künste gehört. Die Angst wird nicht geflohen, sondern gesucht, *um* sie zu empfinden. Diese geschützte Empfindung der Angst gewährt, was nirgends sonst möglich ist: die Lust an der Angst selbst, die Angstlust (M. Balint), den Thrill, das angenehme Schaudern und Gruseln. Endlos ist die Zahl der künstlerische Zeugnisse, die ihren Ruhm und ihre Wirkung ebendiesem Mechanismus der Performativität der Angst verdanken.

Längst haben wir damit die Parallele zwischen der Angst

als Elementarreaktion des Lebendigen und der menschlichen Angst verlassen. Eine wesentliche Differenz zum Tier ist es, dass die körperliche Matrix der Angst, so fein sie bis auf die Ebene der Mikrobiologie herunter entwickelt sein mag, zur Erklärung der mannigfachen Formen der Angst der Menschen und der Techniken der Angstbewältigung nicht hinreicht. Die höheren Tiere haben in Konfrontation mit der Angst nur drei Möglichkeiten: Flucht, Unterwerfung, Kampf. Sie kennen aber auch Vorkehrungen, nicht nur solche, die sich passiv durchsetzen wie zum Beispiel tarnende Einfärbungen ihrer Erscheinung, hochentwickelte Sinne oder Mimikry, sondern auch solche, die über Verhalten aktiv erzeugt werden, zum Beispiel Tarnung des Schlafplatzes, Abschreckungsmanöver, Zusammenschlüsse zu Rudeln, gemeinschaftliche Warnsysteme. Aktive wie passive Angstminimierer sind Funktionen der Bioevolution und erhöhen in jedem Fall die Fitness der Lebewesen. In den Kulturen gibt es zahllose funktionale Äquivalenzen zu diesen evolutionären Mechanismen, ja, man kann zu der Annahme kommen, dass Kultur insgesamt der Angstbewältigung dient. Der Mensch wäre eben deswegen aus den engeren Grenzen der Naturgeschichte ausgeschert, weil Kultur zu entwickeln und damit sich als Kulturwesen zu bilden einen beispiellos effizienten Vorteil in der lebensnotwendigen Auseinandersetzung mit Angst erregenden Umwelten darstellt. Dem soll nachgegangen werden.

Die Erfindung von Geräten, wodurch der Mensch zum *toolmaking animal* wurde, aber auch die im weitesten Sinn architekturale Einrichtung des Lebens, die Schaffung einer artifiziellen Umwelt (vom Hüttendorf bis zu den big cities), vor allem aber auch die Bildung sozialer Gemeinschaften, symbolischer Ordnungen und tradierbaren Wissens sind Einrichtungen, die nicht nur der Verbesserung von Ernährung und Generativität dienen, sondern vor allem der Sicherheit. Alle Sicherungen sind Angstprävention. Die ungeheure Investition kultureller Energien in Sicherheitsmaßnahmen, seit jeher und überall, verweist auf die ebenso ungeheure Verbreitung und Intensität von Ängsten. Zur Urgeschichte der Angst gehören dabei nicht nur die Ängste vor Naturgewalten und natürlichen Feinden, vor Hungersnot und Krankheit, vor bösen Göttern und Geistern, vor dem Tod in allen seinen Masken, sondern immer auch die Gefahren, die innerartlich die Menschen von ihresgleichen zu fürchten hatten. Man muss nicht den verbreiteten Mythen Glauben schenken, dass die Gründung von Kultur in einem Mord von Menschen an Menschen wurzelt. Doch deuten die Überlieferungen der Hochkulturen wie viele Riten von Stammeskulturen darauf hin, dass man nicht nur das Nicht- und Übermenschliche, sondern den Menschen selbst zu fürchten hat. Dies ist im Grundprinzip der Human-Evolution, der innerartlichen Konkurrenz um knappe Ressourcen und Generativität, fundiert. Jede Kultur hat mit *zwei* Kreisen der Angst zu kämpfen: den Ängsten des Menschen vor dem Menschen und vor dem Nicht-Menschlichen. Zwischen beidem gibt es vielfache Überschneidungen. So droht der Tod vom Mitmenschen, dem Feind; aber er droht ebenso überhaupt und immer, nämlich prinzipiell, wenn es denn richtig ist, dass Kulturentstehung und Todesbewusstsein eng verbunden sind. So sind die Kulturen vom Bewusstsein des Todes als objektiver Macht, die sich tief den symbolischen und religiösen Ordnung einprägt, ebenso gekennzeichnet wie von den Erfahrungen der tödlichen intra- und interkulturellen Feindschaften.

Gegen Tod und Not, die großen Eltern der Angst, wird alles aufgeboten, was die Menschen an intelligenten Vermögen und technischen Fertigkeiten zur Verfügung haben. Alle Positivität, die Lebensfreude und ihre tausendfachen Festriten, erfordert Entlastung und Abwesenheit von Angst. Diese zu bewältigen und zu vertreiben, ist erste Aufgabe aller Kultur. Kulturelle Überschüsse, die der Steigerung von Vergnügen und Lust dienen, können erst entstehen, wenn Tod und Not, wenn Angst nicht mehr allein die Aktivitäten der Gemeinschaft bestimmt. Es kann hier nur angedeutet werden, dass Techniken der Angstbewältigung durch alle Ebenen und alle Geschichte von Kultur sich hindurchziehen. Als die frühen Hominiden gezwungen waren, in offenen Savannengeländen zu leben, war es angstminimierend, sich Schutz gewährende Plätze auszusuchen, und es war noch besser, wenn man, viel später, sich Wohn- und Schlafumgebungen selbst kreieren konnte: Ursprung des Bauens. Es war, im Blick auf die gefährlichen Konkurrenten um Jagdbeute, angstminimierend, in kooperativen Gruppen zu jagen: man verbesserte dadurch nicht nur die Chancen des Nahrungserwerbs (Not), sondern optimierte die Konkurrenz mit Feinden, die dem einzelnen Jäger gegenüber gefährlich waren (Tod). Es war gut, wenn die offenbar transkulturell verbreitete Angst vor dem Menstruationsblut ›eingehegt‹ werden konnte, indem man Riten nicht nur im Umkreis der Monatsblutung schuf. Es ist angstvermindernd, wenn man durch Ahnenriten und Begräbniskulte sich der unheimlichen Macht der Toten erwehren, sie sowohl fernhalten wie auch begütigen, sich ihrer versichern oder sie beruhigen konnte. Es ist ein Modus der Angstbewältigung, wenn man die überlegenen, allzu oft feindlichen Mächte der Dämonen, Geister und Götter zu beschwichtigen in der Lage war, indem man ihnen rituell Opfer darbrachte. Das Opfer ist eine Erfindung ersten Ranges und stellt nicht nur hinsichtlich der übergroßen Angst, sondern auch der Schuld, in die die Menschen sich verstrickt sahen, eine überhaupt nicht zu überschätzende Kraft zum Erhalt von sozialen Ordnungen dar, die sonst in endlosen Racheketten oder Angstexzessen unterzugehen drohten. Aber auch späte dichotomische Muster, mit denen die Griechen alles beängstigend Fremde als das Nicht-Griechische, nämlich Barbarische symbolisch exteriorialisierten, sind ein Beispiel dafür, dass die antagonistische Trennung von eigener und fremder Kultur mit einer Herausverlagerung des Ängstigenden und Feindlichen zusammenhängt. Ein Hinweis auf Militarisierung und Festungsbau seit den frühen Hochkulturen mag genügen, um den Mechanismus zu belegen, wonach die Angst unfühlbar wird, wenn ihre Quellen nach Möglichkeit ›draußen‹ gehalten werden (Befestigungsbau) oder wenn den bedrohlichen anderen die eigene Schreckenspotenz auferlegt wird (Militär). Ob in imperial raumerweiternder oder in defensiv raumsichernder Strategie angelegt: es ist kein Zweifel, dass die Geschichte der Kriege ein gewaltiger Motor der ineinander verflochtenen Maßnahmen von Angstminderung und Angstverbreitung darstellen. Im Schatten beider Strategien blühten die Techniken, die sozialen Institutionen (Staat, Recht), aber auch die Künste und die Religionen.

Letztere können nicht in jedem ihrer Momente und nicht überall auf der Welt, aber doch in größter Verbreitung als symbolische Vorkehrungen gegen die Angst gedeutet werden, von der Gesellschaften heimgesucht werden. Dafür sprechen nicht nur die metaphysischen Einteilungen von Himmel und Hölle, welche im Christentum das irdische Leben über- und unterwölben. Ist das eine die Sphäre beseligender Angsterlösung, die dem Tod den Stachel ziehen soll und auf die ein demütiger, also angstmotivierter Lebensweg vorbereitet, so ist das andere der gewaltigste Angsterzeugungskomplex, der je erdacht wurde. Beides gehört zusammen: denn die Angst kann nur von eben dem Gott vertrieben werden, der sie androht und erregt. Doch auch andere Einrichtungen – wie die Fürbitter, die Opferung, die apotropäische Verehrung von Fetischen und Idolen, die magischen Praktiken zur Bezähmung böser Mächte, die symbolischen und rituellen Allianzen, welche die Angst erregenden Potenzen auf die eigene Seite ziehen sollen, Vorstellungen von Wiedergeburt, von Unsterblichkeit, von Erlösung: all dies zeigt die Ubiquität von Angst und Angstabwehr in den Religionen. Wenn die Religionswissenschaft an dem, was den Kern der Religionen ausmachen soll, nämlich dem Heiligen, eine unauflösliche Ambivalenz von Faszinosum und Tremendum erkennt, dann ist dies von der Überzeugung getragen, dass in der Religionen dasjenige, was Angst macht, und dasjenige, was von ihr befreit, als paradoxe Weise dasselbe ist. Die Macht, in deren Schutz die Angstvollen sich flüchten, ist dieselbe, welche Furcht und Zittern hervorruft.

Es ist nicht abwegig, darin einen der wirksamsten Mechanismen von Herrschaft zu erkennen, wenn es gelingt, dass ein Kollektiv eben dasjenige verehrt, was es bedroht, und sich mit demjenigen identifiziert, der es zerstört. Unabhängig von jeder Religion ist es ein probates sozialpsychologisches Mittel von Herrschaft, die Angstentlastung, welche die Identifikation mit dem Aggressor bietet, zur Normalität gerinnen zu lassen. Diese Doppelfalle lässt in jener Unmündigkeit verharren, die Immanuel Kant nicht ohne Grund selbstverschuldet nannte und aus der sich zu befreien das Programm der Aufklärung war. Ein Blick auf die heutigen Gesellschaften, ob Erster oder Dritter Welt, zeigt, dass dies nicht gelungen ist, vielleicht nicht gelingen konnte.

Daneben haben Zivilisationen verschiedenste Kulturtechniken der Selbstbemeisterung entwickelt, die keineswegs nur auf die Zähmung ungebärdiger Triebe wie Essen, Trinken und Sex zielten, sondern vielleicht sogar zuerst auf Zügelung der Angst. Die ubiquitäre Figur des Helden, an dem sich die Mythen des Heroismus anschlossen, ist ein ›Kulturbringer‹ in dem Sinn, als sie über wirkungsvolle Disziplinen der Affektkontrolle und Angstüberwindung verfügte. In der Geschichte des Heroismus allerdings sieht man, dass der Held nicht sogleich perfekt in die Welt tritt. Für die griechischen Helden ist es noch selbstverständlich, dass sie sich hemmungslos fürchten, vor Schmerzen brüllen und in Trauer jammern und weinen. Ja, diese Intensität des affektiven Auslebens ist sogar eine Voraussetzung ihrer Bewährung in übergroßer Gefahr. Man kann das Heldische aber auch in Zusammenhang mit dem bringen, was Norbert Elias die Essenz unserer neuzeitlichen Zivilisation nannte, nämlich dem Zwang zum Selbstzwang. Dieser befähigt zu einer autogenen Anästhesie und deswegen zum angstlosen, ›heldischen‹ oder ›mythischen‹ Handeln. Doch auch in fernöstlichen und indianischen Kulturen finden wir Techniken einer radikalen Leibbemeisterung, bei welcher höchste Disziplin (als vollendete Kultur) einen Habitus sublimer Angstfreiheit kreiert. Solche Angstbewältigungstechniken, die in vielen Kulturen entwickelt wurden und denen heute die angsttherapeutische und medikamentöse ›Befreiung‹ von Angst zur Seite tritt, setzten immer voraus, dass es gelingen kann, sich selbst von den Quellen der Angst hinreichend distanzieren zu können, um von dieser nicht verschlungen zu werden. Ob real oder symbolisch, räumlich oder zeitlich: Distanzierung und Selbstdistanzierung sind in allen Angstbewältigungstechniken die entscheidende Leistung. Wir begegnen hier erneut der schlichten Wahrheit, dass, wenn Angst ein »gehindertes Weg!« ist, Angstbefreiung in nichts anderem besteht als dem »Weg!«, so roh wie sublim, so körperlich wie symbolisch. Bedenkt man, dass Distanzierung und Isolation des Objekts die Grundgesten der Naturwissenschaften darstellen, so drängt sich der Gedanke auf, dass auch die Wissenschaften einem untergründigen Auftrag folgen: nämlich Angst zu bewältigen und Sicherheit zu erzeugen – ein Auftrag, worin sie den Religionen, deren Gegenspieler sie sind, insgeheim folgen. Wissenschaft als Erlösung von Angst.

Was man die große Schule der Angst nennen kann, nämlich die Naturkatastrophen, zeigt allerdings, dass hier

Distanzierung nicht möglich ist. Darum sollen die Naturgewalten am Ende stehen, weil an ihnen die in alle Kulturen implementierten Ängste am reinsten-rohesten hervortreten und zugleich die Versuche, mit diesem Äußersten der Angst dennoch umzugehen, sich charakterisieren lassen.

Aus der Mythen- und Religionsgeschichte sind viele Katastrophen bekannt, die zeigen, dass die Elemente als Furcht erregende Zerstörungsmächte angesehen wurden. Noch der aufgeklärte Ovid flicht in seine »Metamorphosen« zwei ausführliche Berichte über Fast-Untergänge der Erde: den Mythos von Deukalion, der deswegen parallel zur biblischen Sintflut verläuft, weil griechisch-römische wie jüdische Kultur auf gleiche vorderorientalische Sintflut-Mythen zurückgriffen. Der zweite Katastrophen-Mythos wird von Ovid in der Geschichte des Phaëton erzählt, der mit dem Sonnenwagen beinahe einen Weltbrand auslöst. Kataklysmos und Ekpyrosis (Wasser- und Feueruntergänge) sind feste Vorstellungsfiguren in der antiken Kultur. Sie haben auch in der Philosophie ihren Ort, wenn Heraklit das Werden und Untergehen des Weltalls im Feuer lehrt, die Stoa von regelmäßigen Weltbränden ausgeht oder Platon vom Untergang des sagenhaften Atlantis berichtet, das den Kern für viele europäische Berichte über Wasser-Katastrophen abgibt. Erdbeben zählen zu den ersten Phänomen, für welche die Vorsokratiker nach wissenschaftlichen Erklärungen suchten – jenseits der Zuständigkeit, die im Mythos der Meergott Poseidon auch für die Erdbeben innehatte. Dieser Gott ist, wovon die »Odyssee« noch lebhafte Züge bewahrt, zugleich derjenige, von dem die tödlichen Unwetter des Meeres ausgehen: der Schrekken aller Seefahrer von der »Odyssee« bis zu »Moby Dick«. Wie das Wasser nicht nur labt, sondern in den Abgrund reißt, so spendet die Luft im Atem nicht nur Lebenskraft, sondern ist Schauplatz des wirbelnden Chaos, das Tiere, Menschen, Städte mit Entsetzen überzieht. Am furchtbarsten offenbart sich die Macht des Wetters im Blitz und Donner, die den obersten Göttern als Insignien ihrer Macht vorbehalten sind.

Mit der historischen Anthropologie haben die Elemente als Medien von Katastrophen insofern zu tun, als sie die Szenarien der ›großen Ängste‹ hergeben. Dies ist ein kaum bearbeitetes Feld, sieht man von Ausnahmen ab wie zum Beispiel Jean Delumeaus Studie »Angst im Abendland« (1989), worin der Angst vor dem Meer ein Kapitel eingeräumt wird. Doch ist dies wenig gegen die ungeheuren Verzweigungen der Angst. Soweit unsere Zeugnisse reichen, haben sich die Ängste vor der Natur gerade im Medium der Elemente entwickelt. Im Gegenzug wird die Technik ihre Macht genau in den Medien der Elemente entfalten: von der Zähmung des Feuers bis zu den Energietechniken, von den mythischen Flugphantasien bis zur Weltraumreise, von der Erfindung des Schiffes bis zur Territorialisierung des Meeres, von der mythischen Gaia, fruchtbare Mutter und verschlingender Abgrund, bis zur Erde, die in allen Tiefen und Höhen in den Besitz des Menschen genommen ist. In Feuer, Wasser, Erde und Luft wird die Macht der Natur am intensivsten erfahren und darum sind sie die großen Schulen der Angst. In Feuer, Wasser, Erde und Luft wird aber auch die Machtentfaltung der Menschen durch Technik am nachhaltigsten etabliert. Darum ist Technik auch eine Unternehmung zur Vertreibung der Angst vor Natur. Sie ist Erbin der Religionen, welche die Ängste, die die Technik real zu suspendieren verspricht, symbolisch stillzustellen suchten.

Diese Geschichte der Angst als Teil einer historischen Anthropologie ist noch zu schreiben. Sie wäre anti-rousseauistisch und unromantisch, wenn man Rousseau und die Romantik als die Punkte nimmt, von denen die modernen Ideologien einer friedlichen, den Menschen wie eine gute Mutter umschließenden Natur ausgehen. Es sind dies kulturelle Spätformen, die sich einer Stadt-Kultur verdanken – bereits unabhängig von Unbill und Gewalt der Natur. Die längste Strecke der Geschichte über war der Mensch von der Angst beherrscht, welche eine unberechenbare Natur auslöst. Niemals genügte es, dass die Menschen sich in Stämmen, Städten oder größeren Imperien zusammenschlossen. Die Religionen und Mythen legen ein beredtes Zeugnis davon ab, dass das menschliche Leben und die Einrichtungen der Lebensfristung als fragil und von Untergängen bedroht angesehen wurden.

Gewiss sind es immer auch die Menschen selbst, die sich wechselseitig zur Quelle der Angst wurden; Ängste spiegeln soziale Gewaltverhältnisse. Nicht zufällig aber hat Thomas Hobbes diese zwischenmenschliche Angst mit dem *Naturzustand* identifiziert (Leviathan, 1641). Der Mord ist der Kern dieser Angst. Man darf nicht vergessen, dass in den alten Religionen die Götter oft die Masken des Bösen tragen: sie wollen die Menschen töten. Diese uralte Angst vor den Göttern ragt noch in die Sintflut-Geschichte des Wettergottes Jahwe hinein. Welch eine maßlose Brutalität herrscht bei den dynastischen Kämpfen der Götter in der »Theogonie« Hesiods. Die Mächte, welche die Welt beherrschen, müssen befriedet werden. Religion ist die symbolische Form dieser Befriedung. Sie drückt in den Bindungen an die Götter, die sie zumeist über Opfer-Rituale schafft, die Umkehrung der basalen Angst aus. Die Griechen in der Epoche vor der Polis-Kultur hatten aufgrund dieser primären Angst den Menschen als *ephemeros* bezeichnet: den Flüchtigen. Die bösen, gewaltigen und gewaltsamen, rachsüchtigen und auf den Menschen auch noch scheelen, jähzornigen Götter: sie repräsentieren die angsterfüllte Lebenslage der Menschen in einer übermächtigen Natur, in und von der sie leben müssen, die ihre Verehrung heischt und die dennoch aufs Grausamste den Menschen beseitigt, im Sturm der Elemente.

Wie weit ist es von hier bis zu der platonischen Idee, dass die Natur den göttlichen Nous darstellt, eine schöne und lebensdienliche Ordnung. Es ist ein Gedanke, der sich weniger der Erfahrung der Elemente verdankt als dem daseinsentlasteten Nachdenken in einer Akademie im Schutz der Polis. Auch die gerechte Ordnung der ägyptischen Ma'at ist eine auf Befriedung zielende Konstruktion, die die Bindekräfte von Staat und Gesellschaft schon voraussetzt.[1] Die harmonisierenden, auf Ausgleich der Gewalten, auf Form und Gerechtigkeit zielenden Weltbilder sind weniger aus ihrer Semantik als aus ihrer Funktion zu erklären, die sie für die grundlegende Kulturaufgabe haben: die Stillstellung der elementaren Ängste. Nicht nur der Tod, als Tribut an die gleichgültige Natur, ist dabei zentral, sondern die großen Sphären der Gewalten, welche in der Tetrade der Elemente zusammengefasst sind.

Vulkanausbrüche, Erdbeben, Feuerstürme, Überschwemmungen und Dürrekatastrophen, Unwetter, Meeresorkane und Schiffsuntergänge, auch Einschläge von Großmeteoriten, anhaltende Kälteeinbrüche – Katastrophen also, die oft zu Erschütterungen der sozialen Ordnung wurden, werden nicht nur in verschiedenen Kulturen, sondern auch innerhalb der Geschichte des Abendlandes unterschiedlich erlebt und gedeutet. Es ist eine Illusion anzunehmen, ein Vulkanausbruch oder eine Überflutung seien in der Antike dasselbe gewesen wie im Mittelalter oder heute. Man weiß darüber wenig. Es bedürfte einer historischen Abgrenzung von Katastrophen, die als solche der Elemente gelten, von anderen kollektiven Verheerungen, wie zum Beispiel den Epidemien oder den großen Kriegen. Man hat zu sehr die homogenisierenden Deutungen beachtet, durch welche die Pest, ein Unwetter oder ein Erdbeben gleichermaßen als Strafe Gottes und als Schicksalsschlag gedeutet wurden. Oder man hat Katastrophen, gleich welchen Typs, mit dem Aussetzen sozialer

Bindekräfte und plötzlichen Anomien zu korrellieren versucht. Ereignisse wie zum Beispiel das Erdbeben von Lissabon (1755) oder Erzählungen wie Heinrich v. Kleists »Erdbeben zu Chili« (1807) gaben derartigen Sichtweisen das Schema vor: modellhaft ist an ihnen zu studieren, wie Prozesse postkatastrophischer Anomie nicht nur herrschende Ideologien kollabieren lassen, sondern zu einer stressbedingten ›wilden‹ Konjunktur von willkürlichen Deutungen des offensichtlich Sinnlosen führen, bis sich die alten Integrationskräfte oder neue Gleichgewichte sozialer Ordnung über der Wunde, die der Gesellschaft geschlagen wurde, wieder schließen. Selbst über die Geschichte solcher postkatastrophischen Deutungswirbel weiß man wenig, nicht einmal über die häufige Verbindung zwischen Katastrophen und Sündenbock-Syndromen (auch dies hatte Kleist erkannt).

Nicht auf die ›Physik‹ von Elementar-Katastrophen kommt es an, sondern auf die kulturellen Imagologien, die sich um sie lagern. Die Ängste, die durch die destruktiven Dynamiken von Wasser, Feuer, Luft oder Erde mobilisiert werden, sind als Todesängste oder als gefesselte Fluchtimpulse nur abstrakt benannt. Sie unterscheiden sich nicht nur im aktuellen Erleben, sondern auch in dem, was man die jeweiligen Erwartungsängste nennen könnte.

Ferner unterscheiden sich die Erfahrungen von Katastrophen nach dem materiellem Medium, in dem sie auftreten. Das Beben der Erde lässt Angst aus einem sonst unauffälligen ›Grund‹ entstehen, nämlich der Verwirrung des kinästhetischen Sinns. Auf dem Wasser wird Gleichgewicht nicht erwartet, hinsichtlich der Erde aber ist es eine ›fundamentale‹ Voraussetzung von Selbstgefühl und Handlung. Die Panik, die aus dem plötzlichen Abriss der kinästhetischen Koordinationen entsteht, ist etwas anderes als die Angst, welche aus dem übergroßen Stress des Kälte- oder Wärmeempfindens bei Erfrierungs- oder Verbrennungskatastrophen aufspringt. Die Elementar-Katastrophen zeigen eindrucksvoll, wie Recht die griechischen Philosophen hatten, wenn sie die Elemente als die sinnliche Natur entwarfen: es gibt eine unlösliche Verknüpfung zwischen den Elementen und den eigenleiblichen Empfindungen. Diese Unlöslichkeit ist es, die bei Katastrophen die Panik auslöst. Sie sind die fürchterlichen Lektionen, durch die das symbiotische Ineinander von Leib und Natur ins kulturelle Gedächtnis graviert wird. Bei Hitze- oder Kältekatastrophen ist die leibliche Empfindungsebene vor allem die Haut: sie bricht als die liminale Sphäre zusammen, in welcher sich Abgrenzungsprozesse von Innen und Außen, leibliche Integration und Wärmeregulation abspielen. Dies ist etwas anderes als Angstsituationen, die sich auf das Medium Luft richten. Die erstickende Enge, die in der Brust entsteht und sich vergeblich im Fuchteln Luft zu machen versucht, ist eine andere Angst als diejenige vor Hitze oder Kälte oder als die beim Beben der Erde, wenn unwillkürliches Klammern an irgendetwas den Ausfall der leiblichen Verklammerung von Erde und Leib kompensieren soll (wie Kleist treffend beschreibt). ›Luftenge‹ wiederum unterscheidet sich darin, ob im plötzlichen Abriss das Atmen abgedrosselt wird oder, wie nach Bergwerks-Unglücken berichtet, in einem langen Prozess ›die Luft ausgeht‹, was zunächst zu einem Wechsel von Rettungsversuchen und Apathie führt, bis ein Zustand leiblichen Verdämmerns eintritt, in welchem sogar für panische Angst zu wenig Luft da ist. E. A. Poe hat mehrfach die grauenhafte Angst beschrieben, die durch Wasserkatastrophen entsteht.

Bei Elementar-Katastrophen – bei Vulkanausbrüchen, Erdbeben, plötzlichen Überflutungen, Taifunen – kommt hinzu, dass sie mit einer energetischen Wucht eintreten, die alle gesellschaftlichen Abgrenzungssysteme durchschlagen und darum den ganzen Leib mitreißen. Dieser gleichzeitige Zusammenbruch von kulturellen und leiblichen Grenzen belehrt darüber, dass alle zivilisatorischen Einrichtungen auch einen leiblichen Sinn haben: sie stellen Staffelungen von Abgrenzungen dar, die das primäre Abgrenzungssystem, den integrierten Leib, schützend umhüllen. Gewiss ist Kleidung ein erweiterter Leib, aber auch das Haus, die Stadt, die Grenze zum Meer (der Deich) etc. Elementare Katastrophen zeigen, dass ein leibliches Band nicht nur zwischen Körper und Elementen, sondern auch zu den zivilisatorischen Umgebungen besteht: sie sind gewissermaßen ›eingeleibt‹. In seiner Erzählung zeigt Kleist eindrucksvoll, dass der gleichzeitige Kollaps körperlicher und zivilisatorischer Abgrenzungssysteme den Menschen zum ›reinen‹ Lebewesen macht – ohne das Bewusstsein, das ihn als soziale Identität auszeichnet. Die Tragik dieser Erzählung besteht darin, dass die Protagonisten meinen, dass ›Lebewesen‹ und mithin ›Natur‹ zu sein gleichbedeutend mit Frieden sei: weswegen sie durch die Katastrophe, die einen Naturzustand herbeiführt, sich gerettet wähnen. Sie unterliegen dem rousseauistischen Wahn von der Natur der Unschuld und werden, tödlich, darüber belehrt, dass ihm der Pogrom entspringt, dessen Opfer sie werden. Der Naturzustand weckt nicht nur paradiesische, sondern vielleicht zuerst mörderische Züge.

Ist die Leib-Phänomenologie von Katastrophen nach den vier Elementen noch auszudifferenzieren, so gilt dies erst recht für deren kulturelle Imagologien. Es muss hier genügen, die Spannweite eines solches Untersuchungsfeldes anzudeuten. Die Sintflut-Legende der Bibel und der Deukalion-Mythos der griechischen Überlieferung weisen eine Erstaunlichkeit auf: gerade Kulturen, die nicht von Überschwemmungskatastrophen heimgesucht waren, finden zu deren klassischer Formgebung. Daraus ist zu entnehmen: Imagologien elementarer Katastrophen sind nicht an Realereignisse gebunden. Gerade der Ausbruch des Vesuvs im Jahre 79 n. Chr. beweist als Ausnahme diese

Regel: wir haben hier den seltenen Fall, dass die Konservierung des historischen Augenblicks (Herkulaneum und Pompeji) gleichsam den Glutkern immer neuer Überlieferungen darstellt. Das ist weder nötig noch üblich. Charakteristisch ist vielmehr die Erzählung des Simonides von Keos, bei dem das Erdbeben, welches den Palast über einer Festversammlung zusammenstürzen lässt, so dass die Leichen zwecks Totenfeier nicht mehr zu identifizieren sind, zum Anlass einer Theorie topologischer Mnemotechnik wird.[2] Das Ereignis ist gleichgültig gegenüber dem, was daraus gemacht wird: ist es hier eine Theorie der Erinnerung, so ist es normalerweise die Erinnerung selbst, die das Ereignis ablöst, überlagert, weiterspinnt, ausmalt, mit anderen Ereignissen verknüpft usw. Simonides liefert also die Meta-Erzählung zur Frage, wie Erzählungen von Katastrophen entstehen.

Dies ist der Zusammenhang, der für Elementen-Katastrophen und kulturelle Imagologien darzustellen wäre: die Geburt der Erinnerung und der Erzählung aus der Katastrophe. Ihr Schrecken und die Lust des Überlebens sind die Antriebe, die verständlich machen, warum das Erzählen von Naturkatastrophen eine Fusion entgegengesetzter Gefühle kultiviert, die in der Poetik des 18. Jahrhunderts als das »angenehme Grauen«[3], als das Erhabene oder, in psychoanalytischer Sicht, als Angstlust dargestellt wurde.[4] Durch das Erzählen werden die namenlosen Ängste, in denen der Körper zum Schauplatz von Elementargewalten wird, benennbar und sind mit religiösen und philosophischen, später auch sozialen und psychologischen Interpretationen zu verbinden. Wo dies gelingt, wie in den Ovidschen Fassungen der Deukalion- oder Phaëton-Mythe, der biblischen Sintflutgeschichte, dem Brief von Plinius d. J. über den Vesuv-Ausbruch, in den Bergwerks-Erzählungen der Romantik, den großen Meer-Epopöen von E. A. Poe, Hermann Melville oder Joseph Conrad –

um Beispiele zu geben –, dort ist eine kulturell repräsentative Darstellung von Katastrophen und ihren Gefühlen erreicht, die für weite Rezipientenschichten ein Tableau für das imaginäre Erleben eigener Elementar-Emotionen bereitstellt.

Für eine kulturanthropologische Differenzierung von elementaren Katastrophen sind ferner geomorphologische Faktoren zu berücksichtigen. Sind die angesprochenen ›klassischen‹ Erzählungen abgelöst von Realereignissen, so kommt es hier gerade auf die Verbindung mit Realitäten an, welche das Erleben von elementaren Katastrophen in unterschiedliche Erwartungshorizonte platzieren. Das Zweistromland und das alte Ägypten können hier als Beispiele dienen: sind beide Kulturen »potamisch«, also Flusskulturen in dem Sinn, wie Ernst Kapp (1845), Leo Frobenius (1923) oder Carl Schmitt (1942) geomorphologische Faktoren in die Analyse kultureller Formationen einbeziehen[5], so bestehen entgegengesetzte Erwartungsdispositionen hinsichtlich von Überschwemmungen: während der Nil für periodische Bewässerung der Anbaugebiete sorgt und so positiv in eine von Fruchtbarkeits- und Erneuerungssymbolen bestimmte Religion einbezogen werden konnte, so haben die ebenfalls periodischen Fluten des Euphrat-Tigris-Gebietes aufgrund mehrfacher Groß-Katastrophen zur Bildung der Sintflut-Sage und ihrer symbolischen Besetzung im Rahmen gewaltgesättigter Götterkämpfe Anlass gegeben. Dass die »Odyssee« intensiv mit Ungewittern und Schiffbruch auf offener See befasst ist, hängt mit der Lösung der griechischen Kultur vom Festland und vom küstennahen Schiffsverkehr zusammen. Die »Odyssee« ist ein Zeugnis dafür, dass man mit der Angst vor dem offenen Meer fertig werden muss, um eine Kolonialmacht zu werden. Marco Polo, der den Landweg nach China erschloss, hatte mit Ängsten vor fremden Kulturen zu kämpfen und musste dazu kulturelle Kompetenzen entwickeln. Kolumbus, der den ozeanischen Raum eroberte, musste dagegen mit dem unermesslichen Raum und den ihn erfüllenden abstrakten Ängsten (zum Beispiel der Leere) fertig werden; dazu war keine »ethnographische« Kompetenz erforderlich. Meeranrainer wie zum Beispiel Holland und Norddeutschland sind in ihren Leitbildern stark von der kämpferischen Auseinandersetzung mit dem Meer in Form von Deichbau und Landgewinnung geprägt. Die Ängste, die hier bewältigt werden mussten, weisen andere Verarbeitungsmuster auf als die Einübung in die Nachbarschaft zu einem aktiven Vulkan, die in der Vesuv-Umgebung kulturprägend wurde.

Schließlich zeigt die mediale Faszinationskraft von Naturkatastrophen, dass es auch in industriellen Gesellschaften ein Potential kultureller Muster gibt, die aus der Erfahrung mit den destruktiven Seiten der vier Elemente stammen. Naturkatastrophen sind gut geeignet, das gesamte Register von magischen wie wissenschaftlichen, religiösen wie literarischen, abergläubischen wie moralischen, kognitiven wie psychischen Dispositionen *auf einmal* zu mobilisieren. Was sonst auf unterschiedliche Institutionen verteilt, was in soziale Schichten und kulturelle Deutungsebenen ausdifferenziert ist, was in Menschen als Tiefen- und Oberflächenängste und getrennte Rollensegmente auseinander fällt – dies erfährt bei großen Elementar-Katastrophen eine instanzielle und kollektive Mobilisierung und Verschmelzung. Durch diese entsteht die eigenartige kathartische Wirkung, welche die großen Untergänge selbst noch in den massenmedialen Aufbereitungen unserer Tage aufweisen: diese nutzen die historischen Tiefenschichten, welche sich in der Kulturgeschichte der Elemente und ihrer symbolischen Codierung abgelagert haben.

# Anmerkungen

1 Assmann, Jan: Ma'at. Gerechtigkeit und Unsterblichkeit im Alten Ägypten. München 1990.

2 Goldmann, Stefan: Statt Totenklage Gedächtnis. Zur Erfindung der Mnemotechnik durch Simonides von Keos. In: Poetica 21 (1989), S. 43-66.

3 Zelle, Carsten: »Angenehmes Grauen«. Literaturhistorische Beiträge zur Ästhetik des Schrecklichen im achtzehnten Jahrhundert. Hamburg 1987.

4 Balint, Michael: Angstlust und Regression. Ein Beitrag zur psychologischen Typenlehre. Stuttgart 1960.

5 Kapp, Ernst: Vergleichende Erdkunde; Braunschweig 1845. – Frobenius, Leo: Vom Kulturreich des Festlandes; Berlin 1923. – Boeckmann, Kurt von: Vom Kulturreich des Meers. Berlin 1923. – Schmitt, Carl: Land und Meer. Eine weltgeschichtliche Betrachtung (1942). Köln 1981.

Elke Schmitter

## 29 Fragen zur Angst

1. Haben Sie Angst vor Tieren?

1. a) Wenn ja, wovon scheint Ihnen das abzuhängen: Größe, Gewicht, Gefährlichkeit, Fremdheit?

2. Haben Sie Angst vor sich selbst?

3. Haben Sie Angst um andere?

4. Erinnern Sie sich, wann sie zum ersten Mal Angst hatten und wovor?

4. a) Haben Sie davor immer noch Angst?

5. Haben Sie Angst um sich selbst?

5. a) Wann?

6. Richten Sie sich nach Ihrer Angst?

7. Gehen Sie Ihren Ängsten aus dem Weg?

8. Gehen Sie dem aus dem Weg, wovor Sie Angst haben?

9. Haben Sie Angst vor Krebs?

10. Können Sie drei Ängste nennen, die Sie für persönliche halten?

11. Macht Ihre Angst Sie klüger?

12. Beruhigt es Sie, wenn jemand – zum Beispiel bei Turbulenzen im Flugzeug – mehr Angst hat als Sie?

13. Haben Sie Angst vor Ihrer Angst?

14. Werden Sie stumm vor Angst oder redselig?

15. Haben Sie Angst im Dunkeln?

16. Nehmen Ihre Ängste im Laufe Ihres Lebens zu?

17. Halten Sie Mut für eine kluge Eigenschaft?

18. Streiten Sie mit Ihren Ängsten?

18. a) Manchmal? Immer?

19. Das Wort »Angst« kommt von »eng«. Glauben Sie, dass Säuglinge während des Geburtsvorgangs Angst haben?

20. Was muss man wissen, um Angst zu empfinden?

21. Wenn die Angst vorbei ist und man sagt »Es war im Grunde nichts«, dann nimmt Heidegger das wörtlich: Es war das Nichts, das wir erfahren haben in der Stimmung der Angst – die Seinsentleerung. Stimmen Sie dem zu?

22. Halten Sie unbestimmte Angst für neurotisch?

23. Wie unterscheiden Sie Angst, Furcht und Panik?

24. Beflügelt Sie Ihre Angst, oder lähmt sie Sie?

25. Wovon hängt das jeweils ab?

26. Wenn Ihre Angst Ihr Verhalten diktiert, fühlen Sie sich dann gedemütigt?

27. Haben Kinder eher Angst als Erwachsene?

28. Haben Frauen mehr Angst als Männer?

29. Möchten Sie ohne Angst leben?

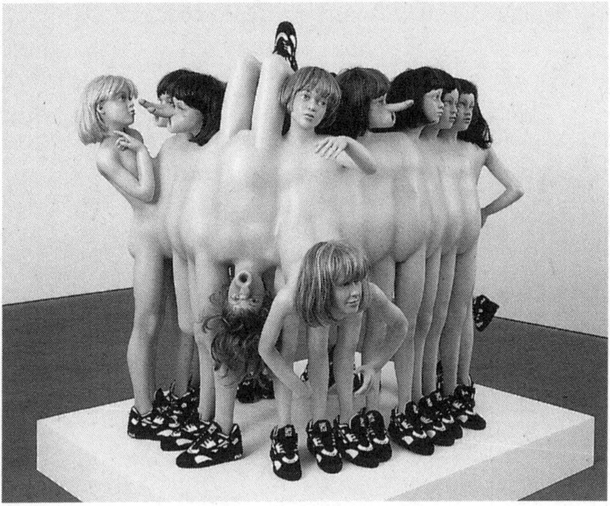

# Ekel und Lust

Jake und Dinos Chapman, Zygotische Beschleunigung, biogenetisches desublimiertes, libidinöses Modell, 1995

**Ekel**, Nausea, Gefühl der Abneigung und des Widerwillens. E. kann sich auf Gegenstände, Menschen oder bestimmte menschl. Verhaltensweisen beziehen. E.-Gefühle werden bereits durch die Vorstellung des Ekel erregenden Gegenstandes hervorgerufen.

**Lust** [ahd. Lust, eigtl. ›Neigung‹], auf Befriedigung eines stark empfundenen Bedürfnisses oder Mangels (bes. sinnl. und triebhafter Art) zielender Antrieb wie auch die mit der Befriedigung verbundene positive Gefühlsqualität (heftiges, zeitlich begrenztes Glücksgefühl, Freude, Genuss); Ggs.: Unlust. L. und Unlust kennzeichnen die Stellungnahme des Individuums zu den Inhalten seines Erlebens.

Winfried Menninghaus

# »Wir lernen den Ekel um.« (Nietzsche) Grundlinien einer historischen Philosophie modernen Ekels

»Ekel« ist eine der heftigsten Affektionen des menschlichen Wahrnehmungssystems. Gleichviel ob Ekelempfindungen primär durch Geruch, Tastsinn, Auge oder Intellekt ausgelöst werden, stets schlagen sie auf »das ganze System der Nerven« durch.[1] Im Ekel scheint nie weniger als alles auf dem Spiel zu stehen. Er ist ein Alarm- und Ausnahmezustand, eine akute Krise der Selbstbehauptung, ein Krampf und Kampf, in dem es buchstäblich um Sein oder Nicht-Sein geht. Das macht, selbst bei scheinbar harmlosen Anlässen, den eigentümlichen Ernst der im Ekel getroffenen Unterscheidung von »Wohlbekommen« und Ungenießbarkeit,[2] von Einnehmen und Verwerfen (Erbrechen, Aus-der-Nähe-Entfernen) aus.

Das elementare Muster des Ekels ist die Erfahrung einer Nähe, die nicht gewollt wird. Eine sich aufdrängende Präsenz, eine riechende oder schmeckende Konsumtion wird spontan als Kontamination bewertet und mit Gewalt distanziert.[3] Die Theorie des Ekels ist insofern ein Gegenstück – wenn auch keineswegs ein symmetrisches – zur Theorie der Liebe, des Begehrens und des Appetits als Formen des Umgangs mit einer Nähe, die gewollt wird. Abstrakt formuliert, ist die Abwehrhandlung des Ekels zuallererst ein spontanes und besonders kräftiges Nein-Sagen (Nietzsche). Ekel überkommt, überfällt uns unangemeldet und unkontrollierbar, nimmt plötzlich von uns Besitz; er dringt von anderswo in unser Bewusstsein ein. Er ist der affektive Operateur elementarer zivilisatorischer Tabus und sozialer Fremd-eigen-Differenzen; zugleich ist er ein Medium für den Umgang mit starken libidinösen Antrieben.

Die Grundlegung der modernen Ästhetik um die Mitte des 18. Jahrhunderts war ihre Grundlegung im Verbot des Ekelhaften. Das »Ästhetische« ist das Feld jenes »Gefallens«, dessen schlechthin anderes der Ekel ist: so lautet seine kürzeste, einzig unumstrittene und dennoch fast völlig vergessene Basisdefinition bei Mendelssohn, Lessing, Herder und Kant. Im Gegensatz zum Ekelhaften tragen andere »unangenehme Empfindungen«, wie die Schrecken der Tragödie, nach der klassischen Lehre sogar positiv zu ästhetischer Reizverstärkung bei. Sie beweisen die Kraft der Kunst, selbst deprimierende Gegenstände in solche des Gefallens zu überführen. Die gleiche Ästhetik, die sich im Ausschluss des Ekelhaften konstituiert, liefert mit der Lust am Schrecken ein Modell für alle späteren Theorien ästhetischer Affektverwandlung (Freud), der Transformation von Abstoßung in Anziehung (Bataille, Kristeva). Die Lust an Inzest, Gatten- und Muttermord auf der Schaubühne beruht danach wesentlich auf der Auslösung einer starken Selbstwahrnehmung des Zuschauers. Konfrontiert mit abscheulichen Taten, durchbricht die »Seele« des Betrachters ihren anästhetischen Zustand in banalem Alltag oder trüber Langeweile und fühlt sich selbst »lebendig«, weil mit starken Empfindungen von hoher Reizamplitude agitiert. Unangenehme Empfindungen sind also in dem Maß an sich selbst »angenehm« und Lust verschaffend, wie sie »leidenschaftlich« und stark sind.

Das Ekelhafte wird – trotz seiner offenkundigen Intensität – aus mehreren Gründen zunächst nicht als ästhetikfähiger Reizverstärker zugelassen. Von Baumgarten bis Kant geht das Ästhetische eine enge Kooperation mit dem reflektierenden Verstand ein: Sinne und Verstand werden so konfiguriert, dass ein virtuell unabschließbarer Prozess der ›Informationsanreicherung‹ sich eröffnet. Als durch und durch endliche, ebenso spontane wie kurze, ebenso heftige wie entschiedene Abwehrreaktion lässt Ekel keinerlei Raum für lange Reflexionsreihen. Ist die Einführung der unendlichen Reflexion in die ästhetische Erfahrung eine der wesentlichen Innovationen von Baumgarten bis Kant und Friedrich Schlegel, stellt das Erbrechen aus »Ekel« auch insofern ein negatives Definitionsmodell dar: als unverdaulicher Block reflexionsloser Endlichkeit und Entscheidung. Vor allem aber ist der Ekel nach der Überzeugung der Klassiker nicht einer ästhetischen Illusion zugänglich: jede, auch die künstlerische Erinnerung an ihn lässt den negativen Affekt *wirklichen* Ekels durchschlagen und zerstört damit das Als-ob der Kunst.

Eine genaue Lektüre der ›klassischen‹ ästhetischen Theorien führt gleichwohl zu komplizierten Beziehungen zwischen »Ekel« und ästhetischem »Gefallen«. Die überraschendste Entdeckung ist diese: wie allzu »lautere Süßigkeit« steht das Schöne geradezu grundsätzlich und von sich aus in Gefahr, *an sich selbst* in ein Ekelhaftes umzuschlagen – sofern seine »Reinheit« nicht durch etwas, das nicht (nur) schön ist, kontaminiert und ergänzt wird. Die Kumulation ungetrübter Annehmlichkeit geht an sich in jene quantitative Art des Ekels über, die mit dem Gefühl der (Über-)Sättigung zusammenhängt. »Was blos angenehm ist, führet bald eine Sättigung, und zuletzt den Eckel mit sich. [...] Hingegen fesselt das Unangenehme, das mit dem Angenehmen vermischt ist, unsere Aufmerksamkeit, und verhindert die allzu frühe Sättigung. Bey dem sinnlichen Geschmacke zeiget die tägliche Erfahrung, dass eine reine Süßigkeit bald den Eckel nach sich ziehet.«[4] Das absolut andere des Ästhetischen kehrt so zugleich als die eigenste Tendenz des Schönen wieder. Als Heilmittel gegen die ekelhafte Sättigung, als ein Anti-Brechmittel empfiehlt die Ästhetik komplexe Strategien des Vorbehalts und Vorenthalts aller maximalen, nicht mehr steigerungsfähigen Empfindungsintensitäten.

Das Ideal des Schönen, der klassische Statuenkörper und der menschliche Körper überhaupt, unterliegt bei Winckelmann, Lessing und Herder vom Kopf bis zu den Füßen einer Topo- und einer Chronographie des »Ekels«. Potentiell ekelhafte Zonen und ekelhafte Zeiten sind die strategischen Einsatzstellen seiner Konstruktion. Falten, Runzeln, Warzen, »allzu große Weichkeit«, sichtbare oder zu große Körperöffnungen, austretende Körperflüssigkeiten (Nasenschleim, Eiter, Blut) und Alter werden als »ekelhaft« auf den ästhetischen Kriminalindex gesetzt. Die positiven Regeln des ›ästhetischen‹ Körpers – schlank-elastische Kontur ohne Fettansätze, tadellose jugendliche Festigkeit und ununterbrochene, falten- und öffnungslose Linienführung der Haut, Entfernung der Körperbehaarung, flacher Bauch, eher »sparsamer« Po usw. – sind ebenso Ekelvermeidungsregeln. Jede Falte, jedes Grübchen, jede Höhlung, jede »Ecke« wäre »eckel«, würde die glatte, einheitliche Oberfläche ebenso »widrig« stören »als jede Pockengrube oder jede fatale Unebenheit«.[5] Mit einem Eifer, der heutigen Kosmetik-Vertretern alle Ehre machen würde, merzen die ›Klassiker‹ jedes Grübchen, jede Runzel, jede Warze, jede Falte aus. Die kanonischen Plastiken Apollos und Aphrodites sind förmliche Ekelvermeidungskörper. Für alles das, was diese ästhetischen Idealkörper obsessiv in den Orkus ästhetischer Unmöglichkeit verstoßen, gebrauchen die ›Klassiker‹ wieder und wieder eine schon in der Antike traditionsmächtige Chiffre: diejenige der ekelhaften alten Frau, der *vetula*. Sie ist der Inbegriff alles Tabuierten: abstoßender Haut- und Formdefekte, ekelhafter Ausscheidungen und sogar sexueller Praktiken – ein obszöner, verwesender Leichnam schon zu Lebzeiten. An der konstanten Wiederkehr der Rede von ekelhaften alten Frauen wird der verworfene Untergrund dessen ablesbar, was Freud »die ästhetische Kultur« genannt hat.

Der französische Begriff für Ekel – *dégoût* – verrät einen wesentlichen Zusammenhang: die diskursive Karriere von *dégoût* ist die weniger beachtete Kehrseite des seit dem späteren 17. Jahrhundert stürmisch vermehrten Interesses am *goût*, am ästhetischen, teilweise auch moralischen »Geschmack«.[6] An der Stelle von Religion und mythischen Erzählungen übernehmen in der Moderne ästhetische Differenzierungen immer mehr die Rolle lebensleitender Selbstentwürfe und Selbstlegitimationen; die Auswahl von Kleidung, Einrichtungsgegenständen, Autos, die Konsumtion von Musik, Bildern und Texten verbraucht ein Vielfaches der etwa noch für Kirchenbesuch oder andere traditionelle Sinnstiftungsformen reservierten Zeit. Die Kehrseite des ästhetischen *goût* ist aber eben der *dégoût*, und so kommt es, dass in einer zunehmend ästhetischen Kultur auch und gerade Ekelempfindungen den dunklen Untergrund des Vorzivilisatorischen verlassen und auf der Szene des sozialen und sexuellen Spiels der Unterscheidungen immer mehr an explizit werdender Bedeutung gewinnen. Elaborierte Philosophien des Ekels gibt es erst seit dieser Zeit: als das negative Komplement des Siegeszugs der ästhetischen Kultur. Praktiken und Theorien des Ekels sind seitdem zentral für das Selbstverständnis der Moderne.

Schon das 18. Jahrhundert beklagte gelegentlich eine gesamtkulturelle Situation, in der Informationsvermehrung und chaotische Reizüberflutung mit leerer Zeiterfahrung und *ennui* zusammentreffen. Die Suche nach Intensitäten – die säkulare Religion an der Stelle nicht mehr geglaubter mythischer oder religiöser Sinnangebote – verschafft dem Ekel eine neue Bewertung. Die Nobilitierung des Ekelhaften über das schiere Moment seiner Reizstärke ist ein integrales Moment der frühromantischen Poetik, die als erste ausdrücklich die Lizenz des Ekelhaften für die

Kunst fordert. Der Trend zum Ekelhaften wird von Friedrich Schlegel als die naturwüchsige Tendenz einer Kunst erkannt, deren unablässiges Streben nach (»genialer«) Andersheit alle »alten Reize« entwertet und beinahe zwangsläufig nach »immer heftigeren und schärferen« greift: »Geht die Richtung [...] auf ästhetische Energie, so wird der Geschmack, der alten Reize je mehr und mehr gewohnt, nur immer heftigere und schärfere begehren.« Als extreme Unterart einer modernen Ästhetik des »Choquanten«[7] wird das Ekelhafte schon 1798 – lange vor analogen, allerdings als Verdikt gemeinten Formulierungen in Karl Rosenkranz' *Ästhetik des Häßlichen* (1853) – als beinahe unvermeidlicher Fluchtpunkt eines beschleunigten Reizverbrauchs des modernen Kunstsystems erkannt: »Es ist sehr inkonsequent, und klein«, so Friedrich Schlegel im 124. *Athenäumsfragment* (1798), »auch die langsamste und ausführlichste Zergliederung unnatürlicher Lüste, gräßlicher Marter, empörender Infamie, ekelhafter sinnlicher oder geistiger Impotenz scheuen zu wollen.«[8]

Kant hatte der »Vitalempfindung« des Ekels die Funktion der Gesundheits- und Lebenserhaltung mittels der Unterscheidung von bekömmlich und unbekömmlich zugeordnet. Nietzsche bestimmt den ›binären Code‹ des Ekels in nochmaliger Abstraktion als Ja-Sagen vs. Nein-Sagen. Das kardinale Objekt dieses Urteils verliert seine Kantische Abstraktheit: es ist nicht irgendeine physische oder spirituelle »Nahrung«, sondern das Leben selbst – und zwar nicht das Leben in seiner Langeweile, sondern das Leben in seiner Ungerechtigkeit, seinem Leiden, seiner Lust und seinem amoralischen »Willen zur Macht«. Sofern der Ekel Nein sagt zum Leben selbst, verkehrt er die Kantische Funktion der Lebenserhaltung in ihr Gegenteil und wird zum Agenten eines »›Willens zum Untergang‹, zum mindesten ein Zeichen tiefster Erkrankung, Müdigkeit, Mißmuthigkeit, Erschöpfung, Verarmung an Leben«.[9] In dieser Funktion nimmt Ekel einen herausragenden Platz in der »Geschichte des europäischen Nihilismus« ein. »Ekel« besetzt damit eine, wenn nicht *die* zentrale Schnittstelle in Nietzsches Denken: wie kann unter den Bedingungen des Nihilismus – dem Tod Gottes, dem Ende der großen Erzählungen usw. – der überall lauernde Ekel am Leben in ein »Ja-Sagen« neuen Typs verwandelt werden?

*Es ekelt mich, also bin ich zur Erkenntnis vorbestimmt* – so etwa lautet die Lehre von Nietzsches *Jenseits von Gut und Böse* und *Zur Genealogie der Moral*. Nach dem Befund der früheren Schrift zur *Geburt der Tragödie* steckt in diesem »Hauptsatz« noch ein anderer, der auf die im Ekel bereits geleistete Erkenntnis gemünzt ist: *Es ekelt mich, also habe ich erkannt*. Ekel ist, was als die Spur eines »wahren Blicks in das Wesen der Dinge« bei der Rückkehr aus der »Verzückung des dionysischen Zustandes« eintritt.[10] Drei kognitive Funktionen sind an diesem »Ekel« zu unterscheiden: er *ermöglicht* Erkenntnis, ist die *Bahn* der Erkenntnis und/oder *substituiert* die Erkenntnis selbst. Nietzsche geht aber noch weiter: er verlangt von diesem Ekel zugleich eine Überwindung seiner negativen Affektqualität, eine Umkehr im vollen spirituellen und physiologischen Wortsinn. Die kurioseste Formel dafür steht in *Also sprach Zarathustra*: »So wir nicht umkehren und werden wie die Kühe, so kommen wir nicht in das Himmelreich. Wir sollten ihnen nämlich Eins ablernen: das Wiederkäuen. Und wahrlich, wenn der Mensch auch die ganze Welt gewönne und lernte das Eine nicht, das Wiederkäuen: was hülfe es! Er würde nicht seine Trübsal los – seine große Trübsal: die aber heißt heute *Ekel*. Wer hat heute von Ekel nicht Herz, Mund und Augen voll? Auch du! Auch du! Aber siehe doch diese Kühe an!«[11]

Aus einem einfachen Grund eignet sich das Wiederkäuen als das extreme Gegenmodell zum »Ekel«: es ist ein Genuss des (beinahe) Erbrochenen. Wiederkäuen füllt den

Mund mit dem zurückgepumpten Mageninhalt; statt ihn konvulsivisch zu erbrechen, verweilt das Wiederkäuen aber ruhig und behaglich bei dem eigenen Halbverdauten. So ist es Erbrechen und Nicht-Erbrechen in einem, in seiner Wiederholung ein virtuell unendliches Erbrechen und eine ebenso unendliche Lust am Erbrochenen. Diese Figur einer Verwandlung des Ekels in einen »Born der Lust« ist zugleich *die* physiologische Chiffre der »ewigen Wiederkehr«. Denn die Lust an der Wiederkehr ist in beiden Fällen das hervorstechende Zeichen der Bejahung. Ja-Sagen heißt »Noch Ein Mal«-Sagen, des eigenen Lebens ohne Scham innezuwerden heißt, es »noch ein Mal« zu wollen. Deshalb ist »der Mensch ohne Ekel«, der »kindliche« Zarathustra, zugleich der Philosoph der ewigen Wiederkehr.

»Eine Ahnung sagt mir«, schreibt Sigmund Freud am 31. Mai 1897 an Wilhelm Fließ, »dass ich nächstens die Quelle der Moral aufdecken werde.«[12] Gut fünf Monate später, am 14. November, folgt eine förmliche »Geburtsanzeige« mit ausführlicher Beschreibung des neugeborenen »Stückes Erkenntnis«, das nicht zuletzt eine Theorie des Ekels ist.[13] Die »Quelle der Moral« und zugleich »das Wesentliche hinter der Verdrängung« und dem Kulturprozess ist – der aufrechte Gang. Denn er verändert in der Evolution des Menschen in einschneidender Weise die Beziehungen von Gesichts- und Geruchssinn zu den Organen der Exkretion, der Zeugung und der Geburt. Der aufrechte Gang durchbricht den »tierischen« Regelkreis von Geruch, Exkretion und Sexualität und verwandelt selbst die Erinnerung an die ehemals libidinöse Kopplung von Nase, Gesicht, Geschlecht und Anus in eine »Binnensensation«, »die analog ist dem Ekel«. Die Geburt des Geruchsekels – »Die Ekelempfindung scheint ja ursprünglich die Reaktion auf den Geruch (später auch auf den Anblick) der Exkremente zu sein«[14] – ist die Geburt sowohl der Sexualverdrängung wie der ästhetischen und ethischen Ideale der

Kulturentwicklung. »Der leitende Sinn (auch für die Sexualität) beim Tier ist der Geruch, der beim Menschen abgesetzt wird. Solange der Geruch herrscht, wirkt Harn, Kot und die gesamte Körperoberfläche, auch das Blut sexuell erregend.«[15] Die phylogenetische »Auflassung von ehemaligen Sexualzonen«, ihre *Auf*kündigung und Ent*lassung* mit dem Resultat der Erzeugung eines dunklen Kontinents »untergegangener (virtueller) Sexualität«, steht am Ursprung des Ekelaffekts. Sie ist zugleich die Bedingung der Möglichkeit aller Verdrängung, aller Perversion und aller Neurosen.[16]

Wie etliche Autoren des 18. Jahrhunderts – und im Gegensatz zu seinen direkten Vorläufern Darwin und Richet – ordnet Freud den Ekel zuallererst dem Geruchssinn zu, sieht in seiner Evolution aber gerade einen Bruch mit dem archaischen Haushalt des Riechens vollzogen. Ekel entsteht an der Bruchstelle, ja *als* die Bruchstelle von Natur und Kultur. Er ist ein »Abwehrsymptom« gegen die Natur, der er kraft seiner Zugehörigkeit zu den »niederen« und »dunklen Sinnen« vielfach zugerechnet wurde. Wie alle anderen Abwehrsymptome ist auch »das Abwehrsymptom des Ekels«[17] eine Kompromissbildung: es bezeugt nicht allein die Macht der Verdrängung, sondern bringt im Modus der »Konversion« auch die verdrängten Regungen zu einer zensurkonformen »Darstellung«.[18] Ekel ist fortan an sich selbst zugleich verworfene und in der Form der Konversion fortlebende Lust: »Libido und Ekel«, so der frühe Brief, »hängen einmal assoziativ aneinander.«[19] Bis Kant beruhte nicht allein das »Leben« der ästhetischen Illusion und der ästhetischen Ideale, sondern auch dasjenige des Körpers selbst auf der Verwerfung des Ekelhaften. Setzte der »Vitalsinn« des Ekels aus, so drohte die Inkorporation von Unbekömmlichem und letztlich der Tod. Freud hat zugleich die Kehrseite dieser Erfolgsgeschichte geschrieben. Der Affekt des Ekels bedroht mit seiner Verwerfungsleistung am Ende die Grundlagen des Lebens selbst und damit auch der Kultur, der er zuarbeitet. Er ist Beförderer von Ordnung und Reinlichkeit, doch eben darin zugleich Motor einer Entropie, die Freud geradezu als säkulare Apokalypse, als »Gefahr des Erlöschens des Menschengeschlechts« beschwört.[20] Mit der Verwerfung aller »Triebanteile, die sich als unverträglich mit unserer ästhetischen Kultur erweisen«, trägt der Affekt des Ekels nämlich zu einer strukturellen »Unbefriedigung« des Sexualtriebs bei.

Das »Tabu der Menstruation« galt Freud als der Inbegriff aller »organischen Verdrängung« in der Folge des aufrechten Ganges; das Menstruationsblut ist *das* Abjekt des Kulturprozesses, seine libidinöse Besetzung daher das sicherste Erkennungszeichen »tierischer« Sexualität, deren Formen seither als »ekelhaft, abscheulich und verwerflich«[21] gelten. Mehr noch allerdings ist es die Stellung zum Exkrement, an der Freud mit der Kulturalisierung des Kindes zugleich die Geschichte archaischer Lüste festmacht: »In frühesten Kindheitsjahren ist von einem Schämen wegen der exkrementellen Funktionen, von einem Ekel vor den Exkrementen noch keine Spur. Das kleine Kind bringt diesen wie anderen Sekretionen seines Körpers ein großes Interesse entgegen, beschäftigt sich gerne mit ihnen und weiß aus diesen Beschäftigungen mannigfaltige Lust zu ziehen. [...] Unter dem Einfluß der Erziehung verfallen die *koprophilen* Triebe und Neigungen des Kindes allmählich der Verdrängung; das Kind lernt sie geheimhalten, sich ihrer schämen und vor den Objekten derselben Ekel empfinden. Der Ekel geht aber, strenggenommen, nie so weit, dass er die eigenen Ausscheidungen träfe, er begnügt sich mit der Verwerfung dieser Produkte, wenn sie von anderen stammen. Das Interesse, das bisher den Exkrementen galt, wird auf andere Objekte übergeleitet, zum Beispiel vom Kot aufs Geld, welches dem Kind ja erst spät bedeutungsvoll wird. Aus der Verdrängung der koprophilen Neigungen entwickeln sich – oder verstärken sich – wichtige Beiträge zur Charakterbildung.«[22]

In *Charakter und Analerotik* (1908) hat Freud die Verwandlung der koprophilen Lust in Charaktereigenschaften wie »Ordentlichkeit, Sparsamkeit und Eigensinn« dargestellt.[23] Das Sammeln von Geld und Gold erlaubt eine inverse und daher gut versteckte Fortsetzung des »Defäkationsinteresses«.[24] Der »Aberglaube« bringt vielfach »die Auffindung von Schätzen mit der Defäkation zusammen, und jedermann vertraut ist die Figur des ›Dukatenscheißers‹. Ja, schon in der altbabylonischen Lehre ist Gold der Kot der Hölle.«[25] Sandor Ferenczi hat im Anschluss an Freud weitere Mittelglieder der Transformation des archaisch-infantilen Kotinteresses in das »Geldinteresse« ausfindig gemacht.[26] Selbst die »Vorliebe für wohlriechende Stoffe, für Parfüms« wird dann als »vollendete Reaktionsbildung« – nämlich »Darstellung durch das Gegenteil« – einer nur oberflächlich unterdrückten Exkrementlust erkennbar. Für Ferenczi »unterliegt [es auch] keinem Zweifel, dass das Ästhetentum überhaupt die mächtigste Wurzel in der verdrängten Analerotik hat«. Das »in der Kindheit dem *Flatus* zugewandte Interesse« und »spätere Musikalität« werden so zu kommunizierenden Größen.[27] Ausgerechnet der kardinale Ekelstoff Kot bestimmt so gleich von zwei Seiten das Wesen des zivilisierten Menschen: seine Verekelung ist Voraussetzung und Bahn der Triebsublimierung und der Identifikation mit dem Über-Ich, seine geheime Insistenz als Lustobjekt prägt zugleich wesentliche Charaktereigenschaften und kulturelle Fähigkeiten.[28]

Vor allem einer Form menschlicher Tätigkeit traut Freud es zu, den elementaren Konflikt der »Ekelschranken« und der kindlich-archaischen Ekellosigkeit und »Perversionsfreiheit« anders, schmerzfreier, schuldloser, leichter zu prozessieren als Neurose und Psychoanalyse es vermögen. Diese Form ist die Kunst. Sie allein erlaubt einen spielerischen, zugleich lustvollen und nicht sanktionsbedrohten Umgang mit dem dunklen Kontinent des Verworfenen und Verdrängten. Sie hat die volle »Perversionsfreiheit«, ist – ohne dafür mit Schuld oder Strafe bezahlen zu müssen – ein Analogon des ›perversen‹ Akts. Das »eigenste Geheimnis« des Dichters, zugleich »die eigentliche *Ars poetica*«, liegt für Freud »in der Technik der Überwindung jener Abstoßung«, welche der Dichter selbst und seine Leser angesichts einer planen »Enthüllung« seiner »Phantasien« empfinden würden; denn diese wären, nach der Freudschen Einsicht in die archaische Natur der menschlichen Triebregungen, mindestens egoistisch, oft ›pervers‹ und böten für das zivilisierte Ich vielfache »Gründe, [...] sich ihrer zu schämen«. Die wundersame Transformation von bewusster Abstoßung in »Lustgewinn« befreie auch die Leser von moral- und ichgestützten Vorstellungs-»Schranken« und setze uns letztlich »in den Stand, unsere eigenen Phantasien nunmehr ohne jeden Vorwurf und ohne Schämen zu genießen«.[29] Kunst ist eine Technik der Entekelung, der Transformation von Abstoßung in Anziehung: sie macht das, was sonst Anlass zu Ekel und Scham gibt, genießbar, indem sie mittels der eigenen Form dieser Entekelung einen »formalen, das heißt ästhetischen Lustgewinn« entbindet, der im seelischen Gesamthaushalt eine »Befreiung von Spannungen« mit sich bringt.[30]

»Ich glaube«, so hat Georges Bataille Freuds Lehre von der buchstäblich entscheidenden Funktion der Ekelempfindung für das menschliche Leben wiederholt, »es gibt für den Menschen nichts Wichtigeres als zu erkennen, dass er dem, was ihn am meisten ekelt, [...] eng verbunden, ja ausgeliefert ist.«[31] »Primitive Kunst« und zeitgenössische Malerei (Picasso, Dali, Miró) figurieren schon in Batailles frühesten Schriften als die Exponenten einer gewalttätigen

»Dekomposition der Formen«, die sich der »niederen Materie«[32] statt ästhetischer »Erhebung«[33] verschreibt. Bilder der Apokalypse, Photographien aus dem Schlachthaus und zeitgenössische Malerei werden um diesen gemeinsamen Fluchtpunkt arrangiert: »Offenbar ist es der Schrecken – das Blut, der abgehackte Kopf, der gewaltsame Tod und all die aufwühlenden Spiele der vivisezierten Eingeweide – worin diese Malerei eigentlich zu Hause ist.«[34] Bataille entdeckt in diesen aufwühlenden Spielen mit Ekelmaterien eine ganz positive Faszination, die bis zur Glückseligkeit (»béatitude«) reicht.[35] Auf der anderen Seite sollen diese Bilder uns zum Erbrechen bringen: nämlich »uns wie Betrunkene diese sklavische Würde, diesen idiotischen Idealismus der Akademiker und Ästheten erbrechen lassen«.[36] »Die bildende Kunst unserer Zeit hat ziemlich unvermittelt einen Zerfalls- und Zerstörungsprozeß ins Blickfeld gerückt, dessen Anblick für viele kaum weniger quälend war als der Zerfall und die Zerstörung einer Leiche.«[37]

Schönheit ist für Bataille unter diesen Vorzeichen nurmehr das Substrat eines an ihr zu verübenden »widerlichen und eklatanten Sakrilegs«: »Es scheint in der Tat, als habe das Begehren mit der idealen Schönheit nichts zu tun oder, genauer, als sei es nur darauf aus, diese Schönheit zu beschmutzen und zu schänden.«[38] So entspricht es der Logik des Opfers: »Bei der Opferung wurde das Opfer so ausgewählt, daß seine Vollkommenheit die Grausamkeit des Todes erst recht fühlbar machte. Die menschliche Schönheit bringt in die Vereinigung der Körper den Kontrast der reinsten Menschlichkeit und des abscheulich animalischen Charakters der Organe hinein. [...] Die Schönheit ist in erster Linie deshalb wichtig, weil die Häßlichkeit nicht beschmutzt werden kann und weil das Wesen der Erotik die Beschmutzung ist.«[39]

Nach Durkheim besteht der negative Teil religiöser Riten durchweg in elementaren Verboten der Nähe, der Berührung und der Konsumtion.[40] Der positive Ritus dagegen, dessen Zentrum für Durkheim wie für Bataille das Opfer ist, vollzieht oft gerade die tabuierten Handlungen. Im Opfer darf verbotene Nahrung gegessen, in vielen Kulturen sogar ein Mensch getötet werden. Das Sakrileg gehört damit zur Struktur des Heiligen selbst. Die periodische Überschreitung elementarer Verbote zerstört diese nicht, sondern erneuert sie und setzt im Wechselrhythmus von Repulsion und Attraktion, in der Transformation des Unreinen ins Reine, des Verworfenen ins Heilige starke affektive Energien frei. Bataille sieht darin nichts weniger als den Kern der sozialen, ja der menschlichen Existenz. Der tonische Wechselrhythmus von Ekel und lustvoller »Entladung«[41] erlaubt es Bataille, die fundamentale »violence« und Perversität des »Begehrens« nicht länger – wie Freud – als archaisches Antidoton der Zivilisation anzusetzen, sondern als das erste und positive Konstituens des sozialen Lebens und seiner permanenten Selbsterneuerung im Vollzug religiöser Riten: »Der Ekel, dann die Überwindung des Ekels, auf die der Taumel folgt, das sind die Phasen des paradoxen Tanzes, die das religiöse Verhalten vorschreibt.«[42]

Die elementaren Tabus sind demnach nicht erforderlich, um den Menschen zu bändigen, sondern – im Gegenteil – seiner »violence« zu immer neuer Aufladung zu verhelfen. Nur in diesem Sinne »bestehen wir« aus unseren »Aversionen«, sind sie es, »die aus uns menschliche Wesen gemacht haben«.[43] Nur in diesem Sinn ist alle soziale Kommunikation »auf Ekel gegründet«.[44] Freud hatte die Ekelschranken auf Prozesse organischer und kultureller Verdrängung zurückgeführt, die immer eine Lust-Einbuße und eine tendenziell neurotisierende Wirkung implizieren. Bataille dagegen essentialisiert die Erziehung zum Ekel ohne jede Ambivalenz – und unter genauer Umkehrung der von Kant bis Elias behaupteten Funktion des Ekels – zu einer heiligen Unterweisung, die erst alle Erotik belebt und erhält.[45] Völlige Entekelung würde für Bataille bedeuten: keine Intensität und »violence« der Transgression mehr, kein »Heiliges« und kein »Soziales«. Mit den Verboten und ihrer affektiven Repräsentanz im Ekel würde »das Herz der Existenz in uns«[46] aufhören zu schlagen.

Im Nein des Ekels sind also verschiedene Dimensionen einer geheimen bis offenen Bejahung zu entdecken. Nicht nur dient der Ekel von Kant bis Sartre vielfach als positiver Operator und Signatur unmittelbarer Erkenntnis: des Schädlichen (Kant), des »ewigen Wesens der Dinge« (Nietzsche), unserer Existenz in ihrer reinen Faktizität (Sartre). Auch das Ekelhafte selbst wird als die abgewehrte »Wahrheit« der menschlichen Raubtiernatur und des Dionysischen (Nietzsche) bzw. der polymorph-perversen Libido (Freud) einer Anerkenntnis zweiter Ordnung empfohlen. Nicht die einfache Verwerfung, sondern die Verwerfung der Verwerfung, die Verwindung des Ekels, seine Integration in eine Ökonomie der Lust und der Erkenntnis machen den Kern des Ekel-Denkens seit Nietzsche aus. Ausnahmslos taucht von Nietzsche bis Kristeva an der Stelle dieser Verwindung einer notwendigen Ekelerfahrung, dieser Wende des Ekels in sich selbst, der Begriff des »Lachens« auf. Alle Theoretiker des Ekels sind zugleich solche des Lachens. Manches spricht dafür, in der »Vitalempfindung« des Ekels ein Merkmal zu sehen, das für den Menschen so distinktiv ist wie die Fähigkeit zu lachen: das negative Komplement des Lachens nämlich. Die plötzliche Entladung einer Spannung leistet im Lachen wie im Erbrechen eine Verwindung des Ekels, einen Kontakt mit dem »Abjekten«, der nicht zu dauerhafter Beschmutzung und Kontamination führt. Andererseits ähnelt das *Ver*lachen, als Akt des Ausschließens, an sich selbst dem Verwerfen, dem Erbrechen aus Ekel. Gegenbesetzter bzw. sublimierter Ekel und Lachen sind komplementäre Weisen, etwas zuzulassen, was sonst der Verdrängung verfiele.

Gerade als das Skandalöse, Unassimilierbare, schlechthin Heterogene, als die Transgression der zivilisatorischen Verbote, als die (analsadistische) Destruktion der schönen Form und die lachende Transzendenz der symbolischen Ordnung avanciert das Ekelhafte in die verwaisten Positionen des unverfügbaren »Realen« und der quasi-metaphysischen Wahrheit. Das Wahre ist das Ekelhafte, das Ekelhafte ist das Wahre, ja das »Ding an sich«: auf diesen Satz läuft von Nietzsche über Freud, Kafka, Bataille und Sartre bis Kristeva unversehens eine gewichtige und weithin übersehene Bewegung modernen Denkens hinaus. Fast durchweg führt dieser Satz auf einen zweiten: die Kunst ist die Praxis, die zuallererst dieser abjekten Wahrheit einen Ort und eine alles Symbolische sprengende »Realität« gibt. Sie gewinnt das Verworfene mittels komplexer Entekelungsweisen als emphatische Lust zurück. Kunst ist – dafür bieten alle genannten Autoren je unterschiedliche Denkmodelle – das Abjekte als ›absolute‹ Lust, der Ekel als Form exkrementell-destruktiven und zugleich unschuldigen Genießens, das Ekelhafte als intermittierendes Sein des »Wahren«.

Grob vereinfacht ergeben die letzten drei Jahrhunderte das folgende Panorama einer sich wandelnden Auffassung des Ekels: das 18. Jahrhundert gibt weithin dem Ekel ›Recht‹, propagiert die Erziehung zum Ekel als Fortschritt der Menschheit und der Zivilisation und feiert die Etablierung des ekelfreien ästhetischen Körpers;[47] das 19. und das frühe 20. Jahrhundert entdecken sowohl die Kosten dieser Erziehung als auch die (verbotenen) Reize des Ekelhaften; Ende des 20. wird die Erziehung zum Ekel selbst brüchig und gleichzeitig – als seien die (repressiven) Ekelschranken mächtiger denn je – das Terrain des Verworfenen geradezu programmatisch zum gelobten Land einer sich auch als politische Intervention verstehenden Entekelung in künstlerischer, politischer und akademischer Arbeit.

# Anmerkungen

1 Immanuel Kant, *Anthropologie in pragmatischer Hinsicht*, in: *Kant's gesammelte Schriften* (= *KGS*), hg. von der Königlich Preußischen Akademie der Wissenschaften, Berlin: Georg Reimer, 1907ff., Bd. 7, S. 154.
2 Vgl. Kant, *Reflexionen zur Anthropologie*, in: KGS, Bd. 15, S. 804.
3 Vgl. Aurel Kolnai, *Der Ekel*, in: *Jahrbuch für Philosophie und phänomenologische Forschung*, hg. von Edmund Husserl, Bd. 10, Halle (Saale): Max Niemeyer, 1929 (Reprint 1974), S. 524-526.
4 Moses Mendelssohn, *Rhapsodie*, in: Mendelssohn, *Ästhetische Schriften in Auswahl*, hg. von Otto F. Best, Darmstadt: Wissenschaftliche Buchgesellschaft, [2]1986, S. 139-140.
5 J. G. Herder, *Plastik*, Herder, *Sämtliche Werke*, Bd. 8, hg. von Bernhard Suphan, Berlin: Weidmannsche Buchhandlung, 1892, S. 29.
6 Vgl. William Ian Miller: *The Anatomy of Disgust*, Cambridge/London: Harvard University Press, 1997., S. 169.
7 Friedrich Schlegel, *Über das Studium der Griechischen Poesie*, in: *Kritische Friedrich-Schlegel-Ausgabe*, hg. von Ernst Behler unter Mitwirkung von Jean Jacques Anstett und Hans Eichner, Paderborn/München/Wien/Zürich: Schöningh, 1958ff., Bd. 1, S. 254.
8 Schlegel, *Athenäums-Fragmente*, in: *Kritische Friedrich-Schlegel-Ausgabe*, Bd. 2, S. 185.
9 Nietzsche, *Die Geburt der Tragödie*, in: Nietzsche, *Sämtliche Werke. Kritische Studienausgabe*, hg. von Giorgio Colli und Mazzino Montinari, München: dtv/de Gruyter, 1980, Bd. 1, S. 18-19.
10 Ibid., S. 56-57.
11 Nietzsche, *Also sprach Zarathustra*, in: Nietzsche, *Sämtliche Werke. Kritische Studienausgabe*, Bd. 4, S. 334.
12 Freud, *Briefe an Wilhelm Fließ 1887-1904*, hg. von Jeffrey Moussaieff Masson, Frankfurt am Main: Fischer, 1986, S. 266.
13 Ibid., S. 301-305.
14 Freud, *Bruchstück einer Hysterie-Analyse, in: Freud, Gesammelte Werke* (= GW), 18 Bde., Frankfurt am Main: Fischer, 1966-1969, Bd. 5, S. 189.
15 Freud, *Briefe an Wilhelm Fließ*, S. 235-236.
16 Ibid., S. 302.
17 Freud, *Hemmung, Symptom und Angst*, in: *GW* 14, S. 114.
18 Freud, *Hysterische Phantasien und ihre Beziehung zur Bisexuali-*

*tät*, in: *GW* 7, S. 191; *Drei Abhandlungen zur Sexualtheorie*, in: *GW* 5, S. 65.

19 Freud, *Briefe an Wilhelm Fließ*, S. 304.

20 Freud, *Über die allgemeinste Erniedrigung des Liebeslebens*, in: *GW* 8, S. 91.

21 Freud, *Das Unbehagen in der Kultur*, in: *GW* 14, S. 459.

22 Freud, *Geleitwort zu »Der Unrat in Sitte, Brauch, Glauben und Gewohnheitsrecht der Völker« von John Gregory Bourke, Leipzig: Ethnologischer Verlag, 1913*, in: *GW* 10, S. 454-455.

23 Freud, *Charakter und Analerotik*, in: *GW* 7, S. 205.

24 Ibid., S. 206.

25 Ibid., S. 208.

26 Ferenczi, *Zur Ontogenese des Geldinteresses*, in: Ferenczi, *Bausteine zur Psychoanalyse*, Leipzig/Wien/Zürich: Psychoanalytischer Verlag, 1927.

27 Ibid., S. 114.

28 Freud, *Aus der Geschichte einer infantilen Neurose*, in: *GW* 12, S. 113-114.

29 Freud, *Der Dichter und das Phantasieren*, in: *GW* 7, S. 223.

30 Ibid.

31 Georges Bataille, *Œuvres complètes*, 12 Bde., Paris: Gallimard, 1971-1988, Bd. II, S. 320.

32 Ibid., Bd. I, S. 225.

33 Ibid., Bd. I, S. 232.

34 Ibid., Bd. I, S. 166.

35 Ibid., Bd. I, S. 167.

36 Ibid., Bd. I, S. 214.

37 Ibid., Bd. I, S. 253.

38 Bataille, *Œuvres complètes*, Bd. I, S. 176-177.

39 Bataille, *Die Erotik*, München: Matthes & Seitz, 1994, S. 140.

40 Durkheim, *Die elementaren Formen des religiösen Lebens*, S. 405-406.

41 Bataille, *Œuvres complètes*, Bd. II, S. 361.

42 Bataille, *Die Erotik*, S. 69.

43 Ibid., S. 58-59.

44 Bataille, *Œuvres complètes*, Bd. II, S. 321.

45 Bataille, *Die Erotik*, S. 59.

46 Bataille, *Œuvres complètes*, Bd. II, S. 320.

47 Dies gilt selbstverständlich nur für den ›offiziellen‹ Diskurs, zu dem de Sade sowenig zu rechnen ist wie die verbreitete pornographische Literatur des 18. Jahrhunderts.

## Slavoj Zizek

# Von Lust zu Ekel ... und zurück

Das größte Wunder der Lust – und das ureigene Thema der Psychoanalyse – ist die Tatsache, wie oft Menschen eine Aktivität als lustvoll empfinden, die auf den ersten Blick als das genaue Gegenteil der Lust erscheint. Rossinis Helden werden, im Kontrast zu dem düsteren Brüten der Wagnerschen Helden, oft für ihre volle und ungezwungene Bejahung der Lebensfreude gepriesen – doch was genau genießen sie am meisten? In der zentralen Szene seiner Selbstdarstellung versetzt sich der exemplarische Rossinische Held (Figaro wie auch Don Magnifico, der Vater in »Cenerentola«) in eine vom ihm begehrte Position: eine Position, in der er bombardiert wird mit Bitten um Gefälligkeiten und Unterstützung, woraufhin er das Ganze in einem Dialog inszeniert – er übernimmt die Rolle dessen, der ihn anspricht, und täuscht dann eine Reaktion vor. Die zugrunde liegende Ökonomie ist die einer Obsession: das Objekt der Begierde ist die Bitte des anderen. Don Magnifico träumt davon, dass, nachdem eine seiner Töchter mit dem Prinzen verheiratet ist, Bittsteller ihn um eine Gunst bei Hofe ersuchen, ihm Bestechungsgelder anbieten und er sie, überwältigt von dem Ansturm, wütend zurückweist. In der bekanntesten der Arien Rossinis, »Largo al factotum«, stellt sich Figaro vor, er würde von allen Seiten bedrängt mit Anfragen nach verschiedensten Gefälligkeiten (»Figaro qui, Figaro la ...«), woraufhin er auf dem Höhepunkt der Arie ausruft: »Welch' Menge / von Menschen bedrängt mich mit ihren Wünschen / – habt Mitleid, einer nach dem anderen / uno per volta, per carità!« – womit er sich auf die Kantianische Erfahrung des Erhabenen bezieht, in der das

Subjekt konfrontiert wird mit einem Ausmaß an Daten, das er unmöglich begreifen kann. Dieser Höhepunkt ist der eigentliche Rossinische Moment der Lust, oder eben das Rossinische Erhabene: diese Überwältigung durch Bitten in der Unfähigkeit, mit ihnen umzugehen, ist das genaue Gegenteil des Wagnerschen Erhabenen, jener »höchsten Lust« der Immersion in die Leere, mit der »Tristan« endet. Selbstverständlich gibt es ein prä-romantisches, prä-psychologisches, karikaturhaftes Moment in dieser totalen Zurschaustellung des Selbst; was der Grund dafür ist, dass Rossini zu Recht aufgehört hat zu komponieren und die trügerisch befriedigende Rolle eines Bon Vivant angenommen hat – dies war die einzig ethisch richtige Entscheidung.

Ein anderer Held in Rossinis *Barbier aus Sevilla*, Don Bartolo, steht für eine andere, merkwürdige Lust, die unheimliche Lust des Geizigen. Denn ist nicht Bartolos »A un dottor della mia sorte« im ersten Akt die ultimative Arie eines Geizhalses? Dessen zwanghafter Wahnsinn zeigt sich exakt darin, dass Bartolo die Aussicht darauf, mit der jungen Rosina Sex zu haben, gänzlich unberührt lässt – er will sie nur deswegen heiraten, um sie zu besitzen und auf dieselbe Weise zu bewachen, in der ein Geizhals seine Geldkassette bewacht.

Unter den sieben Todsünden nimmt der Geiz eine herausragende Stellung ein. Im Aristotelischen Sinne wäre es einfach, den Geiz als das andere Extrem der Verschwendung zu lokalisieren, und dann, natürlich, als wahre Tugend einen vermittelnden Begriff zu konstruieren – sagen wir: die Umsicht als Kunst des maßvollen Verbrauchs, die beiden Extremen widersteht. Gleichwohl besteht das Paradox des Geizigen darin, dass er die Mäßigung selbst zum Exzess werden lässt. Die gewöhnliche Bestimmung der Lust zielt auf ihren Charakter der Überschreitung: Ethik (im vormodernen Sinne einer »Lebenskunst«) ist nichts anderes als die Ethik der Mäßigung, des Widerstandes gegen den Drang, über bestimmte Grenzen hinauszugehen, kurz: gegen die Begierde, die per Definition transgressiv ist – die sexuelle Leidenschaft, die mich vollständig besetzt, Unersättlichkeit, die destruktive Leidenschaft, die selbst vor einem Mord nicht Halt macht... Im Gegensatz zu dieser überschreitenden, transgressiven Idee der Begierde erscheint dem Geizigen das Maßhalten an sich als begehrenswert (und wird damit exzessiv): nichts auszugeben, zu sparen, sich zurückzuhalten statt gehen zu lassen – all die sprichwörtlichen »analen« Eigenschaften. Und es ist einzig DIESE Lust, die eigentliche Anti-Lust, welche *die* Lust par excellence ist.

Wenn wir also das Mysterium der Lust enträtseln wollen, sollten wir uns nicht auf den Liebenden oder den Mörder konzentrieren, die als Sklaven ihrer Leidenschaften bereit sind, alles für sie aufs Spiel zu setzen, sondern auf das Verhältnis des Geizigen zu jenem geheimen Ort, an dem er seine Besitztümer sammelt und aufbewahrt. Das Mysterium besteht natürlich darin, dass in der Figur des Geizhalses der Exzess mit dem Mangel zusammenfällt, Macht mit Ohmacht, habgieriges Horten mit der Erhöhung des Objektes in das verbotene/unberührbare Ding, das man nur betrachten, nie aber gänzlich genießen kann. Philosophisch gesprochen besteht das Paradox des Geizigen darin, dass er zwei miteinander inkompatible ethische Traditionen vereint: die Aristotelische Ethik der Mäßigung und die Kantianische Ethik eines bedingungslosen Anspruchs, der dem Lustprinzip entgegensteht. Der Geizige nämlich erhöht die Maxime der Mäßigung zu einem Kantianischen bedingungslosen Anspruch. Sich strikt an die Regel des Maßhalten zu halten, peinlich jeden Exzess zu vermeiden generiert auf diese Weise einen Exzess – einen Surplus-Genuss – eigener Art.

Der Kapitalismus nun gibt dieser Logik eine überraschende Wendung. Der Kapitalist ist nicht länger der einsame Geizhals, der seinen verborgenen Schatz bewacht, den er nur hinter sorgfältig verschlossenen Türen mit einem geheimen Blick streift, wenn er alleine ist; er ist vielmehr das Subjekt, welches das grundsätzliche Paradox akzeptiert hat, dass der einzige Weg, seinen Schatz zu behalten und seinen Wert zu vermehren, der ist, ihn auszugeben. Die Formel, mit der Julia in der Balkonszene die Liebe beschreibt (»Je mehr ich gebe, desto mehr habe ich«), erfährt hier eine perverse Wendung – denn ist diese Formel nicht genau die der kapitalistischen Spekulation? Je mehr der Kapitalist investiert (und je mehr Geld er sich leiht, um es zu investieren), desto mehr hat er, so dass wir am Ende einen rein virtuellen Kapitalisten à la Donald Trump erhalten, dessen Barvermögen praktisch gleich null oder gar weniger ist und der gleichwohl, gemessen an seiner Aussicht auf zukünftige Profite, als wohlhabend gilt.

Auf diesem grundsätzlichen Paradox beruhen selbst Phänomene wie die elementarste Marketingstrategie, der Appell an die Sparsamkeit des Konsumenten: denn ist die letztendliche Botschaften von Werbespots nicht »Kauf dies, gibt mehr aus – und du wirst sparen, denn du erhältst einen kostenlosen Mehrwert«? Man erinnere sich an das sprichwörtliche männlich-chauvinistische Bild einer Frau, die vom Einkaufen heimkehrt und ihrem Mann sagt: »Ich habe uns gerade 200 Mark gespart! Obwohl ich nur ein Jackett kaufen wollte, habe ich gleich drei gekauft und dafür einen Rabatt von 200 Mark erhalten!« Die Verkörperung dieses Mehrwerts ist die Zahnpastatube, deren letztes Drittel in einer anderen Farbe leuchtet, und auf der mit großen Lettern steht: »Sie erhalten 30% um sonst!« – Ich bin in solchen Situationen immer versucht zu sagen: »OK, dann geben Sie mir nur das Gratis-Drittel der Paste!« Im Kapitalismus ist die Definition des »richtigen« Preises der Discountpreis. Die abgedroschene Bezeichnung der »Konsumgesellschaft« stimmt mithin nur dann, wenn man Konsum als eine Art der Erscheinung seines Gegenteils, nämlich Sparsamkeit, versteht.

Die Aufmerksamkeit, die gegenwärtig der Drogenabhängigkeit als höchster Gefahr des sozialen Gemeinwesens zugemessen wird, lässt sich nur richtig verstehen vor dem Hintergrund der vorherrschenden subjektiven Ökonomie des Konsums als Erscheinungsform der Sparsamkeit: in früheren Zeiten war der Drogenkonsum nur eine der halb verschleierten sozialen Praktiken, die man von realen Personen (de Quincey, Baudelaire) oder fiktionalen Charakteren (Sherlock Holmes) kannte. In unserer heutigen »Konsumgesellschaft« gilt der Junkie deswegen als untragbar, weil er tatsächlich das einzig wahre »Konsumsubjekt« IST – der einzige, der sich selbst in unbändigem Genuss kompromisslos, bis zum eigenen Tod, konsumiert. – Als ein anderer Gegensatz zur Lust kann vielleicht der sogenannte ethnische Fundamentalismus gelten – doch schauen wir, wie Aleksandar Tijanić, ein führender serbischer Kolumnist, der für eine kurze Zeit sogar Minister für Information und Öffentliche Medien in der Regierung Milošević war, die »merkwürdige Art der Symbiose zwischen Milošević und den Serben« beschreibt:

> Milošević steht den Serben gut. Während seiner Amtszeit haben die Serben die Arbeitszeit abgeschafft. Niemand tut irgendwas. Er ließ zu, dass Schwarzmarkt und Schmuggel blühten. Sie können im staatlichen Fernsehen auftreten und Blair, Clinton oder irgendeinen anderen Würdenträger dieser Welt beleidigen. ... Darüber hinaus verlieh uns Milošević das Recht, Waffen zu tragen. Er gab uns das Recht, all unsere Probleme mit Waffengewalt zu lösen. Er erlaubte uns auch, gestohlene Autos zu fahren... Milošević hat das tägliche Leben der Serben in einen einzigen großen Urlaub verwandelt und

> uns in die Lage versetzt, uns alle wie Gymnasiasten auf unserer Abschlussfahrt zu fühlen – was bedeutet, dass nichts, aber auch gar nichts von dem, was wir tun, bestraft werden kann.[1]

Dies zeigt, wie ein klarer Grundsatz von obszöner Freizügigkeit als effektives soziales Band dienen kann. Wenn die Mächte des Westens immer wieder betonen, dass sie nicht das serbische Volk, sondern nur seine korrupten Anführer bekämpfen, so gehen sie von der (typisch liberalen) falschen Prämisse aus, die Serben seien manipulierte Opfer der in Milošević personifizierten teuflischen Führerschaft. Die schmerzliche Tatsache ist die, dass der aggressive serbische Nationalismus vom Großteil der Bevölkerung mitgetragen wird – nein, die Serben sind keine passiven Opfer nationalistischer Manipulation, keine verkappten Amerikaner, die nur darauf warten, aus der nationalistischen Verführung befreit zu werden. Das »Du darfst!«, das Tijanić beschreibt, ist die beste politisch-ideologische Veranschaulichung des Superego, das sich durch die Kontrastierung dieses totalitären »Du darfst!« und des tolerant-liberalen »DU DARFST!« näher beschreiben lässt. In beiden Fällen lautet die Botschaft »Du darfst – jenen Gegenstand besitzen, ohne den angemessen Preis für Deine Begierde, Deinen Wunsch danach zu zahlen«; und in beiden Fällen fordert die Aufhebung der Pflicht zu zahlen ihren eigenen Preis. Innerhalb des freizügigen Liberalismus ist das »Du darfst« der freien Selbstbestimmung verstrickt in das intrigante Netz von Verboten bezüglich des eigenen Wohlbefindens und das unserer Nachbarn (was wir nicht trinken oder essen sollen; die Regeln des Safer Sex; das Verbot, den anderen zu verletzen ...); auf eine exakt symmetrische Weise fordert das totalitäre »Du darfst« (dich vernachlässigen und das Wohlbefinden deines Nachbarn ignorieren) die Subordination unter die Figur des Meisters. In etwas vereinfachten Begriffen: Die elementare autoritäre »Weisheit« ist die, dass der Mensch korrupt ist, ein schwaches Lebewesen, das einen strengen Meister benötigt, der seine gefährlichen anti-sozialen Impulse kontrolliert. Deswegen lautet die Botschaft des traditionellen autoritären Meisters: »Ganz egal, was du tief in dir denkst, egal wie schwer es dir fällt und wie sehr es dir zuwiderläuft, GEHORCHE / meinen Befehlen / unterdrücke dein inneres Drängen, halte dich zurück!« Im Gegensatz dazu lautet die Botschaft des totalitären Meisters »Ich weiß besser als du, was du WIRKLICH WILLST, was in deinem eigentlichen Interesse ist, was ich dir zu tun befehle ist nichts anderes als das, was du, tief in dir und unbewusst, selber willst, auch wenn du dich oberflächlich dagegen sträuben magst!«

Der äußerliche Gegensatz von »Lust und Pflicht« lässt sich auf zwei Weisen überwinden. Auf der einen Seite sehen wir das Paradox der äußerst tyrannischen »totalitären« Macht, die weiter geht als die traditionelle »autoritäre« Macht – weil sie nicht nur sagt »Tu Deine Pflicht, mich kümmert es nicht, ob Du magst oder nicht!«, sondern: »Du musst nicht nur meine Befehle befolgen und Deine Pflicht tun; Du musst es lustvoll tun, Du musst es genießen!« (So arbeitet die »totalitäre populistische Demokratie«: es reicht nicht aus, dass die Menge ihren Anführern folgt; sie müssen GELIEBT werden...) Auf der anderen Seite sehen wir das umgekehrte Paradox der Lust selbst, deren Streben sich in Pflicht verwandelt: in einer freizügigen Gesellschaft werden die Subjekte mit dem Zwang konfrontiert, »sich eine gute Zeit zu machen«, das eigene Leben zu genießen wird zu einer Art Pflicht; und sie fühlen sich konsequenterweise schuldig, daran zu scheitern, glücklich zu sein... Ich denke, dass der Begriff des Superego genau jenen Zwischenraum bezeichnet, in dem diese beiden Gegensätze sich überschneiden: wo der Befehl, die Ausübung seiner Pflicht zu genießen, mit der Pflicht, sich selbst zu genießen, zusammenfällt.

In diesem Zwischenraum geht die Lust unmerklich in ihr augenscheinliches Gegenteil, den Ekel, über. Was ist Ekel im elementaren Sinne? Unsere automatische Antwort lautet natürlich: Scheiße. Doch auch hier sind die Dinge wieder komplexer, als sie zunächst scheinen. Das Kleinkind, das seinen Kot als Geschenk reicht, bietet ein unmittelbares Äquivalent seines inneren Selbst. Freuds wohlbekannte Definition der Exkremente als die Urform der Gabe, der innerste Gegenstand, den das kleine Kind seinen Eltern geben kann, ist mithin nicht so naiv, wie sie scheinen mag – was häufig übersehen wird, ist die Tatsache, dass dieser dem anderen dargebotene Teil meines Ichs auf eine entscheidende Weise zwischen dem Erhabenen und – nicht dem Lächerlichen, sondern – dem Exkrementalen oszilliert. (Im antiken griechischen Theater befand sich in der Mitte der großen Steinsitze in den ersten beiden Reihen ein Loch – so waren die Mitglieder der privilegierten Klasse in der Lage, eine zweifache Katharsis zu erleben; die spirituelle Läuterung der Reinigung der Seele von schlechten Gefühlen ebenso wie die leibliche Läuterung durch die Ausscheidung stinkender Exkremente.) Für Lacan ergibt sich hieraus der Grund dafür, dass der Mensch sich unter anderem dadurch vom Tier unterscheidet, dass sich für ihn die Entledigung der Scheiße als Problem darstellt – und zwar nicht deswegen, weil sie stinkt etc., sondern weil sie aus unserem Innersten stammt. Wir schämen uns unserer Scheiße, weil wir mit ihr unsere innerste Intimität veräußerlichen und exponieren. Für Tiere stellt sich das Problem nicht, weil ihnen ein den Menschen ähnliches »Innen« fehlt. – An dieser Stelle sollte man an Otto Weininger denken, der vulkanische Lava als »Dreck der Erde« bezeichnet hat. Sie entstammt dem Körperinneren, und dieses Innere ist böse, kriminell: »Das Innere des Körpers ist sehr verbrecherisch.«[2] Diese externalisierte Scheiße findet ein genaues Gegenstück in dem Monster aus dem Science-Fiction »Alien«, das den menschlichen Körper kolonisiert, in ihn eindringt und ihn von innen beherrscht – und das, auf dem Höhepunkt des Horrorfilms, durch den Mund oder direkt durch die Brust aus dem Körper ausbricht. Vielleicht noch beispielhafter als Ridley Scotts »Alien« ist hier der Film »Das unsagbar Böse« von Jack Sholders, dessen wurmartige Alien-Kreatur, die am Ende des Films aus dem Körper vertrieben wird, unmittelbar anale Assoziationen weckt (nicht zuletzt, weil das Alien die Menschen, die es besetzt, dazu nötigt, mit unersättlicher Gier zu essen und auf abscheuliche Weise zu rülpsen). – Treibt man die Analyse hier weiter, sollte man diesem externalisierten INNEREN Objekt (Scheiße) als direktem Äquivalent des Subjekts die ihm entgegengesetzte, ÄUSSERE Art der Herrschaft gegenüberstellen: die Idee einer MASKE als *dem* bösen Gegenstand, der ein eigenes Leben führt und jedes Subjekt beherrscht, das ihn benutzt – ganz plötzlich, sobald er die Maske aufsetzt, wird ihr Träger von einem erklärlichen Zwang befallen. Man denke nur an den Film »Der Dummschwätzer« mit Jim Carey, der – wie schon der ältere Film »Die Maske« – sich um einen *ex*-timen (von außen auferlegten, doch den innersten Trieb widerspiegelnden) absoluten Zwang dreht: In »Die Maske« handelt es sich um den Zwang zu genießen, als ein manischer, cartoongleicher Charakter zu handeln, sobald die Maske vom Helden Besitz ergreift; in »Der Dummschwätzer« ist es der Zwang, für 24 Stunden die Wahrheit zu sagen und nichts als die Wahrheit, dem der von Carey gespielte Anwalt durch ein Versprechen, das er seinem Sohn gegeben hat, unterliegt. Die Analogie ist unheimlich: in beiden Fällen erfährt der Darsteller sein innerstes Selbst über den Weg der Kolonisierung durch einen parasitären, fremden Eindringling, der gegen seinen Willen Besitz von ihm ergreift, gleich einem

Ohrwurm, der uns verfolgt – und dessen mimetischer Macht wir letztendlich erliegen, wenn wir uns zu seinem stupiden Rhythmus bewegen. Das Unheimliche hier ist die genaue Parallele zwischen Genuss und Wahrheit, zwischen dem Zwang zu genießen und dem Zwang, die Wahrheit zu sagen, was bedeutet, dass Wahrheit hier im Modus des Realen funktioniert. Erinnert diese Parallele nicht an die merkwürdige Tatsache, auf die Lacan seinerzeit hingewiesen hat, dass Freud nämlich exakt dieselben Worte verwendet, um die Beharrlichkeit von Trieb und Vernunft zu beschrieben: in beiden Fällen ist ihre Stimme leise und langsam, setzt sich aber durch und bringt sich zu Gehör. Selbst eine solch radikale Haltung wie die buddhistische ist hier unzureichend – wenn man mit dem Dalai Lama davon ausgeht, dass der Anfang der Weisheit darin besteht, »sich zu vergegenwärtigen, dass alle Lebewesen sich darin gleichen, dass sie sich weder Unglück noch Leiden wünschen und dass sie das gleiche Recht haben, von Leiden erlöst zu werden«.[3] Der Freudianische Trieb bezeichnet genau das Paradox des »Wunsches, unglücklich zu sein«, exzessive Lust im Leiden selbst zu empfinden. – Was die beiden entgegengesetzten Modalitäten (der innere, formlose Körper, der das Subjekt beherrscht und der externe Zwang) gemein haben, ist ihre ZWANGHAFTE Natur: in beiden Fällen, sei es als die von außen aufgezwungene Maske oder als der interne, formlose Gegenstand, das Ding, welches dem Subjekt seine Autonomie raubt, handelt es sich um einen Zwang, der das Subjekt in eine hilflose Marionette verwandelt.

Über den geheimnisvollen Status der Exkremente bleibt noch viel zu sagen. Die Szene im Hotelzimmer, dem Ort des Verbrechens im Film »Der Dialog« von Francis Ford Coppola, muss als eine Art Remake der entsprechenden Szene in Hitchcocks »Psycho« gedeutet werden – ein Remake, das den latent skatologischen Inhalt des Originals an die Oberfläche bringt. Der Detektiv (gespielt von Gene Hackman) inspiziert das Zimmer mit einem Hitchcockschen Blick, mit dem schon Lila und Sam Marions Motelzimmer betrachten: er wandert vom Schlafzimmer zum Badezimmer und konzentriert sich hier auf Dusche und Toilette. Entscheidend ist hier der Schwenk von der Dusche (in der sich, sauber wie sie ist, keine Anzeichen eines Verbrechens finden) zum Toilettensitz; der Blick erhöht diesen in das Hitchcocksche Objekt, welches unsere Aufmerksamkeit gewinnt, und er fasziniert uns durch die Vorahnung eines unaussprechlichen Horrors. (Man erinnere sich an den Kampf, den Hitchcock mit der Zensur um die Erlaubnis führte, das Innere der Toilette zu zeigen, aus dem Sam als Beweis für ihre Anwesenheit am Tatort den Zettel mit Marions Notizen über die Menge des ausgegebenen Geldes fischt.) Nach einer Reihe offensichtlicher Referenzen an »Psycho« bezüglich der Dusche (das schnelle Öffnen des Duschvorhangs, die Untersuchung des Abflusses) konzentriert sich der Detektiv auf die (angeblich gereinigte) Toilette, spült, und wie aus dem Nirgendwo färbt sich das Wasser, und Blut sowie andere Spuren des Verbrechens bringen die Toilettenschüssel zum Überlaufen. Was dieses Mini-Remake so wirkungsvoll macht, ist die Tatsache, dass Coppola das Verbot aufhebt, das in »Psycho« noch wirkt: die Drohung wird Wirklichkeit, die Kamera ZEIGT die Gefahr, die in »Psycho« in der Luft hängt, der wilde, blutige Schmutz quillt aus der Toilette.

Hitchcocks Obsession für Sauberkeit ist bekannt: in einem Interview brüstet er sich damit, dass er das Bad jedes Mal so verlässt, dass niemand merken könne, dass er überhaupt da war ... Die gleiche Besessenheit ist auch verantwortlich für jene Lust-am-Ekel, die Hitchcock an den kleinen, unscheinbaren Details zeigt, welche im Film »Topaz« die kubanische Botschaft in Harlem charakterisieren – wie das offizielle diplomatische Dokument, befleckt mit den

Fettspuren eines Sandwichs. Und wirkt der Sumpf hinter dem Haus, in dem Norman die Wagen mit den Körpern seiner Opfer versenkt, nicht wie ein gigantisches Becken, gefüllt mit Kot? Und spiegelt sich in jenem berühmten besorgten Blick, der einen Moment lang in seinem Gesicht aufblitzt, als Marions Wagen sekundenlang nicht tiefer ins Moor sinken will, nicht die Sorge wider, dass die Toilette nicht alle Spuren des Verbrechens fortgespült haben könnte? Das letzte Bild in »Psycho«, in dem wir sehen, wie Marions Wagen aus dem Sumpf gezogen wird, wird so zu einem Hitchcockschen Äquivalent für das Wiederauftauchen des Bluts aus dem Toilettenabfluss – kurz: der Sumpf ist eine in einer Reihe von Eingangspforten in die vor-ontologische Unterwelt.

Und wirkt nicht die gleiche Referenz an die vor-ontologische Unterwelt auch in der Schlussszene von »Vertigo«? Ich erinnere mich daran, in den prä-digitalen Zeiten, als ich ein Jugendlicher war, eine schlechte Kopie von »Vertigo« gesehen zu haben – die letzten Sekunden fehlten, so dass es schien, der Film habe ein Happy End, bei dem Scottie Judy vergeben und sie als Partnerin akzeptiert hatte, beide in leidenschaftlicher Umarmung vereint... Worum es mir geht, ist die Tatsache, dass solch ein Schluss nicht so künstlich ist, wie er zunächst erscheinen mag: es ist vielmehr so, dass das unvermutete Auftauchen der Äbtissin über die Wendeltreppe im tatsächlichen Schluss als eine Art negativer Deus ex machina funktioniert, ein plötzlicher Einbruch, der, ohne in der narrativen Logik des Films begründet zu sein, das glückliche Ende verhindert. Woher kommt die Nonne? Aus dem selben vor-ontologischen Schattenreich, aus dem in »Der Dialog« das Blut stammt. Die Anspielung auf dieses vor-ontologische Schattenreich erlaubt uns auch, die schlechthin typischste Hitchcock-Szene zu deuten, die jedoch nie gedreht wurde – und zwar genau deswegen, weil sie die grundlegende

Matrix seines Werkes auf eine Weise unmittelbar wiedergibt, dass die tatsächlichen Filme sich zweifellos als vulgär und geschmacklos erwiesen hätten. Dies ist die Szene, die Hitchcock – wie er in seinen Gesprächen mit Truffaut erzählt – in den Film »Der unsichtbare Dritte« einfügen wollte:

> Ich hatte mir einen langen Dialog zwischen Cary Grant und einem Arbeiter in einer Fordfabrik gewünscht, während sie das Fließband entlang gehen. Hinter ihnen wird ein Auto Stück für Stück zusammengebaut. Schließlich ist das Auto, dessen Konstruktion aus einzelnen Schrauben und Muttern sie beobachtet haben, fertig und steht mit gefülltem Tank bereit, vom Fließband herunterzufahren. Die beiden Männer sehen sich an und sagen: »Es ist wunderschön!« Dann öffnen sie die Wagentür und eine Leiche fällt heraus.[4]

Woher stammt, woher fällt diese Leiche? Wiederum aus der gleichen Leere wie das Blut in »Der Dialog«. (Man sollte sich auch vergegenwärtigen, dass wir im Laufe dieser langen Einstellung die elementare Einheit des Produktionsprozesses beobachten konnten – denn ist die Leiche, die auf mysteriöse Weise aus dem Nichts fällt, nicht ein perfektes Surrogat für den Mehrwert, der während der Produktion »aus dem Nichts« generiert wird?) Diese schockierende Erhebung des lächerlich Niedrigen (des Jenseits, in dem die Scheiße abtaucht) in das metaphysisch Erhabene ist vielleicht eines der Geheimnisse von Hitchcocks Kunst. Ist das Erhabene nicht von Zeit zu Zeit Teil unserer alltäglichsten Erfahrungen? Wenn wir, während wir gerade eine einfache Aufgabe ausführen (etwa eine lange Treppe emporsteigen), von einer unerwarteten Müdigkeit erfasst werden, erscheint das einfache Ziel, das wir erreichen wollten (das Ende der Treppe), unvermutet durch eine unüberwindbare Barriere von uns getrennt und hat sich damit in ein metaphysisches Objekt verwandelt, das auf ewig außerhalb unserer Reichweite bleibt, als gäbe es irgendetwas, das uns für immer davon abhalten würde, unser ursprüngliches Vorhaben auszuführen... Und der Bereich, in den die Exkremente verschwinden, nachdem wir die Toilettenspülung betätigt haben, ist eine triftige Metapher für das erschreckend-erhabene Jenseits des sprichwörtlichen, vor-ontologischen Chaos, in dem Dinge sich auflösen. Auch wenn wir rational wissen, was mit den Exkrementen geschieht, hält das imaginäre Rätsel dennoch an – Scheiße bleibt ein Exzess, der nicht in unsere tägliche Realität gehört, und Lacan hatte Recht zu behaupten, dass der Übergang vom Tier zum Menschen in jenem Moment geschieht, in dem ein Tier Probleme mit seinen Ausscheidungen bekommt; in jenem Moment, in dem Exkremente zu einem (ver-)störenden Exzess werden. (Ähnlich verhält es sich mit Speichel: auch wenn wir ohne Schwierigkeiten unseren eigenen Speichel schlucken, weiß doch jeder, wie abstoßend wir es finden, wenn wir Speichel schlucken, den wir zuvor ausgespieen haben – ein weiterer Fall, in dem die Grenze von Innen und Außen verletzt wird.) In der Szene aus »Der Dialog« geht es in Wirklichkeit nicht primär um das erschreckend-eklige Zeug, das aus dem Toilettenabfluss wieder emporsteigt, sondern um das Loch selbst, den Abgrund, der als Übergang in eine andere ontologische Ordnung funktioniert. Die Ähnlichkeit zwischen dem leeren Abfluss der Toilette, bevor die Überreste des Mordes wieder auftauchen, und Malevitschs »Schwarzem Quadrat auf weißem Grund« ist signifikant: reproduziert der Blick von oben in die Toilette nicht fast identisch das »minimalistische« visuelle Schema, ein schwarzes (oder zumindest dunkles) Wasserquadrat, umrahmt von der weißen Oberfläche der Toilettenschüssel? Wieder wissen wir natürlich, dass die verschwundenen Exkremente irgendwo im Netz der Kanalisation landen – was hier »real« ist, ist das topologische Loch, die Spannung, die den Raum unserer Realität »umrundet«, so dass wir das Verschwinden der Exkremente als Übergang in eine alternative Dimension wahrnehmen/imaginieren, die nicht Teil unserer Alltagswelt ist.

Und die ekelhaften Objekte, die aus dieser Dimension zurückkehren, sind der höchste Grund unserer Lust.

*Deutsch von Stefan Münker*

## Anmerkungen

1 Aleksandar Tijanić, »The Remote Day of Change«, in: *Mladina*, Ljubljana, 9. August 1999, Seite 33.

2 Otto Weininger, *Über die letzten Dinge*, München: Matthes und Seitz 1997, Seite 187-188.

3 Zitiert nach: Orville Schell, *Virtual Tibet*, New York: Henry Holt and Company 2000, Seite 80.

4 François Truffaut, *Hitchcock*, New York: Simon and Schuster 1985, Seite 25.

Hannelore Schlaffer

# Ekel-Kunst

## Ein neuer Stil jenseits der schönen Künste

Die Zeiten des Türenschlagens im Theater sind vorbei. Das Publikum hat sich an die Herausforderungen der Moderne gewöhnt. Selbst Menschen, die selten ins Theater gehen, wissen nun, was Stil ist, und halten den Enttäuschungen stand, ertragen die kahle Bühne, die dem Auge nichts sagt, eine Alltagssprache, die nicht erhebend klingt, am ehemaligen Ort der hohen Deklamation, Figuren, die gestaltlos und verbildet sind. Den Künstlern bereitet dieses philiströse Einverständnis mit ihren Frechheiten einige Schwierigkeit. Die Kunst des 20. Jahrhunderts sah ihren Sinn darin, die Tradition zu überwinden, weil Ideal und Schönheit als faible convenue des gedankenlosen Bildungsbürgertums galten. Im Zeitalter der Nicht-Mehr-Schönen-Künste sind die Künstler verpflichtet zur Zerstörung der Konvention – und sehen sich doch von der zur Konvention gewordenen Freude an dieser Zerstörung immer wieder eingeholt.

Ihre unruhige Suche nach einem neuen Mittel der Provokation hat in jüngster Zeit endlich einen Ausweg gefunden: Zwar lässt sich der Bürger nicht mehr provozieren, aber er lässt sich quälen. Die Nähe zur Avantgarde bemisst sich jetzt daran, wie viel Ekel ein Kunstwerk seinen Betrachter zu ertragen zwingt. Die abstoßende Darstellung des menschlichen Körpers ist in allen Bereichen der Kunst Stil geworden. Dabei vermischt sich die Darstellung brutaler Manipulationen am Körper mit Aktionen, die seine Ausscheidungen, Krankheiten, seinen Zerfall vorführen.

Das Ekelgefühl gehört in ein biologisches Warnsystem, das sich so leicht nicht abschalten lässt. Anders als die traditionellen Formen, die das Bewusstsein gestaltet hat und die es also wieder umgestalten kann, kann der Zuschauer sich an die Provokation durch Ekelgefühle nicht gewöhnen. Daher ist er, wenn er sich in einer falschen Demonstration von fortschrittlicher Forschheit selbst im Theater einschließt, unausweichlich den Darstellungen des Ekels ausgeliefert. Die Künstler haben mit dem Ekel die einfachste, weil unausweichliche Form der Provokation gefunden.

Franz Xaver Kroetz und Werner Schwab haben den Ekel bühnenfähig gemacht. Der Monolog der Mariedl in Werner Schwabs Stück »Die Präsidentinnen«, mit dem die Bühnenfigur ihre Reinigungsarbeiten in drei Klosetts selbst beschreibt und kommentiert, strapaziert den Humor des Zuschauers und alle Regeln der Kunst: »Jawohl, da kann er schon kommen, der Herr Karl Wottila, der eine Abort ist ja schon befreit von der Mariedl. Und gestärkt ist sie jetzt auch schon wieder mit dem Gulasch. Das hat die Mariedl ja auch wirklich noch nie erlebt, dass man eine Kloverstopfung aufessen kann. Die Menschen stehen im Kreise um die Mariedl herum, halt ein paar Meter weg, versteht sich ja, weil die sind ja alle so empfindsam wegen dem Abortgeruch. Aber sie vergönnen der Mariedl das schmackhafte Gulasch, das kann man genau sehn, weil die Menschen alle so lächeln. Und jetzt, wo das Gulasch ein Ende hat, da rufen sie ihr zu: hopp hopp hopp hopp. Alle zugleich tun sie die Mariedl anfeuern für den nächsten Abort. Und da lacht der Herr Pfarrer schon wieder so spitzbübisch und wedelt mit den Gummihandschuhen. Da rufen dann die lustigen Menschen gemeinsam im Chor: Die Mariedl machts auch ohne, die Mariedl machts auch ohne ... Und schon langt die Mariedl kräftig hinunter, die kann was schaffen, die Mariedl. Das aufgeweichte Klopapier hat sie schon heraufgefischt und den dünneren Stuhl auch, da spürt sie schon wieder etwas Hartes... wie ein Glas ist das, denkt sie sich, und schwupp, da ist es schon am Tageslicht. In der Muschel rauscht es wieder durch, dass es eine Freude ist, und was hat die Mariedl in der Hand? Eine Bierflasche, eine ganze Flasche Bier und auch noch ungeöffnet. Aber das passt ja so gut zum Gulasch dazu, danke Hochwürden.«

Zwar gehören Schwabs Stücke, die er unter dem Titel *Fäkaliendramen* zusammenfasst, in die Gattung der Komödie – und seit Aristophanes bestimmen in ihr Phallos und Wanst, die niederen Triebe der Liebe und die niedere Gier des Gaumens, die Handlungen der niederen dramatis personae und bringen die hohen Personen auf den Rängen des Theaters zum Lachen. Schwab aber hält sich beim Festmahl der Mariedl nur allzu lange auf, als dass die Szene nicht mehr wäre als nur komisch; er verlegt sie an einen Ort, der selbst für die Komödie nicht erlaubt ist – eine Toilette ist auch im Theater ein Ab-Ort –, und er serviert das Gulaschmenü aus einer Schüssel, die keine ist, sondern eben nur eine Klo-Schüssel. Die Komik der niederen Körperzonen ist zum Ekligen hin überschritten, weil das Festessen an einem Ort stattfindet, an dem normalerweise nichts in den Bauch hinein-, sondern nur etwas aus ihm herauskommt. Ekelhaft wirken auf den Menschen die Abfälle des Körpers, die Produkte seines Verfalls: Exkremente, Schweiß und Schleim.

Gerade weil die körperlichen Ausscheidungen seit je aus dem Bereich der künstlerischen Darstellung verbannt waren, macht Werner Schwab in seinem Drama »Der Himmel mein Lieb meine sterbende Beute«, eine Kritik der klassischen Ästhetik im Genre des Absurden, seinen Maler Hermann Wurm zum Genie der Schleimkunst. Mit den Ausscheidungen des Menschen bepinselt dieser die Leinwände und stellt viel gefragte Schleimgemälde her. Hermann Wurm erklärt seiner Geliebten den Unterschied zwischen sich und der übrigen, nicht künstlerisch veranlagten Menschheit, der darin bestehe, dass ihn der Schleim aus den Niederungen der Normalität in die reineren Höhen des Geistes erhebt. Schwabs Stücke sind bewusst konstruierte Parodien auf die traditionelle Ästhetik. Die klassische Ästhetik, die die Präsentation des Körpers nur zulässt, wo ihn die Aura der Idee bekleidet, definiert das Schöne in strikter Abgrenzung zum Ekligen, zu jenen physischen Reaktionen, die nicht mehr idealisierbar sind. Im 18. Jahrhundert ist Ekel das absolut andere des Ästhetischen. In seinen »Anmerkungen über den Ekel« schließt Johann Adolf Schlegel den Ekel aus dem Bereich der schönen Künste aus: »Hier würde die Kunst all ihre Arbeit umsonst verschwenden.« Das Mariedl, das aus den drei zu reinigenden Klosetts drei Geschenke des Herrn Pfarrer hervorholt, erahnt, eine wahre Pythia mit visionären Gaben, dass sie da Höheres als nur ihr Gulasch finden wird. Das Klosett macht Schwab zum Adyton, zum unbetretbaren Tempelinneren, in dem Mariedl als Priesterin im doppelten Wortsinn die Geschäfte der Menschen verwaltet.

In der zweiten Hälfte dieses Jahrhunderts ist dieser Stützpunkt der Zivilisation ohnehin zum heiligen Ort der Dramatik geworden. Mindestens seit Franz Xaver Kroetz hat sich das Publikum an den Anblick von Schauspielern gewöhnt, die ihm statt dem lachenden Gesicht den kackenden Hintern zukehren. In »Männersache« sieht das Bühnenbild ein Klosett als Spielplatz vor, angenehmere Spielorte kann der Zuschauer im Hintergrund nur erahnen. In »Hartnäckig« entwickelt sich das Familiendrama im Streit über ein verunreinigtes Klosett.

Dem dramatischen Ort zu begegnen, den Kroetz bühnenfähig gemacht hat, gehört heute zur festlichen Erwartung des Theaterbesuchers. Willy Russels Komödie »Messer in Hennen« spielt auf einer Damentoilette, auf der sich auch Männer herumtreiben, die kaum mehr stehen und nur noch kotzen können. Stückeschreiber und Regisseure bemühen sich gemeinsam um die fäkalische Ausstattung der Bühne. Sollte der eine vergessen haben, eine Ekelszene einzubauen, so holt dies der andere nach. In den sechziger Jahren gehörte es zum guten Ton, dass mehrere Schauspieler auf der Bühne die traurige Nacktheit des Menschen zur Schau stellen, heute besteht das Signal von Modernität darin, dass sich mindestens einmal ein Schauspieler übergibt. Die üppigsten Szenen des Ekels erfindet Castorf in Berlin, der die Schauspieler sich im Kartoffelsalat baden lässt, den er auf der Bühne herumgeschmiert hat; so spielen sie dann weiter, stolpern übereinander her und schlecken sich ab.

Der Film scheint die Ekel-Szenen vom Theater übernommen zu haben und über diesen Weg die Tradition Buñuels wieder aufzugreifen. Die Inkunabel der Kunst des Ekels haben Dalí und Buñuel im »Chien andalou« geschaffen: die Gewalt lässt sich vergessen über dem Ekel, wenn die Rasierklinge langsam den Augapfel eines Hundes durchschneidet; eine Szene übrigens, die Frédéric Klein in seinem sadistischen Roman »Tunnel oder Der Tag an dem Mutter von mir ging« wieder aufgreift: seine Phantasie spielt damit, so die Ehefrau zu massakrieren: »Ich reiße ihr die Nägel heraus. / Mit einer Kerzenflamme verbrenne ich ihr die Achselhaare, die Schamhaare, die Kopfhaare. / Mit einer Rasierklinge durchschneide ich erst ihre Augäpfel, dann schäle ich sie aus.«

Ein ganzes Lazarett könnte mit den Kranken belegt werden, deren Fälle heutzutage nicht nur in der Literatur, sondern vor allem im Film und in der bildenden Kunst und im Kino vorgeführt werden. Gerade die beliebtesten Filme, wie »Der englische Patient«, »Besser geht's nicht« oder »Verrückt nach Maria«, sind Mysterienspiele des verletzten Körpers. Die Narben der Helden sind nicht Zeichen vollbrachter Taten, sondern bösartige Wucherungen, die den Körper zersetzen. Der »englische Patient« wendet seiner Pflegerin und damit dem Zuschauer nur allzu oft sein verschwitztes, hohläugiges, totenbleiches Gesicht zu. In »Besser geht's nicht« unterliegt die Hauptfigur gewalttätigen Eindringlingen in ihr Atelier. Die Wunden, die dem Künstler beigebracht werden, können nicht als Zeichen einer Mutprobe unter Männern gelten. Der Film zeigt die schwärenden, eiternden, rot unterlaufenen Male minutenlang und in oft sich wiederholenden Einstellungen. Aber auch wenn ein Gesicht nicht verletzt ist, wird es in einer möglichst abstoßenden Manier dargestellt. Die Bandenmitglieder früherer Kriminalfilme sind böse, aber schön, haben markante Zügen, eine gespannte Haut; heutzutage glänzt Schweiß auf ihrem Gesicht, in Nahaufnahme darf man alle Körperöffnungen sehen, die Poren, die Narben, Runzeln, die Höcker, Warzen, die Nasenlöcher, die Haare darin und die Bartstoppeln um den faltigen Mund. Die Gewalttat zählt nur, wenn sie eklig anzusehen ist. Selbst die Liebe, einst das gängigste Motiv der Filmindustrie, wird heute zum Vorwand für eine Dramaturgie des Ekels. In »Besser geht's nicht« umarmt der Liebhaber eine besorgte Mutter, der gerade der lungenkranke Sohn die Bluse mit Schleim vollgespuckt hat. Die Maria, nach der, wie der Filmtitel verrät, alle »verrückt sind«, versorgt ihren debilen Bruder; sein aufgedunsenes Gesicht erscheint hinter der mageren Blondine und macht die Liebe für die Verehrer zu einem Prüfstein der Menschlichkeit. Die Liebhaber selbst bekommen nervöse Ausschläge, kratzen sich die Pusteln auf und legen sich so der Bewunderten und sehr verständnisvollen Schönheit zu Füßen.

Kranke und Debile provozieren den ästhetischen Geschmack aber auch in der trivialen Ästhetik der Werbung. Benetton warb für die Herbstmode 1998 mit einem debilen Kind. Solche Ausstellung der körperlichen Deformation, die auf einem Plakat jedem Bürger jeden Tag gegenübertritt, legt die Überlegung nahe, ob nicht mit der ästhetischen Provokation, wenngleich sie von einem italienischen Designer stammt, nicht ein Akt der Vergangenheitsbewältigung stattfindet: ein Volk, das sich der Euthanasie schuldig gemacht hat, beweist durch seine Standhaftigkeit dem abstoßenden Anblick gegenüber seine Humanität.

Die Möglichkeiten der Bühne, die mit dem Körper des Schauspielers kalkulieren muss, der allemal gesund ist, sind aber dennoch bei der Darbietung des Ekels beschränkt. Die Möglichkeiten der Romanliteratur hingegen entfalten sich im grenzenlosen Feld der Phantasie, auf dem sich ein unendliches Personal deformierter, debiler, idiotischer Krüppel herumtreibt, die ihre körperlichen Funktionen nicht mehr zu dirigieren verstehen. Die beiden größten Publikumserfolge der letzten Jahre, Patrick Süskinds »Parfüm« und Robert Schneiders »Schlafes Bruder«, haben ihren zunächst verstörenden, dann begeisternden Eindruck den Szenen des Ekels zu verdanken.

Süskinds Sujet, die Entdeckung eines unglaublichen Duftes durch ein Geruchsgenie, spielt mit der klassischen Trennung der Sinnesorgane in hohe und niedere, in unästhetische und ästhetisch akzeptable, und brüskiert sie. Süskind eröffnet seinen Roman mit der Beschreibung der Miasmen, die die Pariser Luft schwängern, um seinen Helden in diesem Pesthauch die Spur des Duftes einer sehr schönen und sehr fernen Frau erahnen zu lassen, den keiner sonst wahrnimmt. Die Hierarchie der Sinnesorgane, in der Ästhetik seit der Antike fest als Regel verankert, bevorzugt Auge und Ohr; die niederen Wahrnehmung von Nase, Tastgefühl und Geschmack dürfen in der Kunst höchstens als Allegorien Gegenstand des Bildes sein. Moses Mendelssohn, ein populärer Philosoph im Zeitalter der Aufklärung, ordnet im »82. Literaturbrief« den Ekel den niederen Sinnesorganen zu: »Vors Erste ist der Ekel eine Empfindung, die ihrer ursprünglichen Beschaffenheit nach bloß den allerdunkelsten Sinnen, als dem Geschmack, dem Geruche und dem Gefühle zukommen, und diese Sinne haben überhaupt nicht den geringsten Anteil an den Werken der schönen Künste. Die Nachahmung in den Künsten arbeitet bloß für die deutlicheren Sinne, für das Gesicht und das Gehör.«

Robert Schneiders Orgel spielendes Genie verfügt mit einem absoluten Gehör und einem unerhörten musikalischen Ausdrucksvermögen zwar, anders als Süskinds Held, über ein höheres Sinnesorgan, nämlich eben über das ästhetisch akzeptierte Ohr. Gerade deshalb aber kann Schneider das musikalische Genie zum Inbegriff des Ekelhaften dienen, indem er das zarte Ohr und den schönen Geist in der abstoßenden Umgebung hinterwäldlerischer Dörflichkeit sich entwickeln lässt. Der Bauernknabe Elias, der zum begnadeten Künstler berufen ist, macht eine Metamorphose durch, in der er sich vom normal gestalteten Kind zum Monster wandelt: »Der kleine Körper fing an, sich zu verändern. Jäh traten die Augäpfel aus ihren Höhlen, ja stülpten sich über die Lider und dehnten sich bis unter die Augenbrauen. Und der Flaum seiner Brauen verklebte sich auf der tränenden Netzhaut. Die Pupillen flossen auseinander und quollen über das gesamte Weiß der Iris. Ihre natürliche Farbe, das melancholische Regengrün, verschwand, und es trat ein gleißend ekelhaftes Gelb an ihre Stelle. Der Nacken des Kindes versteifte, und sein Hinterkopf bohrte sich schmerzlich in den harten Schnee. Dann bäumte sich das Rückgrat, der Bauch blähte auf, der Nabel wurde hart wie Horn, und Blut sickerte aus der längst verwachsenen Haut des Nabels. Das Gesicht des Kindes aber bot einen derart entsetzlichen Anblick, als lägen alle je gehörten Wehschreie des Menschen und der Kreatur in ihm eingegraben. Die Kiefer traten hervor, die Lippen verkümmerten auf zwei dünne, blutleere Striche.«

Was am Menschen normalerweise weich sein müsste, verhärtet sich bei Elias, was bei andern Menschen kompakt wäre, ist bei ihm verklebt. Das Abstoßende dieser Figur ist das Ineinander von Tod und Leben.

Hans-Joachim Schädlich lässt in seiner Erzählung »Mal hören, was noch kommt« eine Fliege, seit alters Symbol des Todes, in tierischer Lebensgier und Liebeslust über den Leib eines Todkranken spazieren: »Die einzige Freude war heute meine Fliege. Sie sagt mir alles, das ist Liebe. Sie hat gesagt: Im Nachbarzimmer der Typ hat mich angemacht. Er hat gesagt: Bleib doch bei mir. Ich hab eitrige Beulen unter der Achsel. Unter meiner Achsel kannst du dein Wochenbett einrichten. Da finden deine Kinder ein warmes Plätzchen und jede Menge Kindernahrung. – Ich hab gesagt Neinein. Ich lebe nicht allein. Ich brauch deinen Eiter nicht. Mein Partner hat einen offenen Rücken. Da ist es warm und Essen gibt es genug. Ich bin kein besonderer Eiterfan. Ich hab's lieber, wenn meine Kinder frische Blutsuppe kriegen.«

Bei dieser Mahlzeit soll dem Zuschauer zwar der Appetit, aber noch nicht unbedingt das Lachen vergehen. Letztlich ist die Szene eindeutig eine Fiktion, die mit der Unappetitlichkeit nur kokettiert und dem fliegenden Teufelssymbol eine wohltuende Schnabelweide auftut. Sie steht in der Tradition des Schaurig-Schönen und Grotesken, in der Gastmähler, bei denen der Körper aufnimmt, was er gerade ausgeschieden hat, gute Sitte sind. Gargantua pisst in den Salat und verspeist ihn mit Hochgenuss, Gulliver löscht den Brand in der Hauptstadt der Liliputaner mit seinem Urin, nachdem er eine Nacht mit ihrer guten Weinsorte durchzecht hat. Alfred Jarrys König Ubu wirft in der am Ende des 19. Jahrhunderts entstandenen Groteske mit dem Wort »merde« nur so um sich. Schon im griechischen Mythos werden Kinder geschlachtet und verspeist, in Senecas Dramen vom Blut und den herausgenommenen Eingeweiden in langen Monologen berichtet. Aber solche sadistischen Phantasien der Grausamkeit waren entweder komisch oder moralisch gerechtfertigt – sie bezeichneten die Untaten der Bösewichter.

Blut gehört in der literarischen Tradition nicht eigentlich ins Repertoire der Kunst des Ekels, denn sonst wäre jeder Kriminalfilm diesem Genre zuzuzählen. Die Humoralpathologie, die Lehre von den Körpersäften, teilt, ähnlich wie die Lehre von den Sinnesorganen, die flüssigen Element des menschlichen Körpers in höhere und niedere ein, in nützlich und unnützliche. Blut ist die kostbarste Substanz des Leibes; die schleimigen Ausscheidungen hingegen gelten als verderblich und also sündhaft. Der Verlust von Blut ist daher ein Unglück, das dem Verletzten nur gewaltsam beigebracht werden kann. Noch heute signalisiert Blut, etwa im Kriminalfilm und auf der Bühne, den Einbruch des Schicksals, auf den der Zuschauer mit Schrecken, nicht mit Ekel reagiert. Die gegenwärtige Ekel-Literatur beschränkt sich daher nicht auf die Darstellung der Mordtat, sie hält sich bei den *Folgen* der Tat auf, beim Schmutz, den der Mord verursacht, bei den Resten, die das factum brutum übrig lässt. Die handlungsarme Literatur beschreibt lieber das der kriminellen Aktion folgende Chaos, denn der Ekel lässt sich Zeit. Sie will, dass Ekelgefühle zum Genuss pervertieren und Genuss nimmt zu, je länger er währt.

Gewaltaktion und Ekeldarstellung gehen freilich häufig ineinander über. Bei Frédéric Klein könnte man die Szene in seinem kurzen Roman »Tunnel oder Der Tag als Mutter von mir ging«, in der der Knabe in einer Gewaltphantasie die an den Rollstuhl gefesselte Mutter auf eine Wand zuschießen und sie zerschmettern lässt, als Ausnahme ansehen, wiederholten sich solche Passagen im Text nicht mit obsessiver Lust. »Sie hat den Kopf an der Steinmauer zertrümmert: sie hat nicht leiden müssen. Aus ihrem Schädel treten dicke Blutstropfen aus; sie bilden schon eine kleine Lache, die, wie ich triumphierend feststelle, immer größer wird.«

Frédéric Klein kommt ohne metaphysische Rechtfertigung seiner Schreckensnachrichten aus. Er analysiert, so soll man meinen, die Psychologie eines Kindes, das sich einen Mord ausdenkt, um der Dominanz der Mutter zu entkommen. Zu solcher Sinnstiftung aber bräuchte es nicht Schrecken und Ekel, deren Wirkung nur eine extensive Darstellung hervorbringt. Ekelbeschreibungen sind um so ekliger, je länger sie sind, und je länger sie sind, desto weniger Sinn haben sie. Sie kolorieren den Text und verdrängen die Handlung. Ekelliteratur ist litérature pure.

Selbst bei Elfriede Jelinek, die die Ekelliteratur in ihrem Buch »Lust« dem weiblichen Protest gegen die männliche Sexualmacht dienstbar machen möchte, macht die sprachliche Artistik die feministische Predigt vergessen: »Die Frau, der ihr Arsch, diese schattige Straße, aufs Äußerste aufgespreizt worden ist, muss hinter dem Mann zurückstehen bleiben. Er reißt ihr Steuer herum und zwingt sie, ihn anzuschauen. Er kehrt sich wütend ihrer Vorderfront zu, zwingt sie, seinen verhallenden Pimmel anzufassen, der schon wieder zu zucken beginnt, will er doch wohnen in dir, du liebe Zeit, und in Ihnen, Sie liebende Nacht! Er drückt der Frau das Haar in seinen Erguss, in den Rest davon, den ihre einfältigen Augen erblicken sollen. Schwer denken sie nach, die Helden, wenn ihre Arbeit getan ist. Die Frau wird mit Sperma eingeschmiert. Auf die Weise, dass man ihr ein schönes Haus gebaut hat, wird man die Partnerin nicht verlieren.« Auch wenn der letzte Satz sich wie eine Kleinbürgerschelte anhört, genügt sich der Text selbst. Die Nähe zur Pornographie ist nicht zufällig. Auch dieses Genre der Literatur hat sein Ziel in der reinen, sinnfernen Imagination. Der Sinn unanständiger Szenen kann nur darin bestehen, dass es sie gibt und dass sie genossen werden. Der sadistische Akzent, den Jelinek ihrer Pornographie beimischt, macht ihr Buch nicht kritischer, sondern zeitgemäßer und verstärkt nur die von der Rhetorik der Sprache erzeugte Vorstellungskraft.

Der Ekel als ästhetisches Motiv hat eine längere Geschichte, als es die Mode der letzten dreißig Jahre vermuten lässt. Mit der Ekelliteratur ist eine Entwicklung auf ihren Höhepunkt gelangt, die schon das ganze Jahrhundert hindurch währt. Diese Entwicklung gibt dem Ekel eine andere Funktion, als er sie in der gargantesken Tradition hatte. Erst um die Jahrhundertwende, als die Normen der alteuropäischen Literatur und Ästhetik zerfallen, verlassen ähnliche poetische Ergüsse, wie sie heute Mode sind, die versteckten Winkel, die sie bis dahin im verborgenen Schreibtischfach eines Autors gefunden hatten, der es nicht wagte, das Abstoßende drucken zu lassen. Selbst Rimbauds mittlerweile berühmtes Gedicht »In der Hocke«, eine Satire auf den Bürger über sein Geschäft auf dem Nachttopf, wurde seinerzeit keinem Menschen bekannt:

»Am Fenster schmort der Mann, die Lippe bis zum Bauche:
Verschränkt die Arme, spürt am Schenkel er die Glut,
geht ihm aus, die Hose dampft im Rauche;
Und plötzlich, unten, dort wo das Gedärme ruht,
Regt etwas wie ein Vogel sich mit leichtem Hauche! [...]
Speiüble Wärme flutet durch den Raum, den engen;
Das Hirn des Biedermanns ist voll von Lumpendreck.
Auf schlaffer Haut hört er hervor die Haare drängen,
Und manchmal rutscht der Hocker hinkend ihm vom Fleck,
Hat komisch-finster ihn ein Schlucken in den Fängen.«

Rimbauds Inszenierung des Ekelhaften will den Leser brüskieren.

Schädlichs Morgenspaziergang der Fliege auf dem eitrigen Leib des Todkranken hingegen fordert den Literaturkenner heraus, der die Ungewöhnlichkeit des Einfalls, den Mut der Sujetwahl, das Raffinement der Ausführung zu erkennen und zu bewundern hat und es dem Autor dankt, wenn dieser durch ein derartiges poetisches Geschick seinen Geschmack provoziert und seinem Kunstverstand eine neue Perspektive eröffnet. Hans Joachim Schädlichs Genrebild mit Fliege ist kein selbständiges Stilleben, seine Erzählung nichts weniger als komisch. Die Szene schmückt nur eine kleine Ecke am unteren Rand eines großen Gemäldes vom Sterben, das der Autor mit dem ganzen Handwerkszeug aus Dreck, Eiter, Schweiß, Schleim, Speichel, Urin, Rotz, Geifer herstellt. Der Ekel rührt an eine Schwäche des menschlichen Leibes, der unausweichlich jeder unterworfen ist, deshalb hat er gegen alle Religion und Idee, gegen alle politische Erlösungshoffnung immer Recht. Der literarische Ekel lebt aus der Gehässigkeit gegen das Glück.

Michail Bachtins Analyse von Rabelais' Werk erfasst die Funktion des Ekelhaften auch für die gegenwärtige Literatur am ehesten. Er beschreibt das Groteske und Ekelhafte als »Gegenfest«; dieses inszeniert sich das Volk gegen die von den Mächtigen verordneten Feste und Rituale, in denen sich ihre Herrschaft bestätigt. Während die Feste der Herrschenden den Körper mit Prunk und Reichtum umgeben, um ihn schön erscheinen lassen, ist der Hauptdarsteller des Gegenfestes der groteske Leib: »Der groteske Körper ist [...] nie fertig und abgeschlossen, er verschlingt die Welt und lässt sich von ihr verschlingen [...]. Deshalb spielen jene seiner Teile, in denen er über sich selbst, über die eigenen Grenzen hinauswächst und einen neuen, zweiten Körper produziert, eine besondere Rolle: der Bauch und der Phallus. [...] Die nächstwichtige Rolle nach dem Bauch und den Geschlechtsorganen nimmt für den grotesken Körper der Mund ein, der die Welt verschluckt, und dann der Hintern, denn all diese Ausstülpungen und Öffnungen zeichnen sich dadurch aus, dass an ihnen die Grenze zwischen zwei Körpern oder Körper und Welt überwunden wird.«

Schön wird ein Körper durch die eindeutige Kontur, die glatte Oberfläche, die klare Form. In der Marmorgestalt hat er sein geeignetes Material und sein ideales Bild gefunden. Der groteske Leib hingegen negiert all diese Gebote der Schönheit und zeigt die Einbuchtungen und Öffnungen des Leibes, seine Unvollkommenheit, seine Abhängigkeit von der Welt durch Ernährung und Ausscheidung: »So ignoriert die künstlerische Logik des grotesken Motivs die geschlossene, gleichmäßige und glatte (Ober-)Fläche des Körpers und fixiert nur seine Auswölbungen und Öffnungen, das, was über die Grenzen des Körpers hinaus, und das, was in sein Inneres hineinführt.« Daher zeigt das groteske Motiv nicht nur das Äußere, sondern auch das Innere des Körpers: Blut, Därme, das Herz und die anderen inneren Organe.

Trotz allem, was Bachtin an der grotesken Literatur an Körperlichkeit beschreibt, wirkt die alteuropäische Groteske nicht widerlich; kein Leser würde bei den Unanständigkeiten des Gargantua Ekel empfinden. Der groteske Leib wird durch ein absurdes Kostüm, die groteske Figur durch ihr absonderliches Benehmen so weit der Alltäglichkeit des Betrachters entrückt, dass dieser sich nicht identifiziert, sondern das Groteske als Sonderfall aus dem Jenseits der Kultur verlacht. Die Verdrängungen, ohne die Zivilisation undenkbar ist, werden in der karnevalesken Literatur nicht aufgehoben.

Die Verwandlung des grotesken Repertoires in Versatzstücke des Ekels geschieht erst in der Literatur des 20. Jahrhunderts, sobald die Karnevalsgesellschaft die

Masken ablegt. Nun können sich die Festteilnehmer gegenseitig als Kleinbürger erkennen, die, wie bei Elfriede Jelinek, in Einfamilienhäusern vor der Stadt leben und ihre Frauen quälen oder die – das männliche Pendant zum weiblichen Protest gegen den Mann – an den Neurosen leiden, die ihnen ihre Mütter beigebracht haben – oder, wie bei Schädlich, in der Intensivstation einem kranken Körper die letzten Lebensfreuden abverlangen. Der Mief des Kleinbürgermilieus aus dem kritischen Naturalismus verwandelt sich in Gestank, in die Komödie zieht der Schauder ein; es ist, als hätte man Horvath verekelt.

Die Groteske lässt einen überlegenen Lacher zurück, der Ekel zieht ihn zu sich herab, indem er an die Wahrheit der körperlichen Existenz erinnert. Die Ekel-Literatur ist eine der wirkungsvollsten Varianten der Betroffenheitsliteratur. Ästhetische Maßstäbe werden zugunsten der Wirkung hintangestellt. Insofern gilt auch heute noch die Kunsttheorie des 18. Jahrhunderts: Wo der Ekel beginnt, dominiert das Interesse an der Wirkung, nicht die Kunstgestalt des Werkes. Um Betroffenheit zu bewirken, muss die Identifikation des Lesers mit dem »Körperdrama« möglich sein. Der Tod ist der Gleichmacher, der in der Ekel-Literatur die erschreckte Anteilnahme eines jeden Betrachters garantiert. Nach Bachtin sind Zeichen des Todes am lebendigen Leib ein Charakteristikum der grotesken Literatur.

Letztlich ist Bachtins Bestimmung des Grotesken auch für die gegenwärtige Ekel-Kunst noch gültig, denn auch sie richtet sich gegen eine Herrschaft, wenngleich es nicht mehr die einer sozialen Klasse ist. Die aktuelle Beliebtheit der Ekeldarstellungen setzt die allgemeine Herrschaft der Hygiene voraus, den Versuch, dem es gelungen ist, alles Ekelhafte, alle Verfallsprodukte des Lebens, alle Zeichen des Todes aus dem Gesichtskreis des öffentlichen und privaten Menschen zu verbannen. Die Ekel-Literatur brüskiert den Gebrauch von Deodorant, Duftduschen, Geruchsstopps im Klosett, Wasserspülung und allen klinischen Maßnahmen zur Versorgung des Körpers. Die Kunst nimmt die Territorien ein, die die Zivilisation verlassen hat. Tod und Krankheit hat die Medizin in eine zeitliche Ferne entrückt, so dass man kaum noch glauben mag, dass sie gibt. Der Ekel, angeregt durch verwesende Stoffe am gesunden Körper, kann sein Lustrevier errichten, wo die Hygiene reinen Tisch gemacht hat. Die Groteske, die Vorstufe der gegenwärtigen Ekel-Literatur, war eine Ausgeburt der Angst: es brauchte die aggressive Energie des Lachens, um über das Wissen von der Vergänglichkeit hinwegzutäuschen. Diese Abwehrreaktion verwandelt sich, wo es keine Verdrängung mehr braucht, in ein Gefühl der Stärke. Nicht nur bei Elfriede Jelinek haben die Ekeldarstellungen etwas Auftrumpfendes. All diese Inszenierungen feiern den Triumph eines Instinkts, der eine geradezu idealistische Freiheit von seiner anthropologischen Pflicht erlangt hat.

Die Festmähler, bei denen Schmutz, Schweiß und Kot aufgetischt werden, entwickeln sich gleichzeitig mit dem kulinarischen Reichtum der gegenwärtigen Gesellschaft. Die Ekel-Literatur zeigt nur, was herauskommt bei den lukullischen Genüssen auf den Straßen und den Gastereien im Haus. Während diese den Leib überfüttern, bewirken die Darstellungen des Ekels eine Entlastung vom Überdruss, den die Genusssucht mit sich bringt. Aus dem grotesken Repertoire zitiert die gegenwärtige Literatur vor allem die Details, die den Verdauungstrakt betreffen. Der Zusammenhang von Nahrungsaufnahme und Ausscheidung, von Essen und Erbrechen – der sich übrigens auch in den Modekrankheiten Anorexie und Bulimie spiegelt –, war das literarische Sujet, durch das als erster Günter Grass Ende der fünfziger Jahre die Epoche der Ekel-Lust eröffnete und seinem Publikum das Gruseln lehrte. Schon vor dem »Butt«, jenem Roman der siebziger Jahre, in dem

– wie auch in der Geselligkeit damals – bis zum Überdruss gekocht, geschwelgt, geschleckt und geschlemmt wird, machten die Genuss- und Ekelszenen der »Blechtrommel« den Autor berühmt, indem sie die ersten Schlemmereien der Nachkriegszeit, Hawai-Toast und Curry-Huhn, parodierten. Schockierend für den noch guten Geschmack der damaligen Zeit war der inzwischen berühmte Bericht vom »schwarzmähnigen Rappenkopf«, den ein Stauer aus dem Wasser holt, daraus Aale fischt und sie auftischt: »Aber als die kleinen und mittleren Aale im Sack waren und der Stauer [...] anfing, dickere, dunkle Aale aus dem Kadaver zu würgen, da musste Mama sich setzen. [...] Und als der Stauer mit beiden Händen hineingriff in den Rachen des Gaules und gleich zwei auf einmal herausholte, die mindestens armdick waren und armlang, da riss es auch meiner Mama das Gebiss auseinander; das ganze Frühstück warf sie, klumpiges Eiweiß und Fäden ziehendes Eigelb zwischen Weißbrotklumpen im Milchkaffeeguss über die Molensteine und würgte immer noch, aber es kam nichts mehr; [...] Nichts außer grünlichem Schleim kam – und die Möwen kamen. Kamen schon, als sie anfing zu spucken, kreisten tiefer, ließen sich fett und glatt fallen, schlugen sich um das Frühstück meiner Mama.«

Der Zusammenhang von Esskultur und Spiel mit dem Ekel zeigt sich vor allem in der bildenden Kunst. Auch hier beginnt in den sechziger Jahren mit dem »Wiener Aktionismus« die Provokation des guten Geschmacks bis an die Grenzen der Erträglichkeit – Elfriede Jelinek mag von dieser Künstlergruppe zu ihren Sex- und Ekelorgien angeregt worden sein. Der Protagonist der Ekelkunst, Damien Hirst, hat ein Restaurant in London eröffnet, in dem seine Kunstwerke, die abgezogenen Schafsköpfe und zerstückelten Rinder, die Räume schmücken. Der Gast darf verabscheuen, was er zu sich nimmt. Damien Hirst folgt bei seiner paradoxen Verbindung von Kunst und kulinarischem

Genuss nur einer generellen Tendenz der Museen. Das Herzog-Anton-Ulrich-Museum in Braunschweig bietet neuerdings dem Besucher zu seinen Lieblingsbildern passende »internationale Köstlichkeiten« an. Auch im Berliner Dom darf künftig zur Nachtzeit gespeist werden.

»Der Prozess der Zivilisation«, wie ihn Norbert Elias verfolgt hat, sorgt für eine Verdrängung alles Rohen und eine Zunahme von Etikette und Hygiene. Das hygienische 20. Jahrhundert hat alle niederen Sinnesorgane entlastet. Die Ekel-Kunst zeigt, dass dieser Prozess an sein Ende gekommen ist. Alain Corbin beschreibt in seinem Buch »Pesthauch und Blütenduft« die Geschichte der Ausrottung widerlicher Gerüche. Auch dieses Buch behandelt eine Geschichte der Medizin und der Ästhetik des Alltagslebens in einem. Abstoßende Gerüche kündigten in früheren Zeiten tödliche Substanzen an. Im 19. Jahrhundert schließt die Wissenschaft die Ansteckungsgefahr durch das Einatmen schädlicher Dünste aus. Malaria, wörtlich »schlechte Luft«, etwa machte man für das periodische Fieber verantwortlich, ehe man 1898 die Übertragung durch Mückenstiche erkannte. Sobald die Ungefährlichkeit der Gerüche Geschichte ist, sobald die Medizin die tatsächlichen Krankheitserreger erforscht hat, kann die Kunst mit den freigewordenen Themen des Ekels kokettieren. Der Surrealismus ist erst möglich, nachdem die Einsichten der medizinischen Wissenschaft populär geworden sind und die Hygiene eine keimfreie Welt geschaffen hat, in der nicht in jeder schmutzigen Ecke der Tod lauert. Erst wenn der Atem aller Häuser gleichermaßen gereinigt ist, kann es in der Kunst zu stinken beginnen. Wenn die Butter im Kühlschrank nicht mehr ranzig wird, kann Beuys mit seinen Talgblöcken die Museen verpesten.

# Autorinnen und Autoren

**Maxim Biller** lebt als Schriftsteller und Journalist in München. Als Bücher erschienen sind u. a. die Erzählbände *Wenn ich einmal reich und tot bin* (1990), *Land der Väter und Verräter* (1994) und *Harlem Holocaust* (1998) sowie zuletzt der Roman *Die Tochter* (2000), dem der Beitrag »Dunkle Wolken über Schwabing« entnommen ist.

**Hartmut Böhme** ist Professor für Kulturtheorie und Mentalitätsgeschichte an der Humboldt-Universität Berlin. Veröffentlichungen u. a.: *Natur und Subjekt* (1988), *Albrecht Dürer. Melencolia I* (1993) sowie – gemeinsam mit seinem Bruder Gernot Böhme – *Das Andere der Vernunft. Zur Entwicklung von Rationalitätsstrukturen* (1992) und *Feuer, Wasser, Erde, Luft. Eine Kulturgeschichte der Elemente* (1996).

**Irenäus Eibl-Eibesfeldt** ist emeritierter Professor für Humanethologie des Max-Planck-Instituts in Andechs. Zu seinen zahlreichen Veröffentlichungen zählen: *Liebe und Hass. Zur Naturgeschichte elementarer Verhaltensweisen* ([13]1987) und *Wider die Misstrauensgesellschaft. Streitschrift für eine bessere Zukunft* ([3]1997).

**Claudia Frank** leitet nach ihrem Medizinstudium und der Weiterbildung zur Fachärztin für Psychiatrie und Neurologie seit 1998 kommissarisch den Lehrstuhl für Psychoanalyse, Psychotherapie und Psychosomatik der Universität Tübingen. Zu ihren jüngsten Publikationen gehört die Herausgabe des Buches *Stillstand, Veränderung und die Angst vor einer Katastrophe* (1999).

**Rolf Haubl** lehrt Psychologie an der Universität Augsburg. Publikationen: *Bilderflut und Sprachmagie. Fallstudien zur Kultur der Werbung* (zusammen mit H. A. Hartmann, 1992), *Freizeit in der Erlebnisgesellschaft. Amüsement zwischen Selbstverwirklichung und Kommerz* (zusammen mit H. A. Hartmann, 1996) sowie zuletzt *Geld, Geschlecht und Konsum. Zur Psychopathologie ökonomischen Alltagshandelns* (1998).

**Astrid Jütte** studierte Zoologie, Anthropologie und Genetik und ist seit 1997 Assistentin von Karl Grammer am Ludwig-Boltzmann-Institut für Stadtethologie in Wien.

Der Schriftsteller **Steffen Kopetzky** lebt z. Z. in Berlin. Der Ingeborg-Bachmann-Preisträger hat neben zahlreichen Essays, Hörspielen und Glossen u. a. die Romane *Eine Uneigentliche Reise. Hand-*

*enzyklopädie der Grundprobleme Europas am Ende des 20. Jahrhunderts* (1997) und *Einbruch und Wahn* sowie zuletzt das Theaterstück *Nacht der Fliege* publiziert.

Winfried Menninghaus lehrt Allgemeine und Vergleichende Literaturwissenschaft an der Freien Universität Berlin. Zu seinen Veröffentlichungen zählen: *Walter Benjamins Theorie der Sprachmagie* (1995) und direkt zum Thema *Ekel. Theorie und Geschichte einer starken Empfindung* (1999).

Thomas Metzinger lehrt Philosophie an der Universität Osnabrück. Veröffentlichungen u. a.: *Subjekt und Selbstmodell* (1999) und *Bewußtsein – Beiträge aus der Gegenwartsphilosophie* (1996).

Der Historiker Jörn Rüsen ist Präsident des Kulturwissenschaftlichen Instituts des Wissenschaftszentrums Nordrhein-Westfalen. Veröffentlichungen u. a. *Konfigurationen des Historismus* (1993) und *Die dunkle Spur der Vergangenheit* (gemeinsam mit Jürgen Straub, 1998).

Die Literaturwissenschaftlerin Hannelore Schlaffer lebt in Stuttgart und lehrt an der Universität Freiburg. Wichtigste Veröffentlichungen: *Poetik der Novelle* (1993); *Deutsche Literatur in Bildern* (1986); *Wilhelm Meister. Das Ende der Kunst und die Wiederkehr des Mythos* (1980) sowie *Schönheit. Über Sitten und Unsitten unserer Zeit* (1996).

Renate Schlesier ist seit 1993 Professorin für Kulturwissenschaftliche Anthropologie an der Universität Paderborn und seit 1998 Sprecherin des Graduiertenkollegs »Reiseliteratur und Kulturanthropologie«. Zu ihren Publikationen zählen: *Freud, oder über eine Sphinx* (2000) und *Humanisierte Natur. Perspektiven der Kulturanthropologie* (1996).

Wir danken allen Autorinnen und Autoren für die Mitarbeit und dem Verlag Kiepenheuer & Witsch, Köln, für die freundliche Abdruckgenehmigung des Textes von Maxim Biller. Alle anderen Texte sind für diesen Band geschriebene Originalbeiträge.